COURS D'ÉTUDES
A L'USAGE DE L'ENSEIGNEMENT SECONDAIRE SPÉCIAL
ET DE L'ENSEIGNEMENT PROFESSIONNEL

ÉLÉMENTS
DE
LÉGISLATION
COMMERCIALE ET INDUSTRIELLE

PAR

E. DELACOURTIE

Avocat à la Cour d'appel de Paris, Docteur en droit

CINQUIÈME ÉDITION

CONFORME AUX PROGRAMMES DE 1882

pour l'enseignement secondaire spécial

(CINQUIÈME ANNÉE)

PARIS
LIBRAIRIE HACHETTE ET Cie
79, BOULEVARD SAINT-GERMAIN, 79

1883

COURS D'ÉTUDES

A L'USAGE

DE L'ENSEIGNEMENT SECONDAIRE SPÉCIAL

ET DE L'ENSEIGNEMENT PROFESSIONNEL

A LA MÊME LIBRAIRIE

———

Éléments de législation civile, par E. DELACOURTIE. 1 vol
in-16, cartonné, 2 fr.

COULOMMIERS. — Typ. PAUL BRODARD et Cie.

ÉLÉMENTS

DE

LÉGISLATION

COMMERCIALE ET INDUSTRIELLE

PAR

E. DELACOURTIE

Avocat à la Cour d'appel de Paris, Docteur en droit

CINQUIÈME ÉDITION

CONFORME AUX PROGRAMMES DE 1882

pour l'enseignement secondaire spécial

(CINQUIÈME ANNÉE)

PARIS

LIBRAIRIE HACHETTE ET Cie

79, BOULEVARD SAINT-GERMAIN, 79

1883

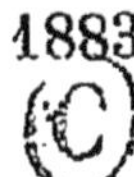

PRÉFACE

Le commerce et ceux qui exercent la profession commerciale sont soumis à une législation particulière. Ces règles de droit, spéciales au commerce, ont pour cause la nature même des opérations commerciales; elles sont destinées à rendre les transactions plus rapides et plus faciles, à prévenir et à réprimer la mauvaise foi et la fraude. Le droit commercial définit les actes de commerce, les conditions constitutives de la qualité de commerçant, les droits et les obligations qui résultent de cette qualité; il règle les principaux contrats auxquels le commerce donne naissance; enfin il assure par la sanction rigoureuse de la faillite l'obligation imposée au commerçant de faire honneur à ses engagements. Non seulement le commerce a une législation spéciale, mais il a aussi une juridiction particulière. Dans tous les grands centres de commerce, il existe des tribunaux de commerce dont les membres sont élus par les commerçants notables de la circonscription et choisis parmi ces commerçants.

A côté de cette législation, qui forme le droit commercial proprement dit, et qui s'applique à tous les genres de commerce et à tous ceux qui exercent cette profession, se placent des règles spéciales à la branche de commerce appelée industrie manufacturière. Le législateur est intervenu pour réglementer certaines industries, pour déterminer les rapports entre les maîtres et les ouvriers ou apprentis. C'est également à cette partie de la législation, qu'on appelle législation industrielle, que se rattachent les lois qui ont pour objet la protection de la propriété littéraire, artistique et industrielle.

Tel est le cadre tracé par le nouveau programme pour l'étude de la législation commerciale et industrielle. Cette étude complète celle de la législation civile. Si la législation civile comprend les principes essentiels du droit général, applicable à tous les citoyens, droit public et administratif, droit privé, l'étude de la législation commerciale et industrielle donne à ceux qui se destinent à la profession commerciale et industrielle la connaissance des principes de droit spéciaux à la profession qu'ils se proposent d'embrasser.

Législation commerciale et industrielle

(CINQUIÈME ANNÉE).

Législation commerciale.

Introduction. — Définition des actes de commerce et des commerçants. Droits et obligations du commerçant. Liberté et réglementation du commerce.

Intermédiaires. — Commissionnaires, agents de change, courtiers, préposés, etc.

Les contrats commerciaux. — Achats et ventes ; commission ; transport ; gage ; docks et magasins généraux ; contrats et opérations qui se font à la Bourse ; opérations de banque ; compte courant ; société ; description des diverses formes de société commerciale.

Les effets de commerce. — La lettre de change ; le billet à ordre ; le chèque, etc.

Le commerce maritime. — Les navires ; les contrats particuliers au commerce maritime.

Législation industrielle.

Liberté et réglementation du travail et de l'industrie.

La propriété littéraire, artistique, industrielle. Les mines, les travaux publics, les voies de communication.

LÉGISLATION

COMMERCIALE ET INDUSTRIELLE

INTRODUCTION HISTORIQUE

Origines du droit commercial. — Les principes fonda-
mentaux du droit commercial ont été tracés dès le Moyen
Age, particulièrement par les jurisconsultes italiens. On sait
quelle était à cette époque la prospérité des villes maritimes
d'Italie. Le commerce était régi alors par des usages ou coutumes ayant force de loi, qui déterminaient les règles relatives
aux contrats et aux opérations auxquels le commerce donne
naissance. Les recueils les plus importants de cette époque
sont relatifs au commerce maritime. Nous citerons notamment le *Consulat de la mer*, qui relate les usages et coutumes de la mer suivis sur les côtes de la Méditerranée, et
les *Rôles d'Oléron*, résumé des coutumes applicables à la
navigation de l'Océan. Ces deux recueils remontent, suivant
les conjectures les plus vraisemblables, au xiiie siècle. Indépendamment de ces coutumes générales et des coutumes
spéciales aux diverses places de commerce, les édits et ordonnances de nos rois avaient établi certaines règles relatives
au commerce, mais toutes ces dispositions étaient incom-
plètes et ne pouvaient suffire aux besoins que faisait naître
le développement des négociations commerciales.

Ordonnances de 1673 et de 1681. — Il faut arriver au
règne de Louis XIV pour trouver un monument législatif com-

prenant l'ensemble du droit commercial. Colbert avait imprimé au commerce une vive impulsion; sous son administration habile, des manufactures, des établissements commerciaux se fondèrent en grand nombre : les entreprises maritimes et les armements prirent une grande extension. En même temps se faisait sentir la nécessité d'une législation plus parfaite, plus complète, ayant un caractère d'uniformité qui avait fait défaut jusqu'alors. En 1673 parut une première ordonnance sur le commerce en général. Colbert en fut le promoteur, et elle fut rédigée presque entièrement par les soins de Savary, ancien négociant, familiarisé par une longue pratique avec la jurisprudence commerciale. Le nom de Savary est lié si intimement à l'ordonnance de 1673, qu'on a souvent substitué au nom de Code marchand qui lui était donné dans l'usage, le nom de Code Savary. L'ordonnance de 1673 fut suivie de l'ordonnance de 1681, appelée ordonnance sur la marine, et qui est consacrée au droit maritime et au commerce de mer. L'ordonnance de 1681 est considérée comme le chef-d'œuvre législatif de cette époque. « Elle est sans contredit, disait Valin, l'un de ses commentateurs, la plus belle de toutes celles de Louis XIV. » Ce n'est pas en France seulement que cette ordonnance excita l'admiration : les nations voisines nous l'envièrent, et elle fut bientôt adoptée presque généralement en Europe.

Nous avons insisté sur les ordonnances de Louis XIV, parce que notre droit commercial actuel s'y rattache directement et leur a emprunté un grand nombre de dispositions. Cependant ces ordonnances, un siècle après leur promulgation, paraissaient déjà susceptibles d'une révision ; en 1787 une commission fut chargée de procéder à ce travail. Les événements politiques empêchèrent la réalisation de ce projet; et c'est seulement sous le Consulat que fut reprise l'œuvre de la réforme des lois commerciales.

Code de commerce. — En 1801, une commission, nommée par le premier consul, se mit à l'œuvre et prépara la rédaction d'un Code de commerce. En 1806, le projet rédigé par la commission fut soumis aux délibérations du Conseil d'Etat. Cinq lois furent successivement présentées au vote du Corps

législatif et adoptées par lui. Ces cinq lois ont été réunies
en un seul corps, sous le nom de Code de commerce, par
une loi du 15 septembre 1807, qui fixa au 1er janvier 1808
la mise à exécution du nouveau Code. Le Code de commerce
est divisé en quatre livres consacrés, le premier, au commerce
en général ; le deuxième, au commerce de mer ; le troisième,
aux faillites et banqueroutes ; le quatrième, à l'organisation et
à la compétence des tribunaux de commerce. Les dispositions
du Code de commerce forment une seule série d'articles :
il comprend 648 articles.

Modifications au Code de commerce. — Le Code de commerce est le monument le plus important de notre droit commercial. Les nations les plus éclairées, les plus commerçantes
l'ont adopté ; et la France a eu ainsi l'honneur de fournir à
plusieurs législations européennes les éléments essentiels de
leur droit commercial. Toutefois des imperfections ont été signalées dans cette œuvre considérable ; d'un autre côté, le progrès du commerce a rendu nécessaires des dispositions nouvelles. De là des modifications assez nombreuses apportées
depuis 1808 au Code de commerce. Sans vouloir les énumérer, nous nous contenterons de citer la loi de 1838, qui a
remanié entièrement le livre III, consacré aux faillites et
banqueroutes, et la loi de 1867, qui a soumis à un régime
nouveau les sociétés par actions.

Ancienne législation industrielle ; corporations. —
Nous avons jusqu'à présent indiqué les sources de la législation commerciale proprement dite ; il nous reste à ajouter
quelques mots sur l'histoire de la législation industrielle. Le
caractère essentiel de notre ancienne législation industrielle
est le régime des corporations. L'industrie était organisée par
corps de métiers : il fallait, pour exercer une profession industrielle, se faire recevoir dans le corps de métier, et on n'y
arrivait que par des épreuves longues, difficiles et dispen-
dieuses. Chaque corps de métier avait son domaine, dont
il ne pouvait sortir ; on cite l'exemple des fripiers et des
tailleurs : les premiers ne pouvaient faire un habit neuf,
tandis que les seconds ne pouvaient réparer un vieil habit.
Les débats entre les diverses corporations ont souvent occupé

les cours de justice et engendré des procès qui duraient pendant des siècles.

Des statuts, des règlements et des chartes déterminaient l'organisation des diverses corporations, les conditions et les formes d'admission, les rapports entre les maîtres et les apprentis ; le mode de fabrication et de vente était aussi imposé, tout était ainsi réglé et prévu à l'avance. Ce régime supprimait la liberté du travail, et entraînait les plus graves inconvénients : il perpétuait l'esprit de routine, empêchait les procédés nouveaux et les inventions de se produire, et, en arrêtant le libre effort de l'initiative individuelle, il apportait un obstacle invincible au progrès de l'industrie. Le régime des corporations fut aboli par un édit célèbre de Louis XVI qui porte la date du mois de mars 1776 et est dû à l'initiative de Turgot. Cet édit qui, dans son préambule, affirme en termes éloquents le principe de la liberté du travail, peut être considéré comme inaugurant le régime nouveau de l'industrie moderne.

Législation industrielle actuelle. — Le principe de la liberté de l'industrie est le fondement de notre législation actuelle ; mais des restrictions nécessaires sont apportées à ce principe. Ces restrictions se trouvent contenues dans un certain nombre de lois, datant de diverses époques. Cette diversité de lois est regrettable ; elle rend plus difficile la connaissance de la législation industrielle. Qu'il nous soit permis sur ce point de citer l'opinion d'un économiste contemporain, M. Levasseur. Après avoir rappelé la rédaction du Code de commerce, M. Levasseur ajoute : « On peut adresser au Conseil d'État le reproche de n'avoir pas tracé un cadre assez large. Au lieu d'un Code de commerce, c'était un Code de l'industrie et du commerce qu'il aurait dû rédiger, car, entre les deux, la distinction est parfois impossible et le plus souvent inutile à marquer. L'une et l'autre créent entre les hommes des rapports d'une nature particulière qui doivent être déterminés par des lois spéciales ; il eût été bon que ces lois fussent réunies en un même corps, de façon que tout homme fabriquant et trafiquant connût facilement ses droits et ses devoirs comme chaque citoyen apprend les siens dans le Code civil [1]. » Ces considérations nous paraissent fort justes, et nous ne pouvons que nous y associer. Quoi qu'il en soit, ce qu'il faut retenir, c'est qu'il n'existe pas un Code de l'industrie, comme il existe un Code de commerce, et que c'est dans des lois spéciales qu'il faut rechercher tout ce qui concerne le droit industriel.

Division. — Notre travail se trouve naturellement divisé en deux parties, consacrées, la première, à la législation commerciale, et la seconde, à la législation industrielle.

1. *Histoire des classes ouvrières*, t. Ier, p. 296. Paris, Hachette et Cie.

PREMIÈRE PARTIE

LÉGISLATION COMMERCIALE

Définition et division. — La législation commerciale, ou *droit commercial*, embrasse toutes les règles relatives aux transactions commerciales, ainsi que la manière de juger les contestations qui en résultent. Nous diviserons cette première partie en huit chapitres, qui traiteront, le premier, du commerce en général, des actes de commerce et des commerçants; le second, des intermédiaires commerciaux; le troisième, des contrats commerciaux; le quatrième, des effets de commerce; le cinquième, du commerce maritime; le sixième, de la faillite; le septième, des tribunaux de commerce.

CHAPITRE PREMIER

DU COMMERCE EN GÉNÉRAL, DES ACTES DE COMMERCE ET DES COMMERÇANTS

Notions générales. — La première question à résoudre lorsqu'on aborde l'étude de la législation commerciale est de déterminer quels actes elle régit et quelles personnes y sont soumises. Le caractère commercial d'un acte entraîne certaines conséquences juridiques particulières; la qualité de commerçant confère à celui qui en est investi certains droits et lui impose certaines obligations. Les deux premières sections de ce chapitre traiteront des actes de commerce et des commerçants; nous donnerons, dans les deux sections suivantes, quelques notions sur le principe de la liberté du commerce et les restrictions qui y sont apportées, ainsi que sur la capacité nécessaire pour faire le commerce; enfin la dernière section sera consacrée aux obligations des commerçants.

SECTION PREMIÈRE

DES ACTES DE COMMERCE

Code de commerce, art. 632, 633, 638.

Objet du commerce. — Le commerce consiste dans les diverses négociations qui ont pour but d'opérer et de faciliter les échanges des produits de la nature et de l'industrie, à l'effet d'en tirer quelque profit. Le commerce a pour objet les denrées et les marchandises; on entend par denrées les produits destinés à la consommation de l'homme ou des animaux, tels que le vin, les vêtements, etc.; par marchandises, toute chose, autre que les immeubles, les maisons ou les terres, qui peut être vendue ou louée.

Le commerce peut s'appliquer aux produits naturels, ou aux produits travaillés et mis en œuvre par la main de l'homme. Cette branche importante du commerce, consistant à modifier ou transformer par le travail les produits naturels, prend le nom d'industrie manufacturière; ceux qui l'exercent sont des manufacturiers ou fabricants.

Diverses espèces de commerce. — On divise aussi le commerce en commerce de gros et commerce de détail, commerce intérieur et commerce extérieur. Le commerçant en gros achète les produits, soit dans les lieux de production, soit là où ils ont le moins de valeur, les transporte dans les lieux où ils ont plus de valeur et les vend par quantités considérables. Le commerçant en détail achète ses articles au marchand en gros, ou même au producteur, les rassemble dans une boutique et les revend par petites portions, à mesure qu'ils sont demandés par le consommateur.

Le commerce intérieur est celui qui a pour objet de vendre en France des marchandises d'origine française; le commerce extérieur consiste, soit à amener et à vendre en France des produits étrangers, soit à transporter en pays étranger, pour les y écouler, des produits français. La première de ces opérations s'appelle importation; la seconde, exportation.

Ce qu'il faut entendre par actes de commerce. — Les négociations diverses dont l'ensemble constitue le commerce prennent le nom d'actes de commerce. Tout acte de commerce suppose chez celui qui le fait l'intention de réaliser un bénéfice ; c'est un caractère commun que nous retrouverons dans les diverses espèces d'actes ou de négociations que nous allons parcourir.

Achat pour revendre. — Le type le plus simple de l'acte de commerce est l'opération qui consiste à acheter des denrées ou des marchandises pour les revendre et tirer un profit de cette revente. Ainsi le marchand en détail achète au négociant en gros des marchandises pour un certain prix; il les revendra ensuite, en les détaillant à des consommateurs, pour une somme supérieure à celle qu'il aura payée. Que celui qui achète les marchandises ait l'intention de les revendre telles qu'elles lui ont été livrées, ou qu'il ait l'intention de les travailler et de les revendre, après en avoir modifié la forme ou la nature, peu importe, l'opération a toujours le même caractère; en effet, dans un cas comme dans l'autre, celui qui achète a l'intention de revendre et de tirer un bénéfice de la différence entre le prix de l'achat et le prix de la revente. Il y a également acte de commerce de la part de celui qui achète des marchandises, non pour les revendre, mais pour les louer, pour les mettre pendant un certain temps à la disposition de ceux qui en auront besoin; ainsi celui qui achète des voitures pour les louer au public, des livres pour le service d'un cabinet de lecture, fait un acte de commerce; il achète pour tirer un bénéfice, non de la revente, mais de la location des choses ainsi achetées. Le caractère de l'acte de commerce ne se rencontre pas, au contraire, lorsqu'un propriétaire, cultivateur ou vigneron, vend les denrées récoltées sur la terre qu'il cultive : le blé, le vin, les fruits. De même encore, celui qui achète un objet quelconque pour son usage personnel, une voiture par exemple, et qui la revend quelque temps après, soit pour en acheter une autre, soit parce qu'elle lui est devenue inutile, n'a pas fait acte de commerce, car il a acheté cette voiture pour s'en servir, et non dans le but particulier de la revendre avec un bénéfice.

A cette opération première s'en rattachent un grand nombre d'autres que nous allons parcourir et examiner successivement.

Entreprise de manufactures. — Nous trouvons d'abord : l'entreprise de manufactures. Il y a entreprise de manufacture lorsqu'une personne se met à la disposition du public pour transformer, à l'aide d'ouvriers ou de machines, une matière à laquelle le travail donne une plus grande valeur. Ainsi les différentes industries qui prennent la laine, le fil, le coton pour en faire des étoffes, le fer, pour créer des machines ou des ustensiles quelconques, rentrent dans cette dénomination d'entreprise de manufactures. Souvent le manufacturier achète les matières premières et revend ensuite le produit de son industrie, qui a transformé cette matière première ; il fait alors, comme nous l'avons vu, acte de commerce en achetant pour revendre. Mais il ferait également acte de commerce s'il n'achetait pas les matières premières qu'il met en œuvre. Ainsi le fabricant, auquel un marchand d'étoffes fournit de la laine brute pour qu'il la travaille et en fasse une étoffe, fait acte de commerce, bien qu'il n'achète pas la laine, qu'il se contente de la mettre en œuvre par ses machines et ses ouvriers. Il bénéficie de la différence qui existera entre la somme qui lui sera payée par le marchand et ce qu'il déboursera pour faire travailler la marchandise ; c'est sur la main-d'œuvre qu'il réalise un profit.

Opérations de commission et de courtage. — Viennent ensuite les opérations de commission et de courtage. Il faut expliquer ces expressions : nous aurons à revenir plus tard avec quelque développement sur les opérations qu'elles désignent. Souvent des commerçants ne peuvent entrer en relations ensemble, parce qu'ils sont éloignés, parce qu'ils ne se connaissent pas ; ces relations, qui ne peuvent se nouer directement, s'établissent par des intermédiaires, auxiliaires indispensables du commerce : ces intermédiaires sont les commissionnaires et les courtiers. Le commissionnaire ne se contente pas de mettre les parties en présence, il figure personnellement dans l'opération ; s'il est chargé de vendre, il est personnellement obligé de livrer la marchandise ; s'il est chargé d'acheter, il est obligé au payement du prix. L'opération terminée, le commissionnaire compte avec celui pour qui il a agi, il lui remet les sommes, les valeurs ou les marchandises qu'il a reçues pour lui, il se fait rembourser de ce qu'il a payé, et reçoit un salaire, qui s'appelle droit de commission. A la différence du commissionnaire, le courtier ne fait que rapprocher les parties et régler entre elles les conditions du marché ; l'affaire conclue, son rôle est terminé, il n'est pas responsable des suites de la négociation. Le courtier a, comme le commissionnaire, droit à un salaire. Les opérations que font les commissionnaires ou les courtiers, appelées opérations de commission, opérations de courtage, sont des actes de commerce.

Entreprises de transports et de fournitures. — Après les opérations de commission et de courtage, nous devons citer, dans l'énumération rapide que nous faisons des actes de commerce, les entreprises de transports et les entreprises de fournitures. Les entrepreneurs de transport sont au nombre des agents principaux du commerce ; ils se chargent de conduire d'un lieu dans un autre les marchandises, les effets ou les personnes. L'entrepreneur de transports fait acte de commerce, car il spécule sur la location des moyens de transport et il en tire un profit. L'entreprise de transport constitue toujours un acte de commerce, sans qu'il y ait à distinguer s'il s'agit de transports par terre ou de transports par eau. Les exemples d'entreprises de transports sont nombreux : nous indiquerons, pour les transports par terre, les entreprises de diligence et de roulage, les compagnies de chemins de fer; pour les transports par eau, les entreprises de navigation maritime ou fluviale.

Les entreprises de fournitures consistent dans l'obligation que prend une personne de fournir pendant un certain temps des denrées ou autres objets à un prix convenu. Ainsi celui qui s'oblige à fournir à un établissement public, un lycée, un collège, certaines marchandises nécessaires pour la consommation annuelle, du bois, de l'huile, fait une entreprise de fournitures. Les marchés de fournitures les plus importants sont ceux qui sont conclus avec l'État pour subvenir aux nécessités des divers services publics, et notamment de l'armée et de la marine.

Lettres de change; opérations de change et de banque. — Sont encore rangées parmi les actes de commerce les lettres de change, les opérations de change et de banque. Nous aurons à expliquer plus loin avec détail ce que sont les lettres de change, à quelles formes elles sont soumises, quelles conséquences elles entraînent. Disons seulement, quant à présent, que la lettre de change est un écrit revêtu d'une forme particulière, et qui contient l'engagement de faire toucher à une personne une somme d'argent dans un lieu autre que celui où le titre est souscrit. Les opérations de banque sont de diverses natures : elles consistent notamment à recevoir en dépôt les fonds des particuliers, à escompter, c'est-à-dire à payer avant qu'ils soient échus, moyennant un certain bénéfice, des lettres de change ou billets, à ouvrir des crédits, à fournir des fonds à des commerçants. Il y a opération de change lorsqu'on échange des pièces de monnaie contre d'autres, par exemple, des pièces de monnaie étrangères contre des pièces de monnaie françaises, ou lorsqu'on s'engage à faire toucher à une personne une somme d'argent dans un lieu autre que celui où elle se trouve. La lettre de change rentre à ce second point de vue dans les opérations de change. Les opérations de change ne sont actes de commerce qu'autant qu'elles sont faites dans le but d'en tirer un profit pécuniaire : celui qui change à un ami un billet de banque, et lui fournit en monnaie la somme qu'il représente, ne fait pas acte de commerce; il en est autrement du changeur qui fait sa profession de ces sortes d'opérations et qui en tire un bénéfice.

Enumération des autres actes de commerce. — Nous devons citer encore : les agences ou bureaux d'affaires. Celui qui tient un bureau d'affaires, ou agent d'affaires, représente ses clients, moyennant un salaire, dans les affaires qu'ils peuvent avoir ; il poursuit pour eux le recouvrement de ce qui leur est dû, leur fournit des placements, leur procure des acheteurs pour vendre un immeuble, un fonds de commerce, sert d'intermédiaire pour toutes les négociations qui lui sont confiées. On considère aussi comme constituant des actes de commerce les établissements de ventes publiques, les entreprises de spectacles publics, théâtres, concerts, les entreprises ayant pour objet la construction ou la vente des navires destinés à la navigation maritime ou à la navigation des fleuves, rivières et canaux, enfin les différents actes qui se rattachent à la navigation maritime : location des navires, engagement du capitaine ou des matelots, assurances maritimes.

Distinction des actes commerciaux en eux-mêmes et des actes réputés commerciaux. — Certains actes parmi ceux que nous venons de parcourir sont commerciaux par leur nature même ; ils ont ce caractère par quelque personne qu'ils aient été faits. Lorsqu'un simple particulier, un non-commerçant, signe une lettre de change, il fait acte de commerce, tout aussi bien que si la lettre de change était signée par une personne exerçant la profession de commerçant. Il est d'autres actes qui ne sont point commerciaux de leur nature, mais qui peuvent emprunter ce caractère à la qualité de celui qui y figure ; faits par un commerçant, ils sont actes de commerce, faits par un non-commerçant, ils ne sont point actes de commerce : c'est ainsi que tous les billets souscrits, tous les engagements contractés par un commerçant, sont réputés faits pour les besoins de son commerce et, par suite, actes de commerce. Il n'y a là du reste qu'une simple présomption, ou induction tirée par la loi du fait le plus ordinaire ; si les circonstances, ou la nature même de l'acte, indiquaient que l'engagement pris par le commerçant est étranger à son commerce, la présomption de commercialité disparaîtrait. Ainsi un commerçant achète du vin, du bois, destiné à sa consommation personnelle, il loue un appartement pour son habitation et celle de sa famille, une maison de campagne ; tout cela n'est pas fait évidemment pour les besoins du commerce et n'a pas dès lors le caractère d'acte de commerce.

Conséquences qu'entraînent les actes de commerce. — Il est temps d'indiquer les conséquences particulières qu'entraîne le caractère commercial d'un acte. La première est que, si des contestations s'élèvent sur l'exécution de l'acte, ces contestations seront jugées, non par les tribunaux ordinaires, juges de paix ou tribunaux de première instance, mais par les tribunaux spéciaux institués pour juger les contestations commerciales, les tribunaux de commerce, et cela alors même que cet acte aurait été fait par un non-commerçant. En second lieu, la preuve des actes de commerce peut en général être faite par des modes que la loi civile ne reconnaîtrait pas : la correspondance échangée entre les parties, les livres de commerce ; la preuve par témoins peut même être admise par les tribunaux de commerce, quelle que soit l'importance du procès, tandis qu'en matière civile la preuve par témoins n'est en général possible qu'autant que l'objet du litige n'excède pas la valeur de cent cinquante francs.

SECTION II

DES COMMERÇANTS

(Code de commerce, art. 1er.)

Caractères constitutifs de la qualité de commerçant. — Nous avons à rechercher maintenant à quels signes, à quels caractères on reconnaît le commerçant. Un ou plusieurs actes de commerce faits par une personne ne suffisent pas pour lui donner cette qualité. Il faut que ces actes de commerce soient assez répétés pour constituer une habitude, et, en outre, que celui qui les fait se présente au public comme exerçant ces actes. En un mot, est commerçant celui qui fait du commerce sa profession habituelle.

Les commerçants sont soumis à des obligations et à des règles particulières : ils sont obligés de tenir des livres, de publier leur contrat de mariage ; lorsqu'ils cessent de satisfaire à leurs engagements, ils peuvent être déclarés en faillite.

Sens des mots : fabricant, marchand, négociant, artisan. — L'expression commerçant, dont nous nous sommes servi, est l'expression légale, celle que la loi emploie pour désigner tous ceux qui exercent la profession commerciale, sans distinguer la nature et l'importance du commerce ou de l'industrie à laquelle ils se livrent. Les commissionnaires, les banquiers, les courtiers, les armateurs, les manufacturiers sont des commerçants, tout aussi bien que les marchands proprement dits, ceux qui vendent et achètent des marchandises pour leur compte. Dans le langage usuel, différentes expressions sont employées pour désigner les divers genres de commerce. Voici les principales : on appelle plus particulièrement négociants ceux qui vendent en gros ; marchands, ceux qui vendent en détail. Le fabricant ou manufacturier est celui qui, à l'aide d'ouvriers ou de machines, travaille des produits pour leur donner une forme ou une nature nouvelle. Il ne faut pas confondre le fabricant et l'artisan : le fabricant est commerçant, l'artisan ne l'est pas. Il est incontestable que l'on ne peut considérer comme commerçant celui qui ne fournit que son travail personnel et qui confectionne un ouvrage dont la matière lui a été fournie. Il y a plus de difficulté à distinguer du commerçant celui qui fournit à la fois la matière et son travail. Nous pensons qu'on ne doit pas mettre au nombre des commerçants l'ouvrier, qui, travaillant seul, au fur et à mesure des commandes qui lui sont faites, réalise un bénéfice, non sur la matière, mais sur son propre travail. On ne peut lui donner ni la qualité de marchand, ni celle de fabricant ou manufacturier ; c'est un simple artisan.

SECTION III

DE LA LIBERTÉ ET DE LA RÉGLEMENTATION DU COMMERCE

Principe de la liberté du commerce. — La question de la liberté du commerce se présente sous un double aspect : le commerce intérieur et le commerce international. Au point de vue du commerce intérieur, notre législation actuelle repousse en principe les réglementations établies pour fixer le prix des marchandises ou pour empêcher le libre exercice de tel ou tel commerce. Des raisons d'intérêt général ont toutefois fait admettre certaines exceptions à ce principe.

Au point de vue du commerce international, les traités de commerce conclus avec les puissances étrangères ont fait disparaître les prohibitions qui fermaient à certains produits étrangers l'entrée de la France. Mais les produits étrangers restent en général soumis, lorsqu'ils sont introduits en France, à des droits de douane plus ou moins élevés. Ces droits de douane constituent à la fois un impôt dont le produit est assez important et un moyen de protection pour le commerce national que les droits perçus mettent à l'abri de la concurrence des produits étrangers.

Exceptions au principe. — Nous devons signaler une double exception au principe de la liberté du commerce : certains commerces, certaines industries sont réglementées ; d'autres sont absolument interdits aux particuliers, l'Etat s'en étant réservé le monopole.

Parmi les commerces ou industries réglementées, on peut citer la fabrication et la vente des armes de guerre, qui ne peuvent avoir lieu qu'avec une autorisation du Gouvernement. Le motif de cette restriction au principe de la liberté du commerce se trouve dans le danger que pourrait faire courir à l'ordre public la faculté laissée aux particuliers de fabriquer et de vendre des armes de guerre. Dans un intérêt fiscal et pour assurer la perception de l'impôt établi sur ces objets, la loi a également réglementé la fabrication et la vente des cartes à jouer et des matières d'or et d'argent.

Quant aux monopoles que l'Etat s'est réservés, les uns sont établis dans un intérêt purement fiscal et constituent de véritables impôts ; tel est le monopole de la fabrication et de la vente des tabacs, le monopole de la fabrication et de la vente des allumettes. D'autres ont le caractère de mesures de police et de sûreté publique ou sont fondés sur la nécessité d'assurer l'exactitude et la régularité de certains services importants : tels sont la fabrication de la monnaie, la fabrication de la poudre, les postes et les télégraphes.

Nous aurons du reste à revenir plus en détail sur ces divers points dans la seconde partie de notre travail.

Incompatibilités. — En principe, toute personne peut faire le commerce. Il y a cependant des exceptions : indépendamment de certaines personnes incapables de faire le commerce, dont nous nous occuperons dans la section suivante, le commerce est incompatible avec certaines professions : des raisons de convenance l'ont fait interdire aux magistrats, aux avocats, aux officiers ministériels, avoués, huissiers, notaires ; de même, il est défendu aux fonctionnaires ou agents du Gouvernement de prendre un intérêt dans les adjudications dont ils sont chargés, dans les entreprises qu'ils dirigent. Ces prohibitions ne créent pas une incapacité proprement dite : si une personne, à laquelle le commerce est ainsi interdit à raison de la profession qu'elle exerce, fait néanmoins des actes de commerce, ces actes seront parfaitement valables et entraîneront leurs conséquences habituelles ; mais celui qui les aura faits aura manqué aux règles de sa profession, encourra une peine disciplinaire : la suspension ou la destitution de ses fonctions.

SECTION IV

DE LA CAPACITÉ NÉCESSAIRE POUR FAIRE LE COMMERCE

(Code de commerce, art. 2 à 7.)

Incapacités ; leurs conséquences. — Certaines personnes sont reconnues par la loi incapables de faire le commerce.

L'incapacité a cette conséquence, que les actes faits par l'incapable peuvent être attaqués par lui devant les tribunaux et que la nullité peut en être prononcée. Les incapables sont : les interdits, qui sont privés de l'administration de leurs biens pour cause de démence; les personnes pourvues d'un conseil judiciaire à raison d'actes de prodigalité ou de faiblesse d'esprit; enfin les mineurs et les femmes mariées. Il y a, au point de vue de la profession commerciale, une grande différence à faire entre l'incapacité de l'interdit et de la personne pourvue d'un conseil judiciaire, d'une part, et celle des mineurs et des femmes mariées, d'autre part. En effet, tandis que l'incapacité de l'interdit, de celui qui a un conseil judiciaire, est absolue et ne peut cesser tant que subsiste l'interdiction ou la nomination du conseil judiciaire, celle du mineur ou de la femme mariée peut disparaître par suite de certaines autorisations, de telle sorte que le mineur et la femme mariée deviennent capables de faire les actes que comporte le négoce pour lequel l'autorisation a été donnée. Les formes de l'autorisation et ses effets sont différents selon qu'il s'agit des mineurs ou des femmes mariées.

Mineurs. — En général, le mineur, c'est-à-dire celui qui est âgé de moins de vingt-un ans, est incapable d'agir par lui-même; il a un tuteur qui prend soin de ses affaires et le représente dans les divers actes où il peut être intéressé. Le mineur, pour exercer le commerce, peut être relevé de cette incapacité, qui était en effet incompatible avec les nécessités qu'entraînent les affaires commerciales.

Conditions exigées pour que le mineur soit commerçant. — Pour que le mineur puisse devenir commerçant, quatre conditions sont nécessaires. Il faut : 1° Qu'il soit émancipé. L'émancipation fait cesser la tutelle et permet au mineur d'administrer lui-même ses biens. 2° Qu'il ait atteint l'âge de dix-huit ans accomplis. Le mineur peut être émancipé par ses père et mère dès l'âge de quinze ans, mais il ne peut faire le commerce avant dix-huit ans. 3° Qu'il soit autorisé spécialement à faire le commerce. Cette autorisation est donnée par le père, à défaut du père, par la mère; elle doit être expresse et résulte ordinairement d'un acte passé devant notaire ou d'une déclaration faite devant le juge de paix lors de l'émancipation. Si le mineur n'a plus ni père ni mère, il est autorisé par une délibération du conseil de famille. Cette délibération doit être homologuée, c'est-à-dire approuvée par le tribunal civil du lieu où habite le mineur. Cette formalité d'homologation, exigée pour la délibération du conseil de famille autorisant le mineur, n'est pas nécessaire lorsque le mineur est autorisé par son père ou par sa mère. 4° Que l'acte d'autorisation soit affiché et enregistré au tribunal de commerce du lieu où le mineur veut établir son commerce. L'acte est copié sur un registre tenu par le greffier du tribunal de commerce et affiché dans la salle d'audience. Cette dernière formalité, qui doit être remplie dans tous les cas, a pour but de faire connaître au public que le mineur est relevé de son incapacité, et qu'on peut traiter sans crainte avec lui.

Conséquences de la qualité de commerçant pour le mineur. — Le mineur, lorsque toutes ces conditions sont remplies, devient capable de faire tous les actes que peut nécessiter l'exercice de son commerce; ainsi, tandis qu'en général le mineur émancipé ne peut faire d'actes d'une certaine importance sans l'assistance d'un curateur, le mineur commerçant fera seul tous les actes et prendra tous les engagements relatifs à son commerce. Il peut même, pour les besoins de son commerce, emprunter et conférer une hypothèque sur des immeubles lui appartenant, sans avoir à suivre les formes habituellement exigées pour l'hypothèque des immeubles des mineurs, formes qui consistent dans une délibération du conseil de famille et un jugement du tribunal homologuant cette délibération; mais le mineur, même autorisé à faire le commerce, ne peut vendre ses immeubles sans remplir ces formalités. Le mineur ordinaire peut attaquer les actes qu'il a faits, lorsqu'ils lui sont préjudiciables, et en faire prononcer la nullité, en se fondant sur son incapacité; le mineur commerçant, au contraire, est lié définitivement par les engagements qu'il a pris; il ne peut, en invoquant sa minorité, les faire annuler; ces actes ont la même valeur que s'ils avaient été faits par un majeur. Du reste, le mineur autorisé à faire le commerce n'est relevé de son incapacité que pour les actes relatifs à son commerce; pour les actes qui y sont étrangers, il reste dans la condition des mineurs émancipés, c'est-à-dire capable de faire seul les actes d'administration, mais ne pouvant faire les actes plus graves, ceux qui excèdent les limites de l'administration ordinaire, qu'avec l'assistance d'un curateur, et même, dans certains cas, avec l'autorisation du conseil de famille et l'homologation du tribunal.

Femmes mariées. — La femme mariée ne peut en principe disposer de ses biens, ni s'engager, sans une autorisation de son mari ou de la justice. Cette autorisation ne peut être générale; elle doit être donnée spécialement pour chacun des actes que veut faire la femme; les actes faits par la femme, sans l'autorisation du mari ou de la justice, peuvent être déclarés nuls sur la demande de la femme ou du mari. Tel est le droit commun.

Autorisation de faire le commerce; ses effets. — La femme mariée ne peut être commerçante sans l'autorisation de son mari; mais, une fois autorisée, la femme peut faire tous les actes relatifs à son commerce, acheter, vendre, s'obliger, signer des lettres de change, etc., sans avoir besoin d'une autorisation spéciale; le consentement général donné par le mari au commerce de sa femme suffit pour la rendre capable. Cette exception n'existe que pour les actes relatifs au commerce qu'exerce la femme; pour tous les autres actes, elle rentre dans le droit commun et il lui faut l'autorisation spéciale du mari ou de la justice. Les engagements commerciaux pris par la femme ne l'obligent pas seule, lorsqu'elle est mariée sous le régime de la communauté; ses créanciers commerciaux ont droit, dans ce cas, de se faire payer sur les biens personnels de la femme, sur les biens de la communauté et sur les biens du mari. La femme commerçante peut, pour les besoins de son commerce, hypothéquer et aliéner ses immeubles, à moins que l'aliénation n'en soit interdite par les dispositions de son contrat de mariage, ce qui se présente sous le régime dotal, dont le caractère particulier est que les biens formant la dot de la femme, c'est-à-dire apportés par elle pour subvenir aux charges du mariage, ne peuvent être ni aliénés ni hypothéqués. Enfin la femme,

même autorisée à faire le commerce, ne peut jamais plaide
sans l'autorisation du mari, ou, à défaut de l'autorisation d
mari, sans une autorisation de la justice

Dans quels cas la femme est réputée commerçante.
Les règles que nous venons de parcourir, relativement à l
femme mariée, ne sont applicables qu'autant qu'elle est réel
lement commerçante; et elle n'est commerçante que si ell
fait un commerce qui lui est propre, un commerce séparé d
celui de son mari. Il arrive souvent que, le mari étant com
merçant, la femme s'emploie à ses affaires, tient les livres
la comptabilité, la caisse; en pareil cas, la femme n'est pa
commerçante : elle n'est autre chose qu'un commis de so
mari; elle agit non pour son compte personnel, mais pour l
compte du mari; elle n'est pas personnellement engagée pa
les actes qu'elle fait; le mari seul, dont elle n'est que le re
présentant et le mandataire, est obligé et tenu de rempli
les engagements pris en son nom par la femme.

SECTION V

DES OBLIGATIONS DU COMMERÇANT

**Enumération des obligations spéciales aux commer-
çants.** — Deux obligations principales sont imposées aux com
merçants : 1° l'obligation de tenir des livres; 2° l'obligation
de rendre publics le contrat de mariage et les jugements de
séparation de corps et de séparation de biens.

Livres de commerce; leur utilité. — La tenue des livres
ou registres, utile pour tous ceux qui veulent connaître exactement l'état de leurs affaires, est indispensable pour le commerçant. Les livres constatent ses opérations, lui permettent
de se rendre compte jour par jour de sa situation, d'aligner
ses recettes et ses dépenses, de voir s'il fait des bénéfices ou
des pertes; en un mot, les livres de commerce sont un auxi-
liaire nécessaire au commerçant et le meilleur garant de ces
habitudes d'ordre et d'économie, sans lesquelles le commerçant ne saurait prospérer.

Livres obligatoires. — La loi a elle-même imposé à tous ceux qui font le commerce l'obligation de tenir certains livres. Les livres obligatoires sont au nombre de trois; ce sont : 1° Le livre journal, ainsi nommé parce qu'il se tient jour par jour. Le commerçant doit y relater tout ce qui, d'une manière quelconque, peut influer sur l'état de sa fortune et de son crédit, toutes ses opérations commerciales d'abord, achat et vente de marchandises, payements faits, engagements souscrits, et même les opérations étrangères à son commerce, une donation, une succession qu'il recueille, une dot qu'il constitue à sa fille en la mariant. Le journal doit, à la fin de chaque mois, indiquer le total des dépenses de la maison qui ne sont pas énoncées en détail, mais en bloc et en une seule fois. — 2° Le livre de copie de lettres. Le commerçant doit mettre en liasse les lettres qu'il reçoit et copier sur un livre spécial celles qu'il envoie. La conservation des lettres reçues et la tenue du livre de copie de lettres ont une grande importance, car, dans les habitudes de commerce, les affaires se traitent souvent par correspondance, et, si une contestation s'élève entre deux commerçants, c'est parfois la correspondance qui fournit aux juges le principal élément de décision. — 3° Le livre des inventaires. Le commerçant est tenu, chaque année, de faire un inventaire ou état général de tout ce qui lui appartient et de tout ce qu'il doit, de son actif et de son passif. Cet inventaire doit être transcrit sur un registre spécial, le livre des inventaires.

Formes auxquelles sont soumis les livres des commerçants. — La tenue des livres imposés aux commerçants est soumise à des formes qui ont pour but d'assurer la régularité et la sincérité des écritures. Les livres doivent être tenus par ordre de dates, sans blancs, lacunes ni transports en marge; ils doivent être cotés, paraphés et visés soit par un des juges du tribunal de commerce, soit par le maire ou adjoint. Cotés, paraphés et visés, cela veut dire que chaque feuille est numérotée, revêtue d'un paraphe, et qu'en tête ou à la fin du livre, il est dressé une sorte de procès-verbal indiquant la nature du registre, l'usage auquel il est destiné, le nombre de feuillets dont il se compose. Ces formalités ont pour but

d'empêcher l'addition, la suppression ou la substitution de feuil·
lets. Enfin le livre journal et le livre des inventaires, mais
non le livre de copie de lettres, doivent être arrêtés chaque
année, soit par un juge du tribunal de commerce, soit par le
maire ou l'adjoint. Toutes ces formalités sont accomplies sans
frais ; les livres de commerce sont dispensés du timbre.

Livres auxiliaires. — Les trois livres que nous avons indiqués plus haut sont seuls obligatoires ; le commerçant qui
les tient est en règle et a rempli l'obligation que la loi lui
imposait ; mais l'expérience a montré que ces livres étaient
insuffisants, que le commerçant qui se bornerait à avoir le
livre journal, le livre d'inventaires et de copie de lettres,
aurait la plus grande difficulté à suivre ses opérations : aussi
l'usage s'est-il introduit d'ajouter à ces trois registres d'autres
livres qui, pour n'être pas obligatoires, n'en sont pas moins
de la plus grande utilité. Les deux livres dont l'emploi est
le plus fréquent sont : le grand livre, qui présente le compte
particulier de chacun de ceux avec qui le commerçant est en
relation d'affaires, et le livre de caisse, sur lequel le commerçant énonce tout ce qui entre dans sa caisse ou en sort, tout
ce qu'il paye et ce qu'il reçoit.

**Effets des livres de commerce au point de vue de la
preuve.** — Comme, dans les habitudes du commerce, un
grand nombre d'opérations ne sont pas constatées autrement
que par une mention sur les livres, les livres de commerce,
régulièrement tenus, peuvent être admis comme moyen de
preuve dans les contestations entre commerçants et pour
affaires de commerce. Les juges, saisis de la contestation,
peuvent ordonner, même sans que les parties le demandent,
la représentation de leurs livres de commerce à l'effet de les
consulter. Si les livres se trouvent dans un lieu éloigné de
la ville où siège le tribunal qui doit juger l'affaire, ce tribunal
peut donner mission au tribunal de commerce ou au juge de
paix du lieu où sont les livres de les examiner, d'en faire un
extrait et de dresser procès-verbal de ce qu'ils contiennent.
Les livres doivent être conservés pendant dix ans ; tant que
ce délai n'est pas expiré, le commerçant ne saurait être admis
à prétendre qu'il n'a plus ses livres ; après ce délai, il peut

ne plus les avoir; mais, s'il les a conservés, il pourra être tenu de les produire.

Sanction de l'obligation de tenir des livres. — L'obligation imposée au commerçant de tenir régulièrement des livres de commerce est sanctionnée par une disposition pénale en cas de faillite. Le commerçant failli, qui n'a pas tenu de livres ou dont les écritures ne sont pas régulières, peut être poursuivi comme banqueroutier simple et condamué par le tribunal correctionnel à un emprisonnement d'un mois au moins, de deux ans au plus.

Publicité du contrat de mariage; ses motifs. — Le régime sous lequel les époux sont mariés donne à ceux qui traitent avec eux plus ou moins de garanties. Ainsi, lorsque les époux sont mariés en communauté, les créanciers du mari ont action non seulement sur les biens personnels du mari, mais encore sur les biens composant la communauté; s'il y a séparation de biens, le patrimoine de la femme étant distinct de celui du mari, les créanciers du mari n'ont aucun droit sur les biens de la femme; si le régime adopté est le régime dotal, les biens apportés en dot par la femme sont inaliénables, et les créanciers, même ceux de la femme, n'ont pas de droit sur ces biens; nous avons dit enfin que la femme qui fait le commerce avec l'autorisation de son mari, lorsque les époux sont mariés en communauté, oblige la communauté et le mari lui-même par les engagements qu'elle contracte dans son commerce. On voit, par ces explications, l'intérêt que peuvent avoir les tiers à connaître le régime sous lequel les époux sont mariés, lorsque l'un d'eux est commerçant.

Formes de la publication. — Les règles prescrites pour rendre publiques les conventions matrimoniales varient; deux cas doivent être distingués : 1° Un des époux était commerçant lors de la célébration du mariage; la publication doit être faite, sous quelque régime que les époux soient mariés, mais seulement lorsqu'un contrat de mariage a été rédigé par-devant notaire. Il n'y aurait pas de publication si les époux, n'ayant pas fait de contrat, se trouvaient par ce fait mariés sous le régime de la communauté légale. Le notaire qui a reçu le contrat est chargé de faire faire la publication, sous peine d'amende. 2° Un des époux est devenu commerçant depuis la célébration du mariage : la publication alors est nécessaire seulement lorsque les époux sont mariés sous le régime dotal ou sous le régime de la séparation de biens ; elle doit être faite par l'époux lui-même, dans le mois du jour où il aura ouvert son commerce. Faute par lui de remplir cette obligation, il peut, en cas de faillite, être condamné comme banqueroutier simple.

Voici les formes de la publication : un extrait du contrat de mariage, indiquant le régime sous lequel les époux sont mariés, est remis aux greffes des tribunaux de première instance et de commerce du domicile des époux ; s'il n'y a pas de tribunal de commerce dans l'arrondissement, au secrétariat de la mairie de leur domicile, enfin aux chambres d'avoués et de notaires. Cet extrait reste affiché pendant un an.

Jugements de séparation de corps et de séparation de biens. — Les mêmes formalités doivent être remplies, lorsqu'il intervient entre deux époux, dont l'un est commerçant, un jugement de séparation de biens, ou un jugement de séparation de corps, le jugement de séparation de corps entraînant comme conséquence nécessaire la séparation de biens.

CHAPITRE II

DES INTERMÉDIAIRES DE COMMERCE

Diverses classes d'intermédiaires. — Les commerçants ne peuvent pas toujours faire par eux-mêmes toutes les négociations qui constituent leur commerce. Des intermédiaires sont nécessaires pour rapprocher les parties, mettre en relation des négociants qui ne se connaissent pas ou qui habitent à de grandes distances. Certaines opérations d'une importance particulière, et qui touchent au crédit même de l'État, les négociations sur les effets publics, ne peuvent se faire que par l'entremise d'officiers publics. D'un autre côté, le commerçant, pour écouler ses produits et en retirer un prix plus avantageux, est obligé de recourir à des agents qui se chargent de transporter ses marchandises d'un lieu à un autre. Enfin, à raison de la multiplicité de ses opérations, le négociant a besoin d'auxiliaires qui le représentent auprès du public et font en son nom ce qu'il ne peut faire lui-même. Les principaux intermédiaires employés dans le commerce sont : les commissionnaires, les commissionnaires de transports et les voituriers, les agents de change, les courtiers, enfin les auxiliaires des commerçants, commis, facteurs ou préposés. Nous consacrerons cinq sections à l'examen des règles particulières à chacune de ces classes d'intermédiaires.

SECTION PREMIÈRE

DES COMMISSIONNAIRES

(Art. 94 et 95 du code de commerce, modifiés par la loi du 23 mai 1863.)

Caractère particulier du commissionnaire. — Le commissionnaire est un intermédiaire qui fait pour le compte d'autrui, mais en son propre nom, une opération commerciale. Celui pour le compte duquel se fait la négociation s'appelle commettant. Ce qui caractérise la commission, c'est que le commissionnaire, bien qu'agissant pour le compte du commettant, figure personnellement dans l'opération, et se trouve vis-à-vis du tiers avec lequel il traite dans la même situation que si l'opération se faisait dans son intérêt personnel.

Différence entre le mandat et la commission. — C'est en cela que la commission diffère du mandat : le mandataire, comme le commissionnaire, agit pour le compte d'autrui, mais le mandataire figure dans l'opération au nom du mandant et ne s'engage pas personnellement, tandis que le commissionnaire est en nom dans l'opération et se trouve personnellement obligé. Un exemple fera comprendre la différence : Je donne mandat à Pierre de m'acheter une certaine quantité de marchandises ; Pierre remplit son mandat et achète en mon nom et pour mon compte les marchandises que je lui ai désignées. L'opération conclue, c'est moi qui suis obligé; Pierre, le mandataire, s'efface, il n'est pas tenu de payer le prix : le mandant seul est obligé vis-à-vis de celui avec lequel le mandataire a traité. Supposons que Pierre, au lieu d'être un mandataire, agisse comme commissionnaire. Il se présentera au vendeur, et, sans nommer le commettant, il achètera les marchandises en son nom; c'est lui qui figurera comme acheteur dans l'opération, et il sera obligé vis-à-vis du vendeur au paiement du prix; seulement il devra rendre compte du résultat de l'opération au commettant, puisqu'il l'a faite pour son compte et par suite de la commission qui lui avait été donnée.

Avantages du contrat de commission. — Les avantages que le commerce peut retirer de ce mode d'opérer sont faciles à saisir : celui qui traite avec le commissionnaire, sachant qu'il l'a pour obligé, ne connaissant que lui, n'a pas à se préoccuper de la solvabilité du commettant; c'est au commissionnaire à s'en enquérir, car c'est sur lui que retombera la perte en cas d'insolvabilité du commettant. Il résulte de là une sécurité plus grande dans les transactions, et en outre plus de célérité, le négociant qui fait une opération avec le commissionnaire n'ayant point à prendre sur la situation du commettant des renseignements, souvent longs et difficiles à obtenir. L'intervention du commissionnaire a encore cet avantage, considérable dans certains cas, de permettre au commettant de ne pas se faire connaître et d'assurer ainsi le secret de l'opération.

Applications diverses de la commission. — Le commissionnaire peut faire toute espèce d'opérations commerciales : il peut vendre, acheter, être chargé de faire effectuer un transport, de tirer une lettre de change. Nous verrons quelles sont les règles particulières applicables aux commissionnaires de transports et à ceux qui tirent une lettre de change pour le compte d'autrui; nous n'avons, quant à présent, à étudier que les règles générales de contrat de commission.

Obligations du commissionnaire. — Quelle que soit l'opération à laquelle il s'applique, le contrat de commission

entraîne certaines obligations, soit à la charge du commissionnaire, soit à la charge du commettant.

Voici les principales obligations dont est tenu le commissionnaire envers le commettant. Il doit, lorsqu'il a accepté la
commission, l'exécuter et la mettre à fin, en se conformant
exactement aux instructions qui lui ont été données et de la
manière la plus avantageuse pour le commettant. Le commissionnaire doit donner au commettant tous les renseignements
utiles, l'avertir et attendre de nouvelles instructions lorsqu'il
ne peut exécuter la commission, aviser immédiatement le
commettant lorsque la commission est accomplie. Enfin le
commissionnaire est tenu de rendre compte des sommes ou
des marchandises qui lui ont été remises.

Commissionnaire vendeur. — Lorsque le commissionnaire est chargé de vendre, il doit recevoir et conserver les
marchandises qui lui sont adressées, et veiller avec le plus
grand soin à ce qu'elles ne se détériorent pas. Il doit, pour
vendre, se conformer au prix et aux conditions qui lui ont
été indiqués; ainsi il ne peut vendre au-dessous du prix ou
du cours qui lui a été fixé; il doit vendre au comptant, à
moins qu'il n'ait été autorisé à vendre à crédit, et encore,
dans ce cas, il ne doit pas accorder des délais plus longs que
ceux qui ont été déterminés par le commettant ou que
l'usage du commerce autorise.

Du croire. — Lorsque le commissionnaire a vendu dans
les conditions fixées par ses instructions, il n'est pas responsable si l'acheteur des marchandises ne paie pas à l'échéance;
la perte sera pour le commettant. Mais il arrive souvent que,
moyennant un salaire ou droit de commission plus élevé, le
commissionnaire assure le commettant contre l'insolvabilité
de ceux avec qui il a traité, et s'oblige à payer lui-même, si
l'acheteur ne paie pas. Cette convention particulière s'appelle *du croire*, des mots italiens : *del credere*, avoir confiance.

Commissionnaire acheteur. — Le commissionnaire chargé
d'acheter doit se conformer aux ordres qui lui sont donnés
pour le prix d'achat, la qualité et la quantité des marchandises; le commettant pourrait refuser de prendre livraison

des marchandises qui ne seraient pas conformes à ses instructions, et les laisser au compte du commissionnaire. Telles sont les obligations principales du commissionnaire envers le commettant. Nous avons vu que vis-à-vis des tiers le commissionnaire était obligé, comme si l'opération lui était personnelle : s'il a vendu, il est tenu de livrer la marchandise à l'acheteur; s'il a acheté, il est obligé au payement du prix.

Obligations du commettant. — Le commettant est tenu envers le commissionnaire d'une double obligation. Il doit, en premier lieu, lui rembourser les frais qu'il a faits pour exécuter la commission et les sommes qu'il a avancées; ainsi, quand le commissionnaire chargé d'acheter a payé le prix de la marchandise, il est fondé à en demander le remboursement au commettant; le commettant doit également indemniser le commissionnaire des pertes qu'a pu lui occasionner l'exécution de la commission, pourvu que le commissionnaire ait agi avec prudence et qu'on n'ait aucune faute à lui reprocher. Le commettant n'est pas obligé envers les tiers qui ont traité avec le commissionnaire; il n'a pas contracté avec eux, et il n'a de rapports qu'avec le commissionnaire.

Droit de commission. — La seconde obligation du commettant envers le commissionnaire est le payement du droit de commission. Le droit de commission est de l'essence du contrat de commission; le commissionnaire qui fait sa profession de ce genre d'opérations ne peut être mis en œuvre sans qu'un salaire lui soit payé. En cela, la commission diffère encore du mandat, qui est en général gratuit et ne donne droit à un salaire que dans des cas exceptionnels. Le droit de commission est fixé par une convention intervenue entre le commettant et le commissionnaire, ou réglé par l'usage. Il consiste d'ordinaire dans une remise sur le montant de l'affaire exécutée par le commissionnaire. Cette remise est de un, deux ou cinq pour cent, selon la nature de l'opération. Le droit de commission est double lorsque la convention de *du croire* est intervenue, c'est-à-dire lorsque le commissionnaire a garanti à l'égard du commettant la solvabilité de ceux avec qui il traite. Le droit de commission est dû même lorsque l'affaire n'a pas réussi; toutefois, si l'in-

succès de l'opération résultait d'une faute du commissionnaire, il pourrait être condamné à payer au commettant une
indemnité qui diminuerait ou même réduirait à néant, en se
compensant avec lui, le salaire auquel le commissionnaire
pouvait avoir droit.

Privilège du commissionnaire. — Le commissionnaire
a, pour le remboursement de ce qui lui est dû par le commettant, une garantie particulière, un privilège sur le prix
des marchandises qui lui ont été expédiées, déposées ou con-
signées, privilège qui lui permet d'être payé avant les autres
créanciers du commettant. Cette garantie donnée au commissionnaire a pour but principal de procurer du crédit aux
commerçants : le commissionnaire, en effet, auquel des
marchandises ont été remises pour les vendre, sera disposé,
à raison de la sécurité que lui donne le privilège, à faire sur
ces marchandises des avances au commettant, avant qu'il
ait réalisé la vente et touché le prix. Le commissionnaire
jouit de ce privilège par le seul effet de la loi, et sans qu'il
soit nécessaire qu'une convention intervenue entre lui et le
commettant le lui ait conféré. Un privilège analogue ne pourrait être établi, au profit d'un autre que le commissionnaire,
que par une convention formelle de nantissement donnant
en gage les marchandises.

Conditions de ce privilège. — Pour que le privilège
existe au profit du commissionnaire, il faut que les marchandises soient à sa disposition, qu'elles se trouvent dans un
magasin ou un navire lui appartenant, ou bien qu'elles
soient déposées dans un entrepôt de douane ou dans tout
autre dépôt public. Il suffit même qu'elles lui soient expédiées, bien qu'elles ne soient pas encore arrivées entre ses
mains, s'il justifie que l'expédition lui en a été faite par un
connaissement, lorsque les marchandises ont été transportées
par mer, par une lettre de voiture, lorsqu'elles ont été transportées par terre.

Créances garanties par le privilège. — Le privilège
garantit au commissionnaire le payement de tout ce qui lui
est dû par le commettant à raison de la commission dont il
a été chargé : ainsi, les avances qu'il a faites au commettant,

les sommes qu'il lui a prêtées ou qu'il a payées pour lui à l'occasion de ses marchandises, soit depuis qu'elles sont en sa possession, soit même avant qu'il les ait reçues, les frais que lui a occasionnés l'accomplissement de la commission, enfin le salaire même qui lui est dû, ou droit de commission. Lorsque le commissionnaire vend les marchandises, il prélève ces différentes sommes sur le produit de la vente et s'en rembourse ainsi, sans avoir à craindre le concours des autres créanciers du commettant.

SECTION II

DES COMMISSIONNAIRES DE TRANSPORTS ET DES VOITURIERS

(Art. 96 à 108 du Code de commerce.)

Différence entre le commissionnaire de transports et le voiturier. — On appelle commissionnaire de transports celui qui, moyennant un droit de commission, traite avec un voiturier en son nom, mais pour le compte d'un commettant, pour faire conduire les marchandises de ce dernier. Le commissionnaire est personnellement tenu envers le voiturier du prix du transport, mais il lui en est tenu compte par le commettant. Le voiturier est celui qui fait sa profession de transporter d'un lieu à un autre des marchandises, des effets ou des personnes. L'expression : voiturier a, dans le langage juridique, un sens très large ; elle comprend tous ceux qui s'occupent de l'industrie des transports par terre ou par eau : les voituriers proprement dits ou rouliers qui font les transports par terre, les bateliers qui font les transports par eau, les entreprises de diligences, de chemins de fer, de bateaux à vapeur. L'expéditeur (on appelle ainsi celui qui envoie la marchandise) peut traiter directement avec un voiturier ou s'adresser à un commissionnaire qui fera exécuter le transport par un voiturier.

Utilité du commissionnaire de transports. — L'utilité du commissionnaire de transports apparaît surtout pour les transports à longue distance, pour lesquels il faut recourir à de nombreux agents, et dont le mode change pendant le cours du voyage, par exemple, pour un transport qui se fait en partie par terre, en partie par mer. L'expéditeur éprouverait les difficultés les plus grandes s'il lui fallait traiter directement avec les divers agents employés à ces transports. Ainsi, un négociant de Paris veut expédier des marchandises au Caire : il lui faut d'abord faire conduire ses marchandises à Marseille, les faire embarquer pour Alexandrie, puis transporter d'Alexandrie au Caire. Que fera-t-il? Il s'adressera à un commissionnaire de transports, qui se trouve par sa profession même en rapport avec d'autres commissionnaires ou des entrepreneurs de transports : le commissionnaire se chargera de faire parvenir les marchandises au Caire, et assurera leur transport à moins de frais et avec plus de sécurité.

Entrepreneur de transports. — Il ne faut pas confondre le commissionnaire de transports avec un autre agent qu'on appelle entrepreneur de transports, et qui est compris dans la dénomination générale de voiturier. Voici la différence qui existe entre le commissionnaire et l'entrepreneur de transports. Le commissionnaire de transports traite avec un voiturier pour le compte du commettant; il touche un droit de commission. L'entrepreneur de transports se charge à forfait d'un transport, il le fait effectuer par ses propres voitures, par ses employés, ou bien il traite en son nom et pour son compte avec un autre voiturier, bénéficiant dans ce cas de la différence entre le prix qui lui est payé par l'expéditeur, et le prix qu'il paie lui-même au voiturier qui se charge du transport, si ce prix est moins élevé. Cette distinction entre l'entrepreneur de transports et le commissionnaire n'est pas sans intérêt : nous verrons en effet qu'il existe certaines différences entre les obligations des commissionnaires de transports et celles des voituriers, dans la classe desquels rentre l'entrepreneur de transports.

Lettre de voiture; sa forme. — Les conventions relatives aux transports peuvent être établies par tous les moyens de preuve admis par le droit commercial, par un acte écrit, par la correspondance, par les livres. Le contrat de transport qui intervient soit entre l'expéditeur, le commissionnaire et le voiturier, soit entre l'expéditeur et le voiturier seulement, se prouve ordinairement par un titre spécial, qu'on nomme lettre de voiture, parce qu'il a la forme d'une lettre adressée par le commissionnaire ou l'expéditeur au destinataire, c'est ainsi qu'on appelle celui auquel les marchandises sont expédiées. La lettre de voiture doit être datée ; elle indique la nature et le poids ou la contenance des objets à transporter ; elle porte en marge leurs marques et numéros, afin que le destinataire puisse s'assurer que les objets qui lui sont remis sont bien ceux qui lui ont été expédiés. La lettre de voiture énonce en outre le nom et le domicile du commissionnaire, s'il y en a un, le nom du destinataire, le nom et le domicile du voiturier, le délai dans lequel le transport doit être effectué, et le prix de la voiture, autrement dit le prix du transport ; elle stipule souvent le montant de l'indemnité qui sera due en cas de retard : cette indemnité consiste en une réduction sur le prix du transport. La lettre de voiture est signée de l'expéditeur ou du commissionnaire, la signature du voiturier n'est pas nécessaire ; elle doit en général être rédigée sur papier timbré, enfin elle est copiée par le commissionnaire sur un registre spécial [1].

Effets de la lettre de voiture ; responsabilité du commissionnaire de transports et du voiturier. — La lettre de voiture forme un contrat entre l'expéditeur et le voiturier, ou entre le commissionnaire, l'expéditeur et le voiturier. De ce contrat découle une responsabilité rigoureuse pour le commissionnaire et pour le voiturier. Le commissionnaire de

---

[1] *Formule d'une lettre de voiture.*

Voiture...............
Remboursement.......

Paris, le...............

Monsieur,

A la conduite de N..., voiturier à..., vous recevrez quatre colis (*désigner la marchandise*) du poids de..., lesquels devront vous être rendus le........., à peine de perte par ledit voiturier du tiers du prix du transport. Et vous lui paierez la somme de............, puis vous lui rembourserez la somme de..........., suivant le détail ci-contre.

(*Signature de l'expéditeur ou du commissionnaire.*)

A M. X., à.....

transports répond du défaut de transport des marchandises
et du retard, à moins qu'il ne prouve que ce défaut de transport ou ce retard provient d'un événement de force majeure qui
n'a pu être ni prévu ni empêché, une inondation par exemple,
ou l'interruption des communications par suite de la guerre.
Le commissionnaire est également responsable de la perte des
marchandises et des avaries ou détériorations, à moins qu'il
ne prouve que la perte ou les avaries sont le résultat de la
force majeure, d'un vice de la chose, ou enfin d'un fait im-
putable à l'expéditeur, par exemple, d'un défaut de précaution dans l'emballage des marchandises. L'indemnité, soit
pour le retard, soit pour la perte ou l'avarie des marchandises, est fixée par les tribunaux, si elle n'a été déterminée
d'avance dans la lettre de voiture. Afin de faciliter en cas de
perte l'appréciation de l'indemnité, le commissionnaire qui
se charge d'un transport doit inscrire sur son livre-journal la
déclaration de la nature et de la quantité des marchandises,
et même de leur valeur, si l'expéditeur le demande. Le commissionnaire de transports, s'engageant à faire parvenir les
marchandises au lieu de leur destination, est responsable de
la perte, de la détérioration ou du retard survenus par la
faute des agents qu'il a employés, commissionnaires intermédiaires ou voituriers ; il peut toutefois s'affranchir de cette
partie de sa responsabilité, en stipulant qu'il ne sera garant
que de son fait personnel.

La responsabilité du voiturier est la même que celle du
commissionnaire ; il répond de la perte ou des avaries, à
moins qu'il ne prouve la force majeure ou le vice de la chose ;
il répond aussi du retard : la lettre de voiture stipule ordinairement une retenue du tiers sur le prix du transport en
cas de retard. Le voiturier est responsable du fait de ses préposés ou employés, et il ne peut s'affranchir de cette responsabilité, à la différence du commissionnaire qui peut stipuler
qu'il ne sera pas garant du fait des agents intermédiaires qu'il
emploie. La responsabilité du voiturier commence dès que
les marchandises ont été remises à lui ou à ses préposés,
avant même qu'elles aient été chargées sur la voiture ou sur
le navire qui doit les transporter.

Aux risques de qui voyage la marchandise. — La marchandise, une fois sortie des magasins de l'expéditeur, voyage, à moins qu'il n'ait été autrement convenu, aux risques et périls de celui à qui elle appartient, c'est-à-dire la plupart du temps du destinataire, acheteur des objets transportés. Ainsi l'expéditeur n'est pas responsable de la perte des marchandises, à moins qu'il n'ait commis une faute grave dans le choix des agents chargés du transport. La perte de la marchandise survenue par suite d'un fait de force majeure, sera pour le destinataire qui n'en devra pas moins payer le prix. S'il y a perte, avarie ou retard par le fait du commissionnaire ou du voiturier, c'est au destinataire qu'appartient l'action qui peut être exercée contre eux et le droit de réclamer une indemnité. Il faut remarquer, à ce point de vue, que le voiturier est tenu directement vis-à-vis du destinataire, s'il a été chargé du transport par l'expéditeur; s'il y a un commissionnaire, le commissionnaire est tenu vis-à-vis du destinataire, et le voiturier est obligé envers le commissionnaire avec lequel il a traité, de telle sorte que si la marchandise a péri par le fait du voiturier, le commissionnaire, actionné par le destinataire, pourra se retourner contre le voiturier et exercer contre lui un recours.

Réception des objets transportés et paiement du prix de voiture; prescription. — Diverses fins de non-recevoir peuvent être opposées par le commissionnaire ou le voiturier à l'action dirigée contre eux. Ils sont dégagés de toute responsabilité, lorsque le destinataire a reçu les marchandises sans protestation, et a payé le prix du transport; cette réception et ce paiement prouvent que le destinataire a reconnu qu'il n'avait aucune action à exercer contre les agents du transport ou qu'il a renoncé à en exercer une. En outre l'action contre le commissionnaire ou le voiturier est éteinte après un court délai par la prescription; elle ne peut plus être exercée, après six mois pour les expéditions faites dans l'intérieur de la France, après un an pour les expéditions faites à l'étranger. Le délai court, lorsque la marchandise est entièrement perdue, du jour où le transport aurait dû être effectué, c'est-à-dire du jour où, si les marchandises n'avaient pas péri, elles auraient dû, d'après les conditions de la lettre de voiture, être remises au destinataire. Dans le cas où il y a seulement avarie ou retard, le délai pour exercer l'action court du jour où les marchandises ont été remises au destinataire. Cette courte prescription n'est pas applicable lorsqu'il y a infidélité ou fraude, par exemple, si le voiturier s'était approprié les marchandises, ou les avait lui-même altérées.

Droits du voiturier en cas de refus ou de contestation. — Nous avons vu jusqu'à présent les obligations du commissionnaire et du voiturier ; il nous reste à déterminer les droits du voiturier lorsque le destinataire se refuse à recevoir les marchandises ou à payer le prix du transport et les frais accessoires que le voiturier a avancés, droits de douane, d'octroi ou autres. Lorsque le destinataire ne veut pas prendre livraison des marchandises, lorsqu'il soulève des difficultés, prétendant soit que les marchandises sont détériorées, soit qu'une partie des objets manque, le voiturier a diverses mesures à prendre pour sauvegarder ses intérêts. Il présente requête au président du tribunal de commerce ou au juge de paix, s'il n'y a pas de tribunal de commerce dans la localité, pour demander la nomination d'experts. Il est important pour le voiturier de provoquer sans délai la nomination des experts, afin de faire constater aussitôt que possible l'état des marchandises. Le voiturier peut aussi faire ordonner par le même magistrat le dépôt ou le séquestre des marchandises, et ensuite leur transport dans un dépôt public. Enfin, si un procès s'engage sur les prétentions du destinataire, le voiturier ne pourrait être obligé d'en attendre l'issue pour se faire payer le prix de son transport : il peut, avant le jugement de la contestation, faire ordonner par le président du tribunal de commerce ou le juge de paix la vente des marchandises transportées, jusqu'à concurrence de ce qui lui est dû pour le prix du transport et les frais accessoires. Le voiturier a, pour le paiement de sa créance, sur les marchandises transportées, un privilège qui lui permet de se faire payer sur le produit de la vente par préférence aux autres créanciers.

Entreprises publiques de transports. — Les règles que nous venons d'étudier, relatives à la responsabilité des voituriers, aux droits qu'ils peuvent exercer, sont applicables aux entrepreneurs publics de transports. On appelle ainsi ceux qui annoncent leur service au public avec des conditions de périodicité, de jour et d'heure, et des prix déterminés à l'avance. Les entreprises de diligences, de chemins de fer, de bateaux à vapeur, rentrent dans les entreprises publiques de transports. Outre les dispositions générales du Code de commerce, les entrepreneurs publics de transports sont soumis à des règlements particuliers qui régissent leurs rapports avec les particuliers et avec l'État. C'est ainsi notamment que, pour les compagnies de chemins de fer, les conditions du transport des personnes et des marchandises sont réglées par des cahiers de charges et des tarifs, arrêtés par l'autorité supérieure, qui font la loi des compagnies et de ceux qui les chargent d'un transport. Une obligation particulière à tous les entrepreneurs publics de transports est qu'ils doivent tenir registre de l'argent, des effets et paquets qui leur sont confiés et en délivrer un reçu.

SECTION III

DES AGENTS DE CHANGE.

(Art. 74 à 90 du code de commerce. Loi du 2 juillet 1862.)

Nomination des agents de change; conditions d'aptitude; cautionnement. — Les agents de change sont des officiers publics institués pour servir d'intermédiaires aux parties dans la négociation des effets publics, des effets de commerce et des matières métalliques. Il n'y a d'agents de change que dans les villes où il existe une bourse de commerce; leur nombre est limité et déterminé par le Gouvernement. Les agents de change sont nommés par décret, et peuvent être destitués lorsqu'ils commettent une infraction grave à leurs obligations professionnelles. Ils peuvent, sauf le cas de destitution, présenter un successeur à l'agrément

du chef de l'État; leurs charges se trouvent ainsi être transmissibles, comme celles des notaires, des avoués, des huissiers. Pour être nommé agent de change, il faut être Français, âgé de 25 ans, et justifier d'un certificat d'aptitude et
d'honorabilité signé par les chefs de plusieurs maisons de
banque et de commerce. Comme les autres officiers publics,
les agents de change doivent fournir un cautionnement. Ce
cautionnement consiste en une somme d'argent qui est déposée dans les caisses de l'État, et qui sert de garantie à ceux
envers lesquels l'agent de change serait déclaré responsable,
à raison d'une faute commise dans l'exercice de sa profession. Le cautionnement atteint dans certaines villes un chiffre
considérable : il est pour les agents de change de Paris,
de 250 000 francs; pour ceux de Lyon, de 40 000 francs;
pour ceux de Bordeaux et de Marseille, de 30 000 francs.
Les agents de change d'une même ville, lorsqu'ils sont en
assez grand nombre, ont une chambre syndicale, composée
par l'élection, qui est chargée d'exercer un pouvoir disciplinaire sur les membres de la compagnie.

**Attributions des agents de change; négociation des
effets publics.** — Les attributions des agents de change n'ont
pas toutes le même caractère; il est d'abord certaines négociations qui leur sont exclusivement réservées, qui ne peuvent être faites régulièrement que par eux : ce sont les négociations d'effets publics. On entend à proprement parler par
effets publics, les rentes sur l'Etat 5 0/0, 4 1/2 0/0 et 3 0/0.
Les rentes sur l'État sont nominatives ou au porteur. On dit
que la rente est nominative lorsque le nom du propriétaire
figure au grand livre de la dette publique; la rente est au
porteur dans le cas contraire. Lorsque la rente est nominative, elle ne peut être vendue qu'au moyen d'un *transfert*,
acte particulier soumis à des formes déterminées, et dans
lequel l'agent de change intervient pour certifier l'identité
du propriétaire de la rente et la sincérité de sa signature.
Les agents de change font également les négociations de certains titres qui sont souvent assimilés aux effets publics : les
actions et obligations de compagnies industrielles, les rentes
émises par des gouvernements étrangers, en un mot, des va-

leurs connues sous le nom de *valeurs cotées à la Bourse*, c'est-à-dire dont le cours est constaté après chaque séance sur un registre particulier appelé *cote*. Les valeurs qui donnent lieu à des négociations assez fréquentes sont seules admises à la cote. Il faut remarquer, du reste, que la négociation des effets publics et des titres qui y sont assimilés ne peut être faite par tous les agents de change, mais seulement par ceux exerçant près certaines bourses de commerce où ce genre d'opérations est autorisé; il y a dans ces bourses de commerce, à Paris, à Bordeaux, à Marseille, par exemple, un *parquet*, c'est-à-dire un lieu séparé, mais placé en vue du public, où les agents de change se réunissent pour la négociation des effets publics. Les agents de change ont aussi le droit exclusif de constater le cours des effets publics; ils s'assemblent à la fin de chaque bourse, et, d'après le taux auquel se sont faites les opérations, la chambre syndicale arrête la cote officielle qui constate le cours authentique de la bourse du jour.

Autres attributions. — La seconde classe d'attributions des agents de change consiste dans la négociation des lettres de change, des billets à ordre et autres effets de commerce. Pour ces opérations, le ministère de l'agent de change n'est pas obligatoire; les parties intéressées peuvent les faire elles-mêmes, mais, si elles veulent recourir à un intermédiaire, elles ne peuvent s'adresser qu'à un agent de change. Le cours du change, c'est à-dire le taux auquel se négocient les lettres de change et autres papiers de commerce, est établi par les agents de change après chaque bourse. Enfin la dernière attribution des agents de change leur est commune avec les courtiers de marchandises. Ils peuvent, concurremment avec les courtiers, servir d'intermédiaires pour la négociation des matières métalliques, c'est-à-dire des matières d'or et d'argent monnayées ou en lingots; les agents de change seuls ont le droit d'en constater le cours.

Les opérations qui se font par le ministère de l'agent de change s'établissent au moyen de titres appelés bordereaux qui sont signés de l'agent de change et remis par lui à la partie pour laquelle il a opéré. L'agent de change a droit à un émolument ou courtage, qui est fixé par un tarif, au-delà duquel il ne peut rien exiger. Le privilège qui appartient aux agents de change pour l'exercice des attributions que nous venons de parcourir est garanti par des peines, édictées contre ceux qui font des actes rentrant dans les fonctions de l'agent de change; l'immixtion dans les fonctions d'agent de change constitue un délit, qui entraîne la condamnation à des amendes considérables.

Obligations professionnelles de l'agent de change. — Les obligations professionnelles des agents de change sont nombreuses, et, sans les énumérer, nous devons en donner un aperçu. Il est interdit à l'agent de change de faire pour son compte aucune opération; il est à craindre en effet que si l'agent de change opère pour lui, il ne sacrifie à son intérêt personnel l'intérêt de son client. L'agent de change qui fait une opération pour un client est responsable du résultat de la négociation : s'il a vendu, il est tenu personnellement de livrer les titres à l'acheteur; s'il a acheté, il est obligé de payer le prix. Aussi, et pour que l'agent de change n'ait pas à courir le risque de l'insolvabilité de celui pour qui il agit, il doit se faire remettre les effets qu'il est chargé de vendre et les sommes nécessaires pour payer les titres qu'il est chargé d'acheter. La responsabilité personnelle de l'agent de change, pour les opérations qu'il fait, est la conséquence de l'obligation du secret qui lui est imposé; en faisant pour un client une négociation, il ne doit pas le nommer, à moins d'ordre contraire; dès lors celui qui traite avec l'agent de change ne connaît que lui et n'a d'action que contre lui. Les agents de change doivent donner aux parties, si elles le demandent, un reçu des sommes ou des valeurs qui leur sont confiées, et remettre des bordereaux constatant les opérations; ils doivent enfin inscrire leurs opérations sur un carnet, au moment même où ils les font, et les reporter ensuite sur un livre journal régulièrement tenu.

Recours que l'on peut avoir à exercer contre les agents de change. — L'agent de change doit exécuter avec exactitude et fidélité le mandat qui lui est donné par son client; il est tenu de lui remettre les effets achetés pour lui ou les sommes provenant des ventes réalisées pour son compte. Il répond particulièrement, en cas de transfert de rentes ou autres titres nominatifs, de l'identité de son client, de la sincérité de sa signature et des pièces produites; il répond également de la sincérité de la dernière signature des effets de commerce qu'il est chargé de négocier; enfin, toutes les fois que l'agent de change commet une faute dans l'exercice de sa profession, il est responsable envers celui auquel il cause un dommage. L'agent de change peut donc être actionné devant les tribunaux soit par son client, s'il n'a pas bien exécuté ses ordres ou s'il ne lui rend pas compte des valeurs qu'il a touchées pour lui, soit par un tiers auquel il a porté préjudice en manquant à ses obligations professionnelles.

Oppositions sur le cautionnement. — Le cautionnement de l'agent de change est affecté par privilège à la garantie des condamnations qui pourraient être prononcées contre lui pour faits commis dans l'exercice et à l'occasion de ses fonctions. Afin que les intéressés soient avertis et puissent se mettre en mesure de faire valoir leurs droits, la cessation des fonctions de l'agent de change doit être portée à la connaissance du public. A cet effet, l'agent de change qui cède son office doit en faire la déclaration au greffe du tribunal de commerce ; cette déclaration reste affichée pendant trois mois au greffe du tribunal de commerce et à la bourse. Pendant ce temps, ceux qui ont des droits à exercer sur le cautionnement peuvent former opposition. L'opposition est signifiée, soit au ministre des finances, soit au greffe du tribunal de commerce. L'agent de change démissionnaire ne peut se faire restituer son cautionnement par le Trésor, qu'en justifiant de l'accomplissement des formalités de publicité que nous avons indiquées, et qu'autant qu'il n'existe pas d'opposition, ou que les oppositions formées ont été levées.

SECTION IV

DES COURTIERS

(Art. 74 à 90 du Code de commerce. Loi du 18 juillet 1866.)

Caractère général des fonctions du courtier. — Les courtiers ont tout particulièrement le caractère d'agents intermédiaires : ils se bornent en effet à mettre les parties en rapport, à constater leurs conventions, mais ils ne s'engagent jamais personnellement. Le courtier ne s'engageant pas personnellement n'a ni à payer ni à recevoir, et par suite n'a pas de compte à rendre : il perçoit pour les soins qu'il a donnés à l'affaire un salaire qui s'appelle courtage.

Diverses classes de courtiers. — On distingue, d'après la nature de leurs fonctions, diverses classes de courtiers : il y a des courtiers de marchandises (on les appelle aussi courtiers de commerce), des courtiers d'assurances, des courtiers interprètes et conducteurs de navires, des courtiers de transports, enfin des courtiers gourmets piqueurs de vins. Jusqu'à une époque récente, tous les courtiers avaient, comme les agents de change, le caractère d'officiers publics ; leur nombre était limité, et leurs attributions constituaient à leur profit un privilège auquel il était interdit de porter atteinte. Ce caractère subsiste encore pour tous les courtiers autres que les courtiers de marchandises ; mais, pour cette classe de courtiers, le privilège a disparu depuis la loi du 18 juillet 1866 qui a établi la liberté de la profession de courtier de marchandises. Quant aux courtiers qui ont conservé le caractère d'officiers publics, c'est-à-dire les courtiers autres que les courtiers de marchandises, ils sont, comme les agents de change, nommés par décret, à l'exception cependant des courtiers gourmets piqueurs de vins qui sont nommés par le ministre du commerce ; ils fournissent un cautionnement, et leurs charges sont transmissibles.

Malgré la distinction entre les diverses classes de courtiers, la même personne peut cumuler les fonctions de courtier d'assurances, de courtier interprète et conducteur de navires, et même y réunir celles d'agent de change et de courtier de marchandises, si le décret de nomination autorise ce cumul; au contraire, les fonctions de courtier de transports ne peuvent être exercées concurremment avec aucune autre.

Obligations et responsabilité du courtier. — Les obligations des courtiers sont en général les mêmes que celles des agents de change; il y a toutefois une différence essentielle : l'agent de change ne nomme pas celui pour lequel il agit, et il se trouve par suite personnellement obligé à livrer les titres, s'il est vendeur, à payer le prix, s'il est acheteur.; le courtier, ayant pour unique mission de rapprocher les parties, n'est jamais lui-même obligé, et il doit nécessairement faire connaître celui qu'il représente; en un mot, il n'est pas comme l'agent de change tenu à l'obligation du secret.

Après ces généralités, quelques détails sont nécessaires sur les attributions particulières de chacune des classes de courtiers.

Courtiers de marchandises; leurs attributions. — L'attribution essentielle des courtiers de marchandises consiste à servir d'intermédiaires pour l'achat et la vente des marchandises; ils font, concurremment avec les agents de change, les négociations de matières métalliques; ils constatent le cours des marchandises, enfin, ils sont investis du droit de procéder à certaines ventes, notamment aux ventes publiques de marchandises en gros.

Régime nouveau introduit par la loi du 18 juillet 1866. — Antérieurement à 1866, les courtiers de marchandises avaient le caractère d'officiers publics et jouissaient à ce titre d'un véritable privilège. La loi du 18 juillet 1866 a supprimé le privilège des courtiers de marchandises et établi la liberté de la profession. Désormais toute personne peut faire le courtage et servir d'intermédiaire pour l'achat et la vente des marchandises. La suppression de leur privilège causant un préjudice aux courtiers en exercice qui avaient payé leurs charges, une indemnité leur a été accordée; cette indemnité a été fixée par des commissions instituées par un décret, et payée au moyen de ressources spéciales.

Courtiers inscrits. — Les courtiers de marchandises n'ayant plus de caractère d'officiers publics, il fallait déterminer à qui seraient confiées les attributions particulières qui leur appartenaient, le droit de procéder à certaines ventes et la constatation du cours des marchandises. La loi y a pourvu de la manière suivante : il peut être dressé par le tribunal de commerce une liste des courtiers de marchandises qui demanderont à y être inscrits. Les courtiers inscrits doivent réunir certaines conditions d'aptitude ; ils prêtent serment devant le tribunal de commerce, ont une chambre syndicale chargée de la discipline, enfin ils paient au Trésor un droit d'inscription qui, selon l'importance de la place, varie de mille à trois mille francs. Les ventes publiques de marchandises aux enchères et en gros ne peuvent être faites que par les courtiers inscrits ; à eux également est réservé le droit de procéder, à défaut d'expert choisi par les parties, à l'estimation des marchandises déposées dans les magasins généraux ; s'il n'y a pas dans une ville de liste de courtiers inscrits, le président du tribunal de commerce désigne, à la demande des parties, un courtier non inscrit pour procéder à ces opérations. Les droits dus aux courtiers pour les ventes publiques et les estimations sont fixés, pour chaque localité, par le ministre du commerce. Le courtier inscrit qui est chargé de faire une vente publique ou une estimation ne peut se rendre acquéreur pour son compte personnel ; s'il contrevient à cette interdiction, il est rayé de la liste par le tribunal de commerce et ne peut plus y être inscrit de nouveau. Enfin tout courtier, inscrit ou non, qui se charge d'une opération dans laquelle il a un intérêt personnel, sans prévenir les parties, peut être poursuivi devant le tribunal correctionnel et puni d'une amende de cinq cents francs à trois mille francs.

Constatation du cours des marchandises. — Les courtiers inscrits sont également chargés de la constatation du cours des marchandises ; s'ils ne sont pas en nombre suffisant, la chambre de commerce peut leur adjoindre un certain nombre de courtiers ou de négociants de la place. Dans les villes où il n'existe pas de courtiers inscrits, le cours des marchandises est constaté par les courtiers et négociants désignés chaque année par la chambre de commerce.

Courtiers d'assurances. — Les courtiers d'assurances s'occupent exclusivement d'assurances maritimes ; ils servent d'intermédiaires pour opérer ces assurances, rédigent les contrats ou polices, et en attestent la sincérité par leur signature. L'intervention du courtier en matière d'assurances n'est pas obligatoire : les intéressés peuvent contracter directement, sans recourir à un intermédiaire, ils peuvent rédiger la police eux-mêmes, ou la faire rédiger par un notaire. Les courtiers d'assurances ont, à l'exclusion de tous autres, le droit de certifier le taux des primes, c'est-à-dire le prix moyennant lequel se font les assurances.

Courtiers interprètes et conducteurs de navires. — Les courtiers interprètes et conducteurs de navires sont souvent appelés courtiers maritimes : ils ont des attributions assez nombreuses. Ils négocient les conventions relatives aux locations des navires, locations qui prennent le nom d'*affrètement* ou *nolissement* ; ils constatent le cours du *fret* ou *nolis*, c'est-à-dire le prix moyennant lequel se font les locations de navires. Ils ont le droit exclusif de traduire les actes en langue étrangère qui sont relatifs au commerce maritime ou qui sont produits en justice ; ils servent d'interprètes aux étrangers, maîtres de navires, marchands, équipages de navires, lorsqu'ils se trouvent engagés dans une contestation devant les tribunaux, ou dans leurs rapports avec la douane. Le décret qui nomme le courtier détermine les langues pour lesquelles il pourra servir d'interprète.

Courtiers de transports par terre et par eau. — Les courtiers de transports négocient, dans les lieux où ils sont établis, les conventions relatives aux transports par terre et par eau, c'est-à-dire par les rivières et canaux ; en effet les négociations relatives aux transports par mer rentrent dans les attributions des courtiers conducteurs de navires. Les courtiers de transports ont le droit exclusif de certifier le cours auquel se traitent les transports.

Courtiers gourmets piqueurs de vin. — Les courtiers gourmets piqueurs de vin n'existent qu'à Paris, où ils sont institués pour le service de l'entrepôt des vins; ils sont nommés par le ministre du commerce, sur la présentation du préfet de police. Ces courtiers servent d'intermédiaires dans l'entrepôt entre les vendeurs et les acheteurs; ils dégustent les boissons pour en indiquer fidèlement le cru et la qualité; ils servent, exclusivement à tous autres, d'experts en cas de contestation sur la qualité des vins, ou lorsque le destinataire allègue que des vins expédiés ont été altérés par le voiturier ou batelier.

SECTION V

DES COMMIS, FACTEURS ET PRÉPOSÉS DES COMMERÇANTS

Distinction des diverses espèces de préposés. — Le commerçant est obligé souvent de se faire suppléer par des auxiliaires, qui prennent le nom de commis, de facteurs, de caissiers; ils ont tous le caractère de préposés et de mandataires. Les actes qu'ils font engagent leur patron, mais eux-mêmes ne sont pas obligés; ils agissent au nom de celui qui les emploie, et non en leur nom personnel. Les commis ou préposés diffèrent des commissionnaires et des courtiers en ce qu'ils sont attachés exclusivement au service d'une personne, tandis que le commissionnaire ou le courtier se charge des intérêts de tous ceux qui s'adressent à lui.

On appelle ordinairement : facteur, un employé qui a reçu d'un manufacturier ou d'un négociant l'autorisation de le remplacer dans la direction d'un établissement. Le plus souvent le facteur représente le manufacturier ou le commerçant dans une ville autre que celle où il a son établissement principal. Le facteur a un mandat plus étendu que le commis ordinaire; il peut faire tous les actes qui sont nécessaires à l'administration dont il est chargé. Le commis, dans le sens exact du mot, est un employé qui, dans un établissement dirigé par le maître, remplace le négociant dans certaines parties du travail; le commis tient les livres ou la caisse, est chargé du détail de la vente. Souvent, du reste, l'expression commis est prise dans un sens général, et désigne tous les préposés d'un commerçant.

Pouvoirs des commis. — La nature des occupations ordinaires du commis, les actes que son patron lui laisse faire ou lui prescrit, enfin les habitudes des négociants de la même profession servent à déterminer l'étendue des pouvoirs du commis. Voici quelques règles que l'usage a consacrées : le commis, chargé de vendre les marchandises qui se trouvent dans un magasin, peut en recevoir le prix, si les marchandises sont payées immédiatement et dans le magasin même ; mais il ne peut, en général, recevoir le paiement hors du magasin et au domicile de l'acheteur, qu'autant qu'il est porteur de la facture acquittée par le commerçant lui-même, ou de la marchandise qu'il livre en recevant le prix. Le commis préposé à la caisse, ou caissier, peut payer et recevoir les paiements pour son patron. Enfin les commis, quels qu'ils soient, ne peuvent signer de billets, de lettres de change pour le compte de leur patron, sans un mandat spécial.

Commis voyageurs. — Les commis dont nous venons de parler sont des commis sédentaires, attachés à un établissement ; il est d'autres commis qui sont chargés par le patron de représenter sa maison de commerce dans une autre ville, ce sont les commis voyageurs. L'étendue des pouvoirs du commis voyageur varie : tantôt il est autorisé seulement à recevoir des commandes qu'il transmet à son patron, tantôt il peut conclure des marchés qui lient le patron. En tout cas il ne peut s'écarter du genre d'affaires dont il est chargé ; ainsi le commis voyageur qui a reçu pouvoir de vendre ou d'acheter ne pourrait emprunter pour le compte de son patron. Il est très important, afin d'éviter toute difficulté, que le patron du commis voyageur le munisse d'instructions précises, dans lesquelles ses pouvoirs seront déterminés. De leur côté, ceux qui traitent avec le commis voyageur doivent, s'ils sont prudents, exiger la justification de ces pouvoirs, afin d'éviter de faire avec lui des actes que le commis n'aurait pas le droit de faire et que le patron désavouerait.

CHAPITRE III

DES CONTRATS COMMERCIAUX

Enumération des principaux contrats commerciaux. — Nous avons, dans le précédent chapitre, étudié deux des contrats principaux en usage dans le commerce, le contrat de commission et le contrat de transport. Nous devons maintenant parcourir les autres contrats qui se rencontrent le plus souvent dans la pratique des opérations commerciales. Ces contrats sont : d'abord les achats et ventes, à l'occasion desquels la loi pose les principes généraux relatifs à la preuve en matière commerciale ; le gage, soumis à des règles particulières lorsqu'il intervient entre commerçants ou pour faits de commerce ; les opérations spéciales des docks et magasins généraux ; les opérations de banque, celles qui se font à la bourse, le compte courant, enfin le contrat de société. Une section spéciale sera consacrée à chacune de ces matières.

SECTION PREMIÈRE

DES ACHATS ET VENTES

(Code de commerce, art. 109.)

Modes de preuve admis en matière commerciale. — A propos des achats et ventes, qui sont les actes plus particulièrement commerciaux, et qui forment la base de tout le commerce, la loi a indiqué les différents moyens de preuve admis en matière commerciale. En matière commerciale, la preuve peut se faire par tous les moyens de preuves consacrés par le droit civil : par des actes authentiques, reçus par un officier public, ou par des actes sous seing privé. Il faut observer que les formes prescrites par la loi civile pour les actes sous seing privé ne sont pas exigées en matière commerciale. En matière civile, les actes sous seing privé constatant des engagements synallagmatiques ou réciproques doivent être faits en autant d'originaux qu'il y a de parties ayant un intérêt distinct, et les billets ou promesses doivent être écrits par le débiteur ou porter, avec sa signature, un *bon* ou *approuvé*, écrit de sa main, avec la somme due en toutes lettres ; en matière commerciale, ces formes sont inutiles, et l'acte sous seing privé n'en est pas moins valable, bien qu'il soit fait en un seul original ou qu'il porte la simple signature du débiteur.

En outre, la preuve des contrats et des engagements commerciaux peut se faire par des moyens spéciaux, plus particulièrement appropriés à la nature des transactions commerciales et aux besoins du commerce, par une facture acceptée, par la correspondance, par les livres dont le juge, saisi de la contestation, peut exiger la représentation, enfin, pour les opérations qui se font par l'intermédiaire des agents de change et des courtiers , par un bordereau ou arrêté de compte émané de l'agent de change ou du courtier.

Preuve testimoniale. — Une autre différence essenteille entre les règles de la preuve en matière civile et les règles de la preuve en matière commerciale consiste dans la faculté illimitée accordée au juge de commerce d'admettre la preuve testimoniale. En matière civile, la preuve par témoins ne peut être admise qu'autant que l'intérêt de la contestation n'est pas supérieur à 150 fr., ou qu'il existe un commencement de preuve par écrit rendant vraisemblable le fait dont la partie demande à faire la preuve par témoins ; en matière commerciale, au contraire, quelle que soit l'importance du litige, le juge est autorisé à se décider par les témoignages entendus à l'audience, ou même par de simples présomptions tirées des faits de la cause.

SECTION II

DU GAGE

(Code de commerce, art. 91 à 93, modifiés par la loi du 23 mai 1863.)

Constitution du gage ; règles spéciales. — Le gage est un contrat par lequel le débiteur remet une chose mobilière à son créancier pour sûreté de la dette ; le gage crée au profit du créancier un privilège et lui donne le droit d'être payé sur le prix de la chose donnée en gage par préférence aux autres créanciers. En matière civile, la constitution du gage est subordonnée à une double condition : 1° il faut que le contrat soit constaté par un acte authentique ou sous seing privé enregistré contenant, outre la déclaration de la somme due, l'indication de l'espèce et de la nature des choses remises en gage ; 2° le privilège ne peut exister qu'autant que la chose donnée en gage a été mise et est restée en la possession du créancier ou d'un tiers convenu entre les parties. Ces deux conditions se trouvent modifiées en matière commerciale, c'est-à-dire lorsque le gage est constitué par un commerçant ou pour garantir un engagement commercial.

En matière commerciale, le gage peut être établi, soit entre les parties, soit à l'égard des tiers, par tous les moyens de preuve admis pour les contrats commerciaux, et le privilège existe au profit du créancier, bien que le contrat ne soit constaté ni par un acte authentique, ni par un acte sous seing privé réunissant les conditions exigées par la loi civile. Le débiteur peut donner en gage non seulement des objets corporels, mais aussi des titres négociables. Lorsque le gage porte sur des lettres de change, billets à ordre, ou autres valeurs négociables par endossement, le gage s'établit par un endossement porté sur le titre même, avec cette mention : *valeur en garantie.* Lorsque le gage a pour objet des actions de compagnies commerciales ou industrielles, dont la transmission s'opère par voie de transfert, le gage s'établit par un transfert à titre de garantie porté sur les registres de la société. Dans tous les cas, le privilège ne subsiste sur la chose donnée en gage qu'autant qu'elle a été remise au créancier et qu'elle est restée en sa possession ou entre les mains d'un tiers convenu entre les parties. Mais le créancier est réputé avoir en sa possession les marchandises données en gage, non seulement lorsqu'elles se trouvent dans ses magasins ou sur un navire lui appartenant, mais aussi lorsqu'elles sont à sa disposition à la douane ou dans un dépôt public, ou encore lorsque, avant l'arrivée des marchandises, il en est saisi par un connaissement ou une lettre de voiture.

Droits du créancier gagiste. — Lorsque la dette n'est point payée à l'échéance, le créancier peut réaliser le gage pour se payer sur le prix. Pour arriver à la réalisation du gage, le créancier n'a qu'à faire une signification au débiteur pour l'avertir, et, huit jours après cette signification, il peut faire procéder à la vente publique des objets donnés en gage. S'il s'agit de valeurs se négociant à la bourse, la vente a lieu par le ministère d'un agent de change ; s'il s'agit de marchandises, par le ministère d'un courtier. Lorsque des effets de commerce, telles que lettres de change ou billets à ordre, ont été donnés en gage, le créancier gagiste peut en poursuivre le recouvrement. Il est interdit au créancier de disposer du gage sans les formalités que nous venons d'indiquer, et toute clause qui l'autoriserait à s'approprier, en cas de non paiement, la chose donnée en gage serait absolument nulle.

SECTION III

DES DOCKS ET MAGASINS GÉNÉRAUX ET DE LEURS OPÉRATIONS

(Loi du 28 mai 1858).

Définition. — Les docks et magasins généraux sont des établissements, créés avec l'autorisation du Gouvernement, et destinés à recevoir en dépôt des marchandises, matières premières ou objets fabriqués. Les magasins généraux remettent au déposant des titres constatant le dépôt ; ces titres, transmissibles par des voies simples et rapides, permettent au propriétaire de la marchandise de la donner en gage ou de la vendre, sans qu'elle sorte du dépôt où elle est placée, et en évitant ainsi les frais et les inconvénients du déplacement. Nous devons expliquer le mécanisme de ces négociations.

Titres remis au déposant ; récépissé ; warrant. — Le propriétaire de la marchandise reçoit, en la déposant au magasin général, deux titres : l'un appelé *récépissé*, l'autre *bulletin de gage* ou *warrant*. Ces deux titres énoncent les noms, profession et domicile du déposant, la nature de la marchandise, ainsi que les indications nécessaires pour en établir l'identité et en déterminer la valeur.

Transmission du récépissé et du warrant; ses effets. — Ces deux titres peuvent être transmis ensemble ou séparément, selon la nature de l'opération que veut faire le déposant. Si le déposant veut se faire prêter sur la marchandise, il détache le bulletin de gage ou warrant, et le transmet au prêteur, au moyen d'un endossement ou mention mise au dos du titre. L'endossement du warrant donne au prêteur un droit de gage sur la marchandise qui se trouve ainsi affectée spécialement au paiement de sa créance.

Si le déposant veut vendre la marchandise, et qu'il n'ait pas détaché le warrant pour la donner en gage, il endosse au profit de l'acheteur le récépissé et le warrant ; lorsque la marchandise est déjà donnée en gage, le warrant a été remis au prêteur, le récépissé seul se trouve entre les mains du déposant et est par lui transmis à l'acheteur. L'endossement du récépissé et du warrant, ou du récépissé séparé du warrant, vaut vente de la marchandise. L'opération faite une première fois peut se renouveler : le porteur du warrant ou du récépissé peut l'endosser à son tour au profit d'une autre personne, et, au moyen d'endossements successifs, la marchandise, sous la forme du récépissé ou du warrant, peut circuler, être vendue ou donnée en gage successivement à différentes personnes.

Formes de l'endossement du récépissé ou du warrant. — Les seules conditions essentielles exigées pour la forme de l'endossement du récépissé ou du récépissé et du warrant réunis sont : la date et la signature de celui qui transmet le titre. L'endossement du warrant séparé du récépissé doit, outre la date et la signature, contenir certaines énonciations relatives à la créance garantie par la marchandise. Il doit indiquer le montant intégral en capital et intérêts de la créance garantie, la date de son échéance et les noms, profession et domicile du créancier. En outre, le premier cessionnaire du warrant, celui au profit duquel le déposant l'a endossé, doit faire transcrire l'endossement sur les registres du magasin général; il est fait mention sur le warrant de cette transcription.

Droits du porteur du récépissé et du warrant ou du récépissé seul. — Après avoir ainsi déterminé le caractère des opérations qui se font au moyen des titres délivrés par les magasins généraux et les formes de la transmission de ces titres, il faut préciser quels sont les droits que confère au porteur la possession, soit du récépissé et du warrant, soit du récépissé ou du warrant séparés l'un de l'autre. Celui qui a entre les mains, par suite d'un endossement régulier, le récépissé et le warrant est devenu propriétaire de la marchandise, l'endossement du récépissé et du warrant valant vente; il peut donc se présenter au magasin général et se faire délivrer la marchandise contre remise du récépissé et du warrant. Lorsque le récépissé est transmis sans le warrant, parce qu'au moment de la vente la marchandise avait été déjà donnée en gage au moyen de la transmission du warrant, le porteur du récépissé, ainsi séparé du warrant, ne peut avoir plus de droits que celui qui lui a transmis ce récépissé : il devra payer au porteur du warrant la somme empruntée sur la marchandise, et dont le montant doit être établi par l'endossement même du warrant.

Libération de la marchandise. — Le porteur du récépissé séparé du warrant ne pourra retirer la marchandise du magasin général, qu'en la dégageant par le remboursement de la somme pour laquelle elle a été engagée. Il est possible que l'échéance de la dette ainsi garantie ne soit pas arrivée au moment où le porteur du récépissé veut se faire remettre la marchandise; il n'est pas cependant obligé d'attendre l'échéance. S'il ne connaît pas le porteur du warrant, ou s'il ne peut s'entendre avec lui sur les conditions d'un remboursement anticipé, il doit déposer à l'administration du magasin général la somme due avec les intérêts jusqu'au jour de l'échéance. Cette consignation libère la marchandise, et permet au porteur du récépissé de se la faire délivrer par le magasin général.

Droits du porteur du warrant. — Quant au porteur du warrant, il a un droit de gage sur la marchandise; si la dette n'est pas payée à l'échéance par l'emprunteur, le porteur du warrant fait constater le refus de paiement par un acte appelé protêt, et, huit jours après le protêt, il peut faire procéder à la vente des marchandises par le ministère d'un courtier. Il est payé sur le prix de la vente avant tous autres créanciers, sous déduction seulement des sommes dues pour droits d'octroi, de douane, ou autres analogues, des frais de vente dus au courtier, et des frais de magasinage qui sont payés au magasin général. Si la vente des marchandises ne suffit pas pour rembourser complètement le porteur du warrant, il peut exercer pour la différence un recours contre l'emprunteur et les endosseurs successifs du warrant. Le porteur du warrant perd son recours contre les endosseurs, s'il n'a pas fait procéder à la vente dans le mois qui suit le jour du protêt ; il est également déchu de ses droits à leur égard, lorsqu'il ne les a pas assignés en paiement dans un délai déterminé, qui est ordinairement de quinzaine, et qui court du jour de la vente des marchandises. Il faut remarquer que cette déchéance n'existe qu'à l'égard des endosseurs intermédiaires, et que le porteur du warrant conserve, même lorsqu'il a été négligent, le droit de poursuivre l'emprunteur primitif. On voit, par les explications que nous venons de donner, que le warrant a les caractères d'un effet de commerce ; il a, à ce point de vue, de l'analogie avec le billet à ordre, mais il présente une garantie particulière résultant de l'engagement de la marchandise. Le warrant peut être reçu comme effet de commerce par les établissements de crédit qui font l'escompte, par la Banque de France notamment, et, à raison de la garantie spéciale qui y est attachée, la Banque de France, qui ne peut en général escompter que des effets revêtus de trois signatures, est autorisée à escompter des warrants portant seulement deux signatures.

Perte du récépissé ou du warrant. — Le porteur qui a perdu le récépissé peut obtenir un duplicata en remplissant certaines conditions : il doit justifier qu'il est réellement propriétaire du récépissé perdu : cette preuve se fera ordinairement au moyen des livres de commerce ; obtenir une ordonnance du président du tribunal de commerce, autorisant la délivrance d'un duplicata ; enfin fournir caution : la caution consiste, ou dans une somme d'argent déposée à la caisse des consignations, ou dans l'engagement d'une personne solvable. Le porteur du warrant doit, en cas de perte de son titre, remplir les mêmes conditions pour obtenir le paiement de la créance garantie par le warrant.

Notions générales sur les ventes publiques de marchandises en gros. — Le but général des dispositions que nous venons de parcourir sur les négociations relatives aux marchandises déposées dans les magasins généraux est de rendre disponible et de mobiliser la marchandise, de manière que celui à qui elle appartient puisse toujours, et sans difficulté, se procurer le capital que cette marchandise représente, pour faire honneur à ses engagements et employer ses fonds aux besoins de son commerce. Des motifs analogues ont fait lever les entraves qui existaient, avant 1858, pour les ventes publiques de marchandises en gros, c'est-à-dire par lots d'une valeur assez considérable. Jusqu'en 1858, ces ventes n'étaient permises que par exception, et en vertu d'une autorisation du tribunal de commerce. Ce mode de vente présente cependant un double avantage : aux vendeurs, il permet de réaliser dans les conditions les plus favorables, à raison du concours d'acheteurs appelés par la publicité de la vente ; aux acheteurs, qui tiennent ainsi la marchandise du producteur ou de celui qui l'a importée, il épargne les frais d'intermédiaires qui grèvent la marchandise et en augmentent le prix. C'est en vue de ces avantages que la loi de 1858 a permis, sans autorisation du tribunal de commerce, les ventes publiques en gros pour certaines marchandises qui sont, ou des marchandises exotiques, telles que les denrées alimentaires, les matières premières destinées aux fabriques, ou des marchandises indigènes, parmi lesquelles nous citerons les grains, les huiles, les vins, la houille, les bois de construction ; ces ventes se font par le ministère des courtiers et dans des locaux spécialement autorisés à cet effet.

Formalités pour obtenir l'autorisation d'ouvrir un magasin général ou une salle de ventes publiques ; obligations des exploitants. — Ceux qui exploitent les magasins généraux et les établissements de ventes publiques sont soumis à des obligations communes. Ces établissements, magasins généraux et salles de vente, ne peuvent être créés qu'en vertu d'un décret. La demande est adressée, par l'intermédiaire du préfet, au ministère du commerce. Le postulant doit justifier de ressources en rapport avec l'importance de l'établissement projeté ; il doit en outre fournir un cautionnement en argent ou en valeurs publiques françaises, dont le chiffre est déterminé par le décret d'autorisation. Les propriétaires et exploitants sont responsables de la garde et de la conservation des marchandises qui leur sont confiées ; ils sont tenus de mettre leurs magasins ou salles de vente à la disposition de tous ceux qui veulent y opérer le magasinage ou la vente. Les tarifs des droits à percevoir et les règlements de l'établissement doivent être arrêtés à l'avance, portés à la connaissance du public et transmis, avant d'être mis à exécution, au préfet, à la chambre de commerce et au tribunal de commerce dans le ressort duquel se trouve le magasin ou la salle de vente. Enfin ces établissements restent soumis à la surveillance permanente de l'autorité.

SECTION IV

DES BANQUES ET DE LEURS OPÉRATIONS

Objet des opérations de banque. — Le numéraire et les effets de commerce sont l'objet principal des opérations de banque ; on appelle banquiers ceux qui se livrent à ce genre de négoce, et maisons de banque, leurs établissements. Les négociations auxquelles se livrent les banquiers sont nombreuses : nous nous contenterons d'indiquer les principales. Les banquiers reçoivent en dépôt les fonds des particuliers ; ils opèrent pour leurs clients les recettes et les paiements ; ils leur ouvrent des crédits qui les autorisent à disposer sur la maison de banque jusqu'à concurrence des sommes déposées ; ils prêtent sur dépôt de titres ; ils fournissent des lettres de change ou des lettres de crédit, qui permettent à celui à qui elles sont délivrées de toucher une somme d'argent dans une localité éloignée; ils escomptent les billets à ordre et les lettres de change, c'est-à-dire qu'ils en avancent le montant au porteur avant l'échéance, sous déduction d'une prime, que l'on nomme escompte.

Utilité des banques. — Voici les avantages principaux que les banques peuvent procurer : en recevant des dépôts, elles utilisent des capitaux qui seraient restés improductifs; souvent elles paient un intérêt au déposant, et emploient les sommes déposées à des opérations industrielles ou commerciales, en réalisant ainsi un bénéfice. Par l'escompte, elles permettent au commerçant de se procurer, au moyen des titres qu'il a entre les mains et avant leur échéance, des fonds qui, versés dans son commerce, donneront à ses opérations plus d'étendue; enfin, en délivrant les lettres de change et les lettres de crédit, elles épargnent aux particuliers les frais, les inconvénients et les dangers du transport du numéraire.

Banques de dépôts et de virement et banques de circulation. — Au point de vue de la nature de leurs opérations, les banques se divisent en : banques de dépôts et banques de circulation. Les banques de dépôts ont pour fonction essentielle de recevoir les fonds qui leur sont déposés; elles inscrivent sur leurs livres le dépôt, et ouvrent un crédit au déposant. Le déposant peut, ou retirer lui-même la somme déposée, ou céder son droit à un tiers qui touchera en son lieu et place; si ce tiers a lui-même un crédit ouvert à la banque, on portera purement et simplement à son crédit la somme qui figurait au crédit de son cédant. Cette opération, qui consiste à transporter du crédit de l'un au crédit de l'autre, et à opérer des paiements au moyen d'une simple mention sur les livres, prend le nom de *virement;* de là le nom de banques à virement qui est quelquefois donné aux banques de dépôts. Les banques de circulation font l'escompte; elles achètent des lettres de change, des billets à ordre, et, en échange des titres qu'elles reçoivent, elles remettent, au lieu d'argent, des billets. Ces billets, qui prennent le nom de billets de banque, sont au porteur; ils se transmettent de la main à la main comme une pièce de monnaie; ils sont remboursables à présentation par l'établissement qui les a émis. Ces billets de banque, destinés à circuler dans le public, peuvent, si la banque qui les émet présente des garanties suffisantes, faire l'office de monnaie et suppléer au numéraire. Le nom de banques de circulation est donné à ces établissements, parce qu'ils font entrer dans la circulation leurs billets; on les appelle aussi banques à billets. Il faut remarquer du reste que la distinction entre les deux espèces de banques n'existe pas d'une manière aussi nette dans la pratique. Les diverses maisons de banque ne se contentent pas de recevoir des dépôts, elles se livrent à d'autres opérations, notamment à l'escompte. Elles sont à la fois banques de dépôt et banques d'escompte; mais elles ne peuvent, en général, émettre de billets; elles ne sont pas banques de circulation.

Banques particulières et banques publiques. — On divise encore les banques en banques particulières et banques publiques. La nature des opérations auxquelles se livrent les unes et les autres est la même, seulement les banques particulières, n'ayant qu'un crédit limité, sont renfermées la plupart du temps dans un cercle d'opérations moins étendu que les banques publiques, formées avec l'autorisation et sous la surveillance du Gouvernement par la réunion de capitaux considérables, et offrant ainsi au public plus de garanties. Cette distinction des banques publiques et des banques particulières a dans notre législation un intérêt : en effet, la faculté d'émettre des billets de banque ne peut appartenir qu'aux établissements spécialement autorisés à cet effet par le Gouvernement. La justification de cette disposition se trouve dans ce motif : que la faculté de mettre en circulation des billets faisant l'office de monnaie ne peut, sans de graves inconvénients, appartenir qu'à des établissements présentant toute espèce de garanties, soit par l'importance de leur capital, soit par la sagesse de leur administration.

Privilège de la Banque de France. — La confusion pouvant résulter de la circulation de billets, émis par des établissements divers et n'ayant pas tous la même solidité, a fait sentir la nécessité de ne donner ce droit important qu'à un établissement unique. Cet établissement est la Banque de France. Elle seule aujourd'hui a le droit d'émettre des billets de banque, payables au porteur et à présentation. Avant 1848, il y avait des banques départementales, jouissant d'une existence indépendante, et autorisées par le Gouvernement à émettre des billets. En 1848, ces banques départementales ont cessé de fonctionner comme établissements distincts; elles ont été réunies à la Banque de France, avec le titre de succursales ; par là le privilège accordé à la Banque de France s'est trouvé complétement constitué. Ce privilége, créé en l'an XI pour une durée de quinze années, successivement renouvelé depuis, a été, en 1857, prorogé au 31 décembre 1897.

Son organisation. — La Banque de France est une société anonyme, formée avec l'autorisation du Gouvernement et dont le capital est divisé en actions. Le Gouvernement est représenté dans l'administration de la Banque par trois fonctionnaires : un gouverneur et deux sous-gouverneurs nommés par le chef de l'État. Outre le gouverneur et les sous-gouverneurs, l'administration de la Banque se compose de quinze régents, nommés par l'assemblée générale, formée des deux cents plus forts actionnaires, et de trois censeurs nommés également par l'assemblée générale et plus spécialement chargés de la surveillance des opérations. Les régents et les censeurs forment le conseil général de la Banque, qui se réunit sous la présidence du gouverneur ou de l'un des sous-gouverneurs. C'est au conseil général qu'appartient la direction des opérations, mais ses délibérations ne peuvent être mises à exécution, qu'autant qu'elles sont approuvées par le gouverneur et revêtues de sa signature. C'est le gouverneur qui est chargé de l'exécution des délibérations du conseil général, et c'est lui qui représente la Banque, soit dans les actes où elle figure, soit dans les contestations où elle est engagée. En un mot, le conseil général représente le pouvoir délibérant, le gouverneur, le pouvoir exécutif. Chaque année l'assemblée générale des actionnaires se réunit sous la présidence du gouverneur : il lui est rendu compte des opérations de l'année écoulée, elle nomme les régents et les censeurs; elle peut être aussi convoquée extraordinairement, lorsqu'il s'agit de prendre certaines mesures graves, par exemple, d'apporter une modification aux statuts.

Opérations de la Banque de France. — La Banque de France reçoit en dépôt des espèces, des titres ou effets publics, tels que rentes sur l'État, actions ou obligations de chemins de fer, elle perçoit pour ces dépôts un droit de garde; on peut également déposer à la Banque des lingots et des diamants. La Banque ouvre des comptes courants; celui qui est admis à avoir un compte courant verse ses fonds au crédit de ce compte, la Banque opère les paiements qu'il peut avoir à faire, encaisse les effets et les factures qu'il a à recevoir. La Banque de France prête sur dépôt de certains effets publics, rentes sur l'État, actions ou obligations de chemins de fer français, obligations de la ville de Paris. L'avance faite sur ces valeurs doit être remboursée dans un délai assez court, trois mois au plus. Comme les variations de la Bourse peuvent déterminer une baisse qui diminuerait la valeur des titres sur lesquels prête la Banque, elle n'avance qu'une somme inférieure à la valeur qu'ont les titres au jour où se fait l'emprunt; la Banque prête également sur dépôt de lingots. La Banque escompte les lettres de change et billets à ordre, à quatre-vingt-dix jours d'échéance au plus, revêtus de trois signatures de commerçants ou de personnes notoirement solvables. Les effets à deux signatures peuvent, par exception, être admis à l'escompte, lorsqu'ils sont souscrits pour fait de marchandises et que la troisième signature est remplacée par la garantie spéciale d'un transfert de rentes sur l'État ou d'actions de la Banque, ou lorsqu'il s'agit de warrants garantis par des marchandises déposées dans les magasins généraux. L'examen des effets présentés à l'escompte se fait par un comité, appelé comité des escomptes, qui comprend le gouverneur, les deux sous-gouverneurs, quatre régents et trois membres du conseil d'escompte. Le conseil d'escompte est composé de douze membres, choisis par les censeurs parmi les actionnaires de la Banque exerçant le commerce à Paris. Le comité des escomptes dresse une liste de tous les commerçants qui présentent une solvabilité suffisante pour que les effets revêtus de leurs signatures soient admis à l'escompte. L'effet admis à l'escompte est présenté lors de l'échéance à celui qui en est débiteur; s'il n'est pas payé, il doit être remboursé immédiatement par celui qui l'a remis à la Banque. Le taux de l'escompte varie selon la situation de la place : il peut dépasser 6 0/0.

Billets de banque. — En échange des valeurs qui entrent dans son portefeuille, la Banque émet des billets. Ces billets sont, comme nous l'avons déjà dit, au porteur, c'est-à-dire qu'ils se transmettent de la main à la main; ils sont remboursables à présentation ; la Banque peut toujours être tenue de remettre, en échange d'un de ses billets, la somme qu'il représente en argent. Les billets de banque sont de cinquante francs, cent francs, deux cents francs, cinq cents francs, mille francs et cinq mille francs. Le chiffre total de l'émission des billets est réglé par le conseil général de la Banque; il s'élève actuellement à plus de deux milliards. Les billets de banque sont garantis par le capital de la Banque et les valeurs qui composent son portefeuille. Ces billets, à raison de la confiance qu'inspire la Banque de France, sont reçus partout comme argent. Toutefois il faut remarquer qu'ils n'ont pas cours forcé, qu'un créancier est fondé à refuser d'être payé en billets de banque et à exiger son paiement en numéraire. Afin de permettre au public de suivre ses opérations et de se rendre compte de l'état de ses affaires, la Banque publie chaque semaine un bilan ou état de situation, qui indique les valeurs qu'elle a en portefeuille, sa réserve en argent et le chiffre des billets en circulation.

Succursales de la Banque de France. — La Banque de France a des succursales dans les places de commerce les plus importantes. La loi qui, en 1857, a prorogé son privilège lui a même imposé d'établir des succursales dans tous les départements où il n'en existerait pas encore. Les succursales sont administrées, sous la surveillance de l'administration centrale, par un directeur nommé par le Président de la République, et un conseil composé d'administrateurs et de censeurs choisis par le conseil général de la Banque. Les opérations des succursales sont les mêmes que celles de l'établissement principal de Paris; seulement c'est à Paris qu'est concentré tout ce qui concerne la fabrication et l'émission des billets.

SECTION V

DES BOURSES DE COMMERCE ET DES OPÉRATIONS QUI SE FONT A LA BOURSE.

Utilité des bourses de commerce. — Le mot : bourse est employé pour désigner soit le local où se réunissent les commerçants, soit la réunion elle-même. L'utilité de ces réunions est facile à apercevoir : les commerçants y trouvent le moyen de se rencontrer à jour et heure fixes, et de traiter ainsi les affaires sans déplacement ni perte de temps. C'est à la bourse que le négociant trouve les intermédiaires dont le ministère peut lui être nécessaire, les agents de change et les courtiers ; c'est là qu'il peut apprendre les nouvelles qui intéressent le commerce, et s'éclairer sur le crédit de ceux avec lesquels il traite. Ces avantages ont fait établir des bourses de commerce dans toutes les villes où il existe un mouvement un peu important d'affaires commerciales.

Création des bourses de commerce. — C'est au Gouvernement qu'il appartient de créer des bourses dans les villes où les besoins du commerce justifient cette création. L'autorité locale exerce la police intérieure de la bourse, et fixe, de concert avec les tribunaux et les chambres de commerce, les heures d'ouverture et de fermeture de la bourse. L'entrée de la bourse est ouverte à tout le monde : toutefois les faillis non réhabilités ne peuvent s'y présenter ; les femmes en sont également exclues.

Notions sur les négociations qui se font à la bourse. — Les opérations qui se font dans les bourses de commerce sont nombreuses et importantes. Il s'y conclut des ventes de toute espèce de marchandises ; il s'y fait des négociations sur les matières métalliques, les assurances maritimes, les locations de navires, les transports par terre ou par eau, les lettres de change et billets à ordre. C'est aussi à la bourse que se négocient les effets publics, les rentes sur l'Etat, et certains titres qui y sont assimilés, actions et obligations des chemins de fer ou autres grandes compagnies industrielles, actions de la Banque de France. Les affaires se traitent à la bourse par l'intermédiaire des agents de change et des courtiers. Le résultat des opérations détermine le cours, c'est-à-dire le prix courant moyennant lequel se sont effectués les ventes, les assurances, les transports, les locations de navires, les négociations de lettres de change. Pour les effets publics, le cours est le résumé du taux auquel ils se sont négociés pendant la durée de la bourse, et par suite l'indication exacte de leur valeur, puisqu'ils ne peuvent se négocier ailleurs. La constatation des cours est faite par les agents de change et les courtiers.

SECTION VI

DU COMPTE COURANT

Définition. — Le compte courant est un contrat en vertu duquel deux personnes se font réciproquement des remises d'espèces ou de valeurs, à la charge par celui qui reçoit de créditer le remettant, et sauf règlement, jusqu'à due concurrence des remises respectives, lors de la clôture du compte. Le compte courant peut intervenir entre toutes personnes : mais il a plus particulièrement son application dans le commerce. Il se rencontre surtout lorsque deux personnes sont liées entre elles par une série d'opérations, par exemple, entre un commissionnaire et son commettant ou entre un banquier et son client. Les remises réciproques peuvent consister en argent ou en valeurs : ainsi lorsqu'un banquier ouvre un compte courant à un commerçant dont il escompte les effets, le commerçant remettra au banquier des valeurs, billets à ordre ou lettres de change, dont le montant sera porté au crédit du commerçant, tandis que le banquier versera des espèces représentant les valeurs escomptées, espèces qui figureront au débit du compte.

Effets du compte courant. — La remise de valeurs en compte courant a pour effet d'en transférer la propriété à celui qui les reçoit et de lui permettre d'en disposer ; mais il doit porter au crédit du remettant l'importance des valeurs reçues. Il est toutefois généralement admis que les effets de commerce remis en compte courant ne doivent être définitivement portés au crédit du remettant qu'autant qu'ils sont payés à l'échéance ; en cas de non paiement, la valeur des effets non payés est portée au *débit* et annule ainsi les articles de *crédit*, qui s'appliquaient à ces mêmes effets. Le compte courant est indivisible en ce sens que ses différents articles forment un ensemble dont il n'est point permis de détacher une partie : il s'opère de plein droit une compensation entre les remises réciproquement faites, et les créanciers de l'une des parties ne peuvent exercer leur droit, par voie de saisie arrêt notamment, que sur le reliquat tel qu'il ressortira de la balance arrêtée sur l'ensemble des opérations réciproques.

Intérêts ; droit de commission. — C'est un principe constant, en matière de compte courant, que les intérêts courent de plein droit au profit de chacune des parties pour les sommes portées à son crédit. En outre les intérêts se capitalisent aux époques déterminées par la convention ou par l'usage pour les règlements périodiques ; et cette capitalisation peut avoir lieu pour une période moindre d'une année.

Le banquier, qui verse une somme à son client, qui paie pour lui une valeur ou lui avance des fonds sous une forme quelconque, est autorisé à porter en compte courant, outre l'intérêt capitalisé, un droit de commission, qui est réglé par une convention spéciale, et, à défaut de convention, par les usages de la place.

Clôture du compte ; règlement ; prescription. — Le compte courant est clôturé lorsque les parties arrêtent les opérations qui ont fait l'objet du compte. La mort, la faillite ou l'interdiction de l'une des parties entraîneraient également la clôture du compte. Après la clôture du compte, il est pro-

cédé à la vérification et au règlement des opérations. Ce
règlement fait ressortir le solde du compte courant et a pour
résultat de constituer l'une des parties créancière de l'autre.
La créance résultant du solde d'un compte courant est une
créance commerciale ordinaire qui continue à produire intérêts ; mais, à partir de la clôture du compte, la capitalisation des intérêts n'est plus admise que dans les conditions
indiquées par l'act. 1154 du Code civil, c'est-à-dire en vertu
d'une demande en justice ou d'une convention et pourvu
qu'il s'agisse d'intérêts dus au moins pour une année entière. L'action en paiement du solde d'un compte courant
s'éteint par la prescription de trente ans.

SECTION VII

DE LA SOCIÉTÉ

Code de commerce, art. 18 à 64. Loi du 24 juillet 1867).

§ 1er. — NOTIONS GÉNÉRALES.

Définition. — On définit la société : un contrat par lequel deux ou plusieurs personnes conviennent de mettre
quelque chose en commun, dans la vue de partager le bénéfice qui pourra en résulter.

La société est la forme juridique de l'association. Appliquée aux affaires commerciales et industrielles, l'association,
en réunissant les personnes et les capitaux, permet la réalisation et le développement d'entreprises considérables que
les forces et les capitaux d'un seul individu ne suffiraient pas
à soutenir.

**Conditions essentielles du contrat de société ; apport ;
bénéfices à réaliser.** — La société étant un contrat se forme
par le consentement de tous les intéressés. Elle suppose deux
conditions essentielles que la définition même indique, et qui
sont : 1° un apport ; 2° l'intention de réaliser des bénéfices.
En premier lieu, chacun des associés doit faire un apport,
qui peut consister en une valeur quelconque appréciable en

argent : ainsi, outre l'argent comptant, on peut mettre en société des marchandises, un fonds de commerce, un immeuble, etc. L'associé peut apporter son travail, ou son industrie qui est alors évaluée dans l'acte de société pour le partage des bénéfices. La perspective de bénéfices à réaliser est la seconde condition fondamentale du contrat : cela ne veut pas dire que la société doit nécessairement réaliser des bénéfices ; malheureusement il peut très bien arriver que la société ne procure pas de bénéfices, et même qu'elle occasionne une perte aux associés. Mais au moment où les associés contractent, ils ont en vue un profit pécuniaire à tirer des opérations de la société.

Distinction des sociétés civiles et commerciales. — On reconnaît deux espèces de sociétés : les sociétés civiles et les sociétés commerciales ; la distinction se tire du but de la société et de la nature de ses opérations. Si les opérations en vue desquelles elle a été contractée sont commerciales, la société sera une société de commerce : telles sont les sociétés formées pour l'exploitation d'un fonds de commerce, d'une entreprise de transports, d'une maison de banque. Au contraire, la société est une société civile si elle a pour objet une entreprise non commerciale : l'exploitation d'une mine par exemple. Les sociétés civiles sont régies par les dispositions du Code civil ; les sociétés commerciales, par la convention des parties, par les règles spéciales du Code de commerce et des lois subséquentes qui l'ont modifié, enfin, sur tous les points non prévus par la convention ou par la loi commerciale, par les principes généraux du droit civil.

Caractères généraux des sociétés commerciales. — Nous devons noter les caractères distinctifs des sociétés commerciales, les seules dont nous ayons à nous occuper ici. La société, considérée en elle-même, constitue une personne distincte des associés ; c'est une personne juridique, car sa personnalité est le résultat d'une fiction, d'une création de la loi. A ce titre, la société est propriétaire, créancière ou débitrice ; ses biens forment un patrimoine distinct de celui des associés ; tant que dure la société, les associés ne sont pas propriétaires du fonds social qui appartient à cet être moral existant à côté des associés : la société. De même encore les biens de la société sont le gage spécial des créanciers sociaux, ils sont affectés au paiement de ce qui leur est dû, et les créanciers personnels des associés ne viennent pas en concours, pour se partager leur valeur, avec les créanciers de la société. Les sociétés commerciales, à raison du caractère de personnalité qui leur est attribué, ne peuvent se constituer qu'avec certaines formes : il doit toujours y avoir un acte écrit constatant le contrat, et la formation de la société est soumise à des formalités de publicité destinées à faire connaître son existence aux tiers. La société une fois constituée rentre dans la classe des commerçants : elle peut être poursuivie devant les tribunaux de commerce pour les engagements qu'elle a contractés, elle paie patente ; si elle cesse ses paiements, elle peut être déclarée en faillite ; enfin les contestations qui s'élèvent entre les associés sont de la compétence des tribunaux de commerce.

§ 2. — DES DIVERSES ESPÈCES DE SOCIÉTÉS COMMERCIALES.

Énumération des diverses espèces de sociétés. — Les sociétés commerciales peuvent avoir différents caractères : l'étendue des obligations des associés, les formes du contrat, le mode d'administration varient selon la nature de la société. Les sociétés sont ou des sociétés de personnes ou des associations de capitaux, ou bien encore elles combinent ces deux éléments, et sont à la fois des sociétés de personnes et des sociétés de capitaux. Dans certaines sociétés, les associés sont tenus personnellement de toutes les dettes sociales ; ils en répondent sur tous leurs biens, même sur ce qu'ils n'ont point apporté en société. Les sociétés dans lesquelles se rencontre exclusivement ce caractère s'appellent : sociétés en nom collectif. A l'inverse, dans d'autres sociétés appelées sociétés anonymes, tous les associés sont obligés seulement jusqu'à concurrence de ce qu'ils ont mis dans la société ; ils ne peuvent perdre au-delà, leur responsabilité est limitée. Les sociétés en commandite réunissent les deux espèces d'associés : certains associés sont tenus indéfiniment, sur tous leurs biens, d'autres jusqu'à concurrence seulement de leur apport. Selon le mode de division du capital social, on distingue la société en commandite simple ou par intérêt, et la société en commandite par actions. Pour compléter l'énumération, il faut ajouter les sociétés, dites à capital variable, qui se distinguent par ce caractère, que leur capital peut s'augmenter par des versements successifs ou par l'accession d'associés nouveaux, et diminuer soit par la retraite de quelques-uns des associés, soit par la reprise d'une partie de l'apport ; enfin l'association en participation, souvent appelée opération de compte à demi, qui est relative à une ou plusieurs opérations de commerce, et qui a lieu pour les objets, dans les formes et aux conditions convenues entre les parties.

ART. 1er. — *Société en nom collectif.*

Son caractère; raison sociale. — La société en nom collectif est celle que contractent deux ou plusieurs personnes, et qui a pour objet de faire le commerce sous une raison sociale. La raison sociale ou raison de commerce est le nom de la société qu'il ne faut pas confondre avec l'enseigne ou la désignation du commerce de la société. La raison sociale n'est composée que du nom des associés : elle peut comprendre soit le nom de tous, soit le nom d'un ou de quelques-uns d'entre eux suivis de ces mots, *et compagnie ;* ainsi : *Cosset et Marie, Pellerin fils et compagnie.* Les associés en nom collectif sont responsables personnellement et solidairement de tous les engagements contractés par la société : personnellement, c'est-à-dire que les créanciers sociaux peuvent poursuivre l'associé, non seulement sur ce qu'il a mis en société, mais encore sur son patrimoine particulier; solidairement, c'est-à-dire que chacun des associés est tenu de payer le tout, que le créancier a le droit d'exiger la totalité de sa créance d'un seul des associés; la solidarité est avantageuse au créancier, puisque la solvabilité d'un seul assure son paiement intégral.

Forme obligatoire; publicité. — La société en nom collectif est établie par acte notarié ou sous seing privé; les clauses de l'acte que les tiers ont intérêt à connaître doivent être rendues publiques dans les formes que nous indiquerons plus loin.

Gestion de la société. — La société étant une personne juridique, il lui faut un représentant qui agisse pour elle et en son nom : ce représentant s'appelle gérant. Tantôt la gestion appartient à un ou à quelques-uns des associés, tantôt elle est commune à tous. Il est prudent, afin d'éviter les difficultés et les embarras qui résultent d'une gestion collective, de désigner l'associé gérant dans l'acte de société et de déterminer ses pouvoirs. L'associé gérant peut faire tous les actes rentrant dans les limites naturelles de l'administration, vendre les marchandises, recevoir des paiements, signer des factures ou des billets pour le compte de la société, pourvu qu'il agisse sans fraude; il peut confier tout ou partie de ses fonctions à des commis qui agiront sous sa responsabilité. Lorsqu'il n'y a pas de gérant spécialement désigné, tous les associés sont réputés s'être donné réciproquement le pouvoir d'administrer l'un pour l'autre. Les actes d'administration faits par chacun d'eux sont valables, sauf le droit qui appartient aux autres de s'y opposer.

Emploi de la raison sociale. — Lorsque le gérant prend au nom de la société un engagement, il le signe de la raison sociale qui est la signature de la société. L'emploi de cette signature indique que l'obligation a été contractée pour le compte et dans l'intérêt de la société. Le créancier, envers lequel le gérant a souscrit un engagement signé de la raison sociale, peut se faire payer d'abord sur les valeurs sociales, qui lui seront attribuées par préférence aux créanciers personnels de l'associé, et ensuite sur les biens particuliers des associés tenus personnellement et solidairement; mais lorsque le créancier social poursuit les associés sur leur patrimoine propre, il a à subir le concours de leurs autres créanciers.

Responsabilité du gérant. — Le gérant qui commet des fautes graves dans son administration est responsable envers ses coassociés, et peut être condamné envers eux à des dommages intérêts. En outre, bien que ses pouvoirs soient en principe irrévocables lorsqu'il est désigné par l'acte de société, il peut, s'il commet des abus, s'il administre mal, être destitué par une décision du tribunal de commerce.

Art. 2. — *Société en commandite simple.*

Définition; commanditaires et commandités. — La société en commandite se forme entre une ou plusieurs personnes qui sont personnellement et solidairement responsables, et un ou plusieurs associés, bailleurs de fonds, tenus seulement jusqu'à concurrence de leur mise. Il y a donc dans la société en commandite deux classes d'associés : un ou plusieurs associés obligés personnellement et solidairement à raison des engagements de la société, qui sont purement et simplement des associés en nom collectif, on les appelle associés en nom ou commandités; et d'autres associés qui ne sont responsables que jusqu'à concurrence de ce qu'ils ont apporté ou promis d'apporter à la société, on les nomme commanditaires. Le commanditaire prend dans les bénéfices la part qui lui est attribuée par l'acte de société, et, s'il y a perte, il ne la supporte pas sur ses biens personnels, mais seulement sur son apport. La commandite permet à ceux qui ne veulent pas faire le commerce en leur nom, qui craignent de s'exposer à une responsabilité illimitée comme celle de l'associé en nom collectif, de placer une partie de leur fortune dans une entreprise commerciale.

Raison sociale; gestion interdite aux commanditaires; conséquences de l'immixtion. — Il y a dans la société en commandite, comme dans la société en nom collectif, une raison sociale; la raison sociale ne peut comprendre que le nom de l'associé ou des associés tenus personnellement; le nom d'un commanditaire ne peut y figurer. Les sociétés en commandite se forment, comme les sociétés en nom collectif, par acte notarié ou sous seing privé; elles sont soumises à des conditions de publicité identiques. La gestion de la société en commandite ne peut appartenir qu'à l'associé ou aux associés en nom, le commanditaire en est exclu. On a craint que le commanditaire, n'étant tenu que dans une limite restreinte des engagements sociaux, ne fût disposé, s'il était chargé de la gestion, à faire des opérations trop hasardeuses et de nature à compromettre les intérêts de la société. Pour que cette prohibition ne soit pas éludée, il est interdit au commanditaire de gérer, même en vertu d'une procuration qui lui serait donnée par le gérant. En cas de contravention, le commanditaire qui s'est immiscé dans la gestion est obligé sur tous ses biens et solidairement avec les associés en nom, pour les dettes et engagements qui dérivent des actes de gestion qu'il a faits. Il peut même, à raison du nombre et de la gravité de ces actes, être déclaré personnellement et solidairement responsable de tous les engagements de la société ou de quelques-uns seulement. Cette règle : que le commanditaire ne peut faire aucun acte de gestion, ne l'empêche pas d'être employé sous les ordres du gérant aux affaires de la société; il peut tenir les livres, surveiller la fabrication dans une usine, il n'y a point là acte de gestion. Le caractère essentiel des actes de gestion est de mettre celui qui les fait en rapport direct avec les tiers comme représentant la société : ainsi des opérations de vente ou d'achat, des emprunts, des obligations contractées au nom de la société rentrent dans la classe des actes de gestion. Les avis donnés au gérant, les actes de contrôle sont permis à l'associé commanditaire, et n'engagent point sa responsabilité. Il peut, sans s'exposer aux conséquences graves qu'entraînent les actes de gestion, vérifier les livres ou la caisse, délibérer avec le gérant sur les intérêts de la société, l'éclairer par ses conseils.

Art. 3. — *Société en commandite par actions.*

Division du capital; différence entre l'action et l'intérêt. — Le capital de la société en commandite simple est divisé en parts d'intérêts; on entend par là une part de l'actif social qui est ordinairement d'une quotité, un tiers, un quart, un dixième. Le droit qui résulte de l'intérêt ne peut être négocié : le commanditaire qui a un intérêt se trouve ainsi lié au sort de la société jusqu'à sa dissolution. Le capital de la société en commandite peut aussi être divisé en actions. L'action représente en général une somme fixe; le capital social se compose d'un certain nombre de parts d'un chiffre déterminé, 100 francs, 500 francs, 1 000 francs, 5 000 francs. L'action a cet avantage considérable de pouvoir être cédée par des voies simples et rapides. L'actionnaire peut, lorsque les affaires de la société prospèrent, se retirer en vendant ses actions avec bénéfice, et disposer de ses fonds pour une autre entreprise.

Diverses formes d'actions. — L'action peut être nominative, au porteur ou à ordre : cette dernière forme est peu usitée. L'action est nominative, lorsque le titre indique le nom de l'actionnaire; l'action se transmet alors au moyen d'un transfert, ou déclaration de cession faite sur les registres de la société. L'action est au porteur, lorsque le titre ne désigne pas le nom du titulaire; l'action au porteur peut être cédée de la main à la main, par la simple remise ou tradition. Enfin l'action est à ordre, lorsqu'après le nom du titulaire elle contient ces mots : ou à son ordre; elle est alors négociable par un endossement, ou mention mise au dos du titre, et contenant le nom du cessionnaire.

Il faut appliquer en général à la société en commandite par actions les principes ordinaires de la société en commandite : ainsi elle est administrée par un ou plusieurs gérants obligés personnellement, et dont le nom figure dans la raison sociale; les actionnaires ne sont tenus que jusqu'à concurrence du montant de leurs actions, ils ne peuvent s'immiscer dans la gestion , à peine d'être déclarés personnellement responsables.

Législation spéciale sur les sociétés en commandite par actions. — Les avantages que présente cette espèce de société ont attiré vers elle les capitaux : la commandite par actions a pris un grand développement, elle a permis de réaliser des entreprises importantes et utiles, mais en même temps elle a engendré des abus et des fraudes qui ont rendu nécessaire une législation particulière. Une première loi avait été faite sur cette matière en 1856 : elle a été modifiée par une loi qui porte la date du 24 juillet 1867.

Constitution de la société; souscription du capital social et versement du quart. — La constitution de la société en commandite par actions est subordonnée à des conditions rigoureuses. Il faut, en premier lieu, que le capital social soit entièrement souscrit. On dit que le capital social est entièrement souscrit lorsque toutes les actions sont placées. Supposons une société au capital de deux cent mille francs divisé en actions de deux cents francs, le capital social sera souscrit lorsque différentes personnes se seront partagé les mille actions qui le composent, en s'obligeant à en payer le montant. La souscription du capital social qui crée l'engagement de l'actionnaire ne suffit pas, il faut encore que chaque actionnaire ait versé le quart au moins du montant des actions par lui souscrites. Ainsi, dans l'exemple que nous prenions tout à l'heure, il faudra que chaque actionnaire ait versé au moins cinquante francs sur l'action ou sur chacune des actions par lui souscrites. On voit que la société ne peut être constituée avant que le quart au moins de son capital soit dans la caisse sociale, et que pour le surplus il y ait souscription, ou engagement des actionnaires de verser le complément. La souscription et le versement sont constatés par une déclaration du gérant dans un acte notarié. On doit annexer à cette déclaration la liste des souscripteurs, l'état des versements effectués, avec un des doubles de l'acte de société, s'il est sous seing privé, ou une expédition, s'il est notarié et qu'il ait été passé devant un notaire autre que celui qui reçoit la déclaration. L'acte de société, lorsqu'il est sous seing privé, peut être fait en deux originaux seulement, quel que soit le nombre des associés : l'un des doubles reste au siège social, l'autre est annexé à la déclaration du gérant. Le but des dispositions qui exigent ainsi la souscription du capital social tout entier et le versement du quart est d'empêcher que la société ne se présente aux tiers comme existante, alors qu'elle n'a pas ses éléments complets, que son capital n'est pas formé et qu'elle n'a pas réalisé les fonds suffisants pour pouvoir utilement fonctionner. L'inobservation des conditions prescrites entraîne la nullité de la société.

Chiffre et forme des actions; responsabilité des souscripteurs. — Un autre ordre de dispositions se rapporte au taux et à la forme des actions. Avant la loi de 1856, des sociétés s'étaient formées avec un capital divisé en actions d'un chiffre très minime; on avait vu des actions de vingt-cinq francs, de dix francs, de cinq francs même. Il y avait là un inconvénient : ces actions d'un chiffre si peu élevé tentaient les petits capitalistes, appartenant aux classes les moins éclairées, gens crédules et incapables de se défendre contre les séductions et les mensonges d'un gérant malhonnête; le taux trop minime des actions se présentait comme un moyen de faire des dupes. Aujourd'hui, le montant des actions ne peut être inférieur à cent francs, lorsque le capital social n'excède pas deux cent mille francs; à cinq cents francs, s'il dépasse ce chiffre. Dès que le quart du montant de l'action a été versé, cette action devient négociable, mais seulement comme action nominative, et au moyen d'un transfert porté sur les registres de la société. En principe, l'action reste nominative jusqu'à ce qu'elle soit entièrement libérée, c'est-à-dire jusqu'à ce que la somme qu'elle représente ait été versée en totalité : ainsi une action de cinq cents francs est libérée lorsque l'actionnaire a versé cinq cents francs. Les statuts peuvent néanmoins stipuler que les actions, lorsqu'elles auront toutes été libérées de moitié seulement, de 250 francs par exemple, s'il s'agit d'une action de 500 francs, pourront, par une délibération de l'assemblée générale des actionnaires, être converties en actions au porteur, transmissibles de la main à la main, par la simple tradition. Dans tous les cas, que l'action devienne au porteur ou qu'elle reste nominative jusqu'à son entière libération, le souscripteur primitif qui cède son action reste tenu pendant deux ans au paiement du montant de l'action ou des actions par lui souscrites. Les règles relatives au chiffre et à la forme des actions sont également prescrites à peine de nullité de la société.

Vérification des apports et des avantages particuliers.

— Un abus souvent signalé dans les sociétés en commandite par actions était la valeur excessive que donnaient les fondateurs aux apports qui ne consistaient pas en argent, tels qu'un immeuble, un brevet d'invention, une exploitation industrielle, et aussi dans les avantages énormes et non justifiés que s'attribuaient certains associés. Ce cas est prévu et réglé de le manière suivante : lorsqu'un associé fait dans la société un apport qui ne consiste pas en numéraire, ou stipule des avantages particuliers à son profit, une première assemblée générale des actionnaires est réunie ; elle nomme des commissaires pour apprécier la valeur de l'apport ou la cause des avantages stipulés. Ces commissaires peuvent être ou des actionnaires, ou des personnes étrangères à la société. Lorsque le travail de vérification est terminé, une seconde assemblée générale est convoquée pour entendre le rapport des commissaires et statuer sur ses conclusions. Les délibérations dans ces assemblées générales sont prises à la majorité, et cette majorité doit comprendre à la fois le quart des actionnaires et le quart du capital social en numéraire. L'associé qui fait l'apport ou au profit duquel l'avantage est stipulé n'a pas voix délibérative dans l'assemblée. La société n'est définitivement constituée qu'après l'approbation donnée par la seconde assemblée à la valeur de l'apport ou aux avantages stipulés ; à défaut d'approbation, la société n'est pas constituée, le contrat reste sans effet.

Conseil de surveillance. — Dans les sociétés en nom collectif et les sociétés en commandite simple, où le personnel des associés est restreint et l'intérêt de chacun relativement considérable, la surveillance des actes du gérant s'exerce naturellement par chacun des coassociés. Dans les sociétés en commandite par actions, dont les membres peuvent être très nombreux et représenter chacun une part d'intérêt peu importante, un contrôle individuel eût été impossible et sans résultat. Le propriétaire d'une, deux, trois actions est évidemment dans l'impuissance d'exercer à lui seul une action efficace sur le gérant. De là l'institution du conseil de surveillance, placé à côté du gérant pour contrôler ses actes dans l'intérêt commun. Dans toute société en commandite par actions, il doit y avoir un conseil de surveillance qui est composé de trois actionnaires au moins. Ce conseil est nommé par l'assemblée générale des actionnaires, aussitôt après la constitution définitive de la société, et avant toute opération sociale. Les statuts déterminent l'époque et les conditions de réélection du conseil; le premier conseil ne reste en fonctions qu'un an. La société serait nulle à défaut de nomination d'un conseil de surveillance.

Ses attributions. — Voici quelles sont les attributions du conseil de surveillance : il vérifie les livres, la caisse, le portefeuille et les valeurs de la société; il fait chaque année à l'assemblée générale un rapport, dans lequel il doit signaler les irrégularités et les inexactitudes qu'il a reconnues dans les inventaires, et constate, s'il y a lieu, les motifs qui s'opposent aux distributions de dividendes proposées par le gérant. On appelle *dividendes* les sommes prises sur les bénéfices et réparties entre les actionnaires : le dividende est le produit de l'action. Des peines sévères atteignent les distributions de dividendes fictifs, c'est-à-dire qui ne consistent pas en bénéfices réalisés, mais sont pris sur le capital. Le conseil de surveillance a une autre attribution : il peut, lorsque l'état des affaires de la société nécessite cette mesure extrême, convoquer l'assemblée générale des actionnaires, et, conformément à son avis, provoquer la dissolution de la société. Le premier conseil nommé doit, immédiatement après être entré en fonctions, vérifier si les dispositions relatives à la constitution de la société, à la forme et au chiffre des actions, à la vérification des apports et des avantages particuliers ont été observées.

Responsabilité des membres du conseil de surveillance. — Les membres du premier conseil de surveillance peuvent être déclarés responsables avec le gérant du dommage résultant pour la société ou pour les tiers de la nullité prononcée pour infraction aux dispositions de la loi. Les actionnaires qui composent le conseil de surveillance sont les représentants, les mandataires de tous les actionnaires, et, comme tels, responsables lorsqu'ils commettent des fautes graves dans l'accomplissement de leur mission.

Indépendamment du contrôle qui s'exerce ainsi d'une manière permanente par le conseil de surveillance, les actionnaires sont mis à même de s'éclairer individuellement sur la situation de la société : quinze jours au moins avant la réunion de l'assemblée générale, chaque actionnaire peut prendre, par lui-même ou par un fondé de pouvoir, communication, au siège de la société, du bilan, des inventaires et du rapport des membres du conseil de surveillance.

Dispositions pénales. — Des dispositions pénales viennent assurer l'exécution de la loi. Une amende et même, dans certains cas, un emprisonnement peuvent être prononcés par les tribunaux correctionnels contre ceux qui émettent des actions dont le chiffre ou la forme ne sont pas conformes aux règles énoncées plus haut, contre ceux qui négocient ces actions, contre ceux qui, par la publication faite de mauvaise foi de faits faux, par la simulation de souscriptions ou de versements, ont trompé le public en vue d'obtenir des souscriptions, contre le gérant qui commence les opérations sociales avant l'entrée en fonctions du conseil de surveillance, ou qui opère entre les actionnaires, sans qu'il y ait eu d'inventaire ou au moyen d'inventaires frauduleux, des distributions de dividendes fictifs. Sont également punis d'une amende et d'un emprisonnement ceux qui, en se présentant comme propriétaires d'actions qui ne leur appartenaient pas, ont créé frauduleusement une majorité factice dans les assemblées générales, et ceux qui ont prêté leurs actions pour en faire cet usage frauduleux.

Action en répétition à raison des dividendes qui n'étaient pas réellement acquis. — Terminons en indiquant deux dispositions importantes qui complètent l'ensemble des règles relatives aux sociétés en commandite par actions. La première résout la question suivante : lorsqu'une société fait de mauvaises affaires, les actionnaires peuvent-ils être tenus de restituer les dividendes qu'ils ont reçus, s'il est établi qu'il n'y avait pas de bénéfices lorsque le dividende a été distribué et qu'il a été pris sur le capital? Cette question avait été diversement résolue par les décisions judiciaires ; elle est tranchée par la loi nouvelle : les actionnaires ne sont tenus à la restitution que s'ils ont reçu le dividende, sans qu'il y eût d'inventaire, ou alors que l'inventaire accusait une situation qui ne permettait pas de distribuer de dividende. Les actionnaires sont tenus de restituer, parce qu'en pareil cas, ou ils ont été de mauvaise foi, ou ils ont tout au moins commis une faute grave, en consentant à recevoir ce dividende. Cette responsabilité est limitée à un délai assez court : l'action en répétition ne peut plus être exercée, lorsqu'il s'est écoulé cinq ans depuis le jour fixé pour la distribution du dividende.

Commissaires des actionnaires. — La seconde disposition permet aux actionnaires de se réunir et, lorsqu'ils représentent un vingtième au moins du capital social, de charger, à leurs frais, un ou plusieurs mandataires ou commissaires de les représenter en justice, et de plaider en leur nom contre le gérant ou le conseil de surveillance. Cette action collective est indépendante de l'action individuelle qui peut être exercée par chaque actionnaire en son nom personnel.

Art. 4. — Société anonyme.

Caractère de cette société. — La société en commandite, même par actions, a toujours le double caractère de société de personnes et d'association de capitaux : il y a un ou plusieurs associés tenus personnellement, et des commanditaires tenus seulement jusqu'à concurrence de leurs mises. La société anonyme est exclusivement une association de capitaux : aucun des associés ne figure en nom dans la société, d'où le nom de société anonyme. La société est ordinairement désignée par l'objet de son entreprise : *Compagnie du chemin de fer du Nord, Société du Crédit foncier, Compagnie d'Assurances générales.* Le capital de la société anonyme est toujours divisé en actions : tous les associés ou actionnaires ne sont tenus que jusqu'à concurrence du montant de leur action. L'absence d'associés tenus personnellement et indéfiniment est le caractère essentiel et distinctif de la société anonyme. Cette forme de société convient aux grandes entreprises, qui font appel à des capitaux considérables et dans lesquelles, à raison de l'importance des opérations, la responsabilité personnelle n'eût pas été possible. C'est sous la forme anonyme que sont constituées les grandes compagnies de chemins de fer, la Banque de France, la Société du Crédit foncier.

L'autorisation du gouvernement n'est plus nécessaire pour ces sociétés; loi du 24 juillet 1867. — D'après le Code de commerce, la société anonyme ne pouvait se constituer qu'en vertu d'une autorisation du Gouvernement, donnée par un décret rendu sur l'avis du Conseil d'État, et après examen des conditions d'existence de la société et de ses statuts; en outre, la société anonyme ne pouvait se former que par acte notarié. Une première modification à ces principes avait été apportée par une loi du 23 mai 1863 qui permettait de former, sans l'autorisation du Gouvernement, des sociétés dans lesquelles aucun des associés n'était tenu au delà de son apport. Ces sociétés, dites *sociétés à responsabilité limitée*, ne pouvaient comprendre un capital excédant vingt millions. La loi de 1867 a fait un pas de plus dans le sens de la liberté : elle supprime d'une manière générale la nécessité de l'autorisation du Gouvernement pour les sociétés anonymes, qui peuvent désormais se constituer, comme les sociétés en nom collectif ou en commandite, par le seul consentement des parties. La loi de 1863 sur les sociétés à responsabilité limitée est abrogée; ces sociétés en effet n'ont plus leur raison d'être, puisque l'anonymat ne suppose plus la formalité de l'autorisation. Les sociétés anonymes peuvent, dans tous les cas, se former par acte sous seing privé; un acte notarié n'est plus nécessaire. Sauf ces modifications, les principes essentiels du Code de commerce sur les sociétés anonymes sont conservés; les associés ne sont passibles que de la perte de leur mise ; il n'y a pas de raison sociale contenant le nom d'un ou de quelques-uns des associés; le capital social est toujours divisé en actions, qui sont nominatives ou au porteur, suivant que les statuts ou les dispositions de la loi autorisent l'une ou l'autre forme. Enfin les administrateurs, à la différence dès gérants de la société en commandite, ne sont que des mandataires, agissant au nom de la société, et ne se trouvent pas personnellement obligés par les actes qu'ils font pour la société. A ces principes généraux la loi de 1867 ajoute certaines prescriptions, qui ont pour but de donner aux actionnaires et aux tiers des garanties analogues à celles que présentait sous le régime de l'autorisation l'examen par le Conseil d'État des statuts de chaque société anonyme.

Constitution de la société anonyme. — La constitution de la société anonyme est subordonnée aux mêmes conditions que celle de la société en commandite par actions. Elle ne peut fonctionner qu'autant que le capital social est entièrement souscrit et que le quart au moins du montant des actions est versé; cette souscription et ce versement sont constatés par une déclaration notariée faite par les fondateurs, déclaration qui est soumise à la première assemblée générale pour en vérifier la sincérité. Les actions ne peuvent être d'un chiffre inférieur à cent francs ou à cinq cents francs, selon que le capital social excède ou n'excède pas deux cent mille francs. Les conditions pour que les actions puissent être négociées ou devenir au porteur sont identiques; les formes suivies pour la vérification des apports qui ne consistent pas en numéraire et des avantages particuliers stipulés au profit de certains associés sont les mêmes dans les sociétés anonymes que dans les sociétés en commandite par actions. Il faut ajouter que la société anonyme ne peut se constituer si le nombre des associés est inférieur à sept; la dissolution de la société peut être prononcée, à la demande de toute personne intéressée, lorsqu'il s'est écoulé un an depuis que le nombre des associés est réduit au-dessous du chiffre de sept.

Organisation de la société anonyme; administrateurs. — L'administration de la société anonyme comprend trois éléments : les administrateurs, l'assemblée générale des actionnaires et les commissaires. Aux administrateurs appartient la gestion des affaires de la société; ils la représentent dans les actes où elle est intéressée, dans les procès qu'elle a à soutenir. Leur qualité de mandataires fait qu'ils ne sont pas

tenus personnellement et qu'ils obligent seulement la société
par les actes dans lesquels ils figurent. Les administrateurs
sont révocables, reçoivent un traitement et doivent être pris
parmi les associés. Ils peuvent choisir parmi eux un directeur qui sera chargé de faire certains actes, de suivre le détail de l'administration; ils peuvent même se substituer, si
les statuts le permettent, un mandataire étranger à la société,
et, dans ce cas, ils répondent des actes de celui qu'ils se sont
ainsi substitué.

Responsabilité des administrateurs. — Les administrateurs sont responsables des infractions aux dispositions de la
loi, notamment de la nullité de la société, des actes ou délibérations, lorsque cette nullité a été encourue pendant qu'ils
étaient en fonctions; ils sont responsables aussi des fautes
graves qu'ils commettent dans l'exercice de leur mandat, par
exemple, lorsqu'ils distribuent ou laissent distribuer des
dividendes fictifs. Dans ces circonstances, les administrateurs
peuvent être condamnés à des dommages-intérêts envers ceux
auxquels la nullité de la société ou la faute qu'ils ont commise cause un préjudice. Les administrateurs sont tenus, en
cas de perte des trois quarts du capital social, de provoquer
la réunion de l'assemblée générale de tous les actionnaires,
à l'effet de statuer sur la question de dissolution de la société.
Il leur est interdit d'avoir un intérêt dans une entreprise ou
un marché fait avec la société ou pour son compte, à moins
d'y être autorisés par l'assemblée générale. Comme garantie
de leur gestion collective, les administrateurs doivent être
propriétaires d'un nombre d'actions déterminé par les statuts;
ces actions sont nominatives, elles ne peuvent être aliénées
par leurs propriétaires et restent déposées dans la caisse
sociale.

Nomination des administrateurs. — Les administrateurs
sont nommés par l'assemblée générale; la durée de leur mandat ne peut dépasser six ans, ils sont rééligibles, sauf disposition contraire des statuts; le procès-verbal de la séance
constate leur acceptation. La société ne peut être constituée
qu'après la nomination des premiers administrateurs et leur
acceptation. Les premiers administrateurs peuvent être dé-

signés par les statuts, avec stipulation expresse que leur nomination ne sera pas soumise à l'assemblée générale; en ce cas, leurs fonctions ne peuvent durer plus de trois ans.

Assemblée générale. — L'assemblée générale des actionnaires est le second élément que nous rencontrons dans l'administration de la société anonyme. Dès que les conditions nécessaires à la constitution de la société sont remplies, une première assemblée générale est réunie pour vérifier la simcérité des déclarations des fondateurs et des pièces qu'ils produisent : cette première assemblée nomme les premiers administrateurs et commissaires. Il y a au moins chaque année une assemblée générale. Les statuts déterminent le chiffre d'actions nécessaire pour en faire partie et le nombre de voix appartenant à chaque actionnaire eu égard au nombre de ses actions. Les délibérations sont prises à la majorité des voix, et l'assemblée doit être composée d'un nombre de membres représentant le quart au moins des actionnaires. Si ce nombre n'est pas réuni, une nouvelle assemblée est convoquée, et elle délibère valablement, quelle que soit la portion du capital représentée par les actionnaires présents. Telles sont les règles ordinaires. Elles reçoivent certaines exceptions : les assemblées générales qui ont pour objet la vérification des apports, la nomination des premiers administrateurs et commissaires, sont nécessairement composées de tous les actionnaires, sans distinction quant au chiffre des actions qu'ils possèdent; elles doivent comprendre, pour pouvoir prendre une décision définitive, un nombre d'actions représentant la moitié du capital social. Si ce chiffre n'est pas atteint, la délibération de l'assemblée n'est que provisoire, une nouvelle assemblée est convoquée, et les résolutions provisoires adoptées par la première deviennent définitives, si elles sont approuvées par la seconde assemblée composée d'un nombre d'actionnaires représentant au moins le cinquième du capital social. Les assemblées générales appelées à délibérer sur des modifications aux statuts, sur la proposition de continuation de la société au delà du terme fixé pour sa durée ou de dissolution anticipée, doivent réunir un nombre d'actionnaires représentant la moitié au moins du capital social. Les décisions prises par la majorité dans une assemblée générale régulièrement constituée sont obligatoires pour tous les actionnaires.

Il fallait donner aux actionnaires le moyen de s'éclairer sur la situation de la société avant l'assemblée générale; à cet effet, ils sont autorisés, quinze jours au moins avant la réunion, à prendre communication de l'inventaire et de la liste des actionnaires, à se faire délivrer une copie du bilan résumant l'inventaire et du rapport des commissaires.

Commissaires. — Il nous reste à parler des commissaires, qui ont dans la société anonyme une mission de contrôle analogue à celle du conseil de surveillance dans la société en commandite par actions. L'assemblée générale annuelle nomme un ou plusieurs commissaires, associés ou non; ils sont chargés de faire à l'assemblée générale de l'année suivante un rapport sur la situation de la société, sur le bilan et les comptes présentés par les administrateurs. La délibération approuvant le bilan et les comptes serait nulle, si elle n'avait été précédée du rapport des commissaires. Pendant le trimestre qui précède l'assemblée générale, les commissaires peuvent prendre communication des livres et examiner les opérations de la société; ils peuvent toujours, en cas d'urgence, convoquer l'assemblée générale. Les commissaires sont responsables des fautes qu'ils commettent dans l'accomplissement de leur mandat.

Fonds de réserve; états de situation. — Cet ensemble de garanties est complété : 1° par la création d'un fonds de réserve constitué par le prélèvement d'un vingtième au moins sur les bénéfices nets; ce prélèvement cesse d'être obligatoire, lorsque le fonds de réserve a atteint le dixième du capital social; 2° par l'obligation imposée à la société de dresser chaque semestre un état de sa situation active et passive. Il est en outre établi chaque année un inventaire. Toutes ces pièces, état de situation, inventaire, bilan, compte des profits et pertes, sont remises aux commissaires quarante jours au moins avant l'assemblée générale et sont présentées à cette assemblée.

Sanctions pénales. — Il faut recourir, quant à la sanction de ces dispositions, à ce que nous avons dit à propos des sociétés en commandite par actions. L'irrégularité de la constitution de la société en entraîne la nullité. Les mêmes faits délictueux sont prévus et punis des mêmes peines : notamment les administrateurs peuvent être poursuivis devant le tribunal correctionnel, lorsqu'ils ont distribué des dividendes fictifs, alors qu'il n'y avait pas d'inventaire ou au moyen d'inventaires frauduleux. La répétition des dividendes payés aux actionnaires n'est possible que s'ils ont été distribués en l'absence d'inventaire ou contrairement aux résultats de l'inventaire. L'action en répétition se prescrit par cinq ans à compter du jour où les dividendes ont dû être payés.

Nous devons ajouter ici quelques notions sur les obligations créées par les sociétés anonymes, sur l'impôt qui frappe les actions et obligations, enfin sur les sociétés anonymes étrangères.

Obligations émises par les sociétés anonymes. — Certaines sociétés anonymes, en particulier les compagnies de chemins de fer, émettent des obligations; cette opération est purement et simplement un emprunt. L'obligation diffère complètement de l'action; l'actionnaire est un associé, le porteur d'obligations est un créancier. De là plusieurs conséquences : si la société fait de mauvaises affaires, les porteurs d'obligations sont payés, comme les autres créanciers, sur le fonds social qui a été fourni par les actionnaires, et, si le fonds social est épuisé par les dettes, il ne reste rien aux actionnaires. L'actionnaire a droit à un dividende qui représente une part dans les bénéfices et est plus ou moins élevé, selon la prospérité plus ou moins grande de la société; le dividende peut représenter huit, dix pour cent, ou même davantage. Le porteur d'obligations, au contraire, n'a droit qu'à un intérêt fixe, invariable, de trois, quatre, cinq, six pour cent, selon les conditions de l'emprunt. On voit par là que, si l'actionnaire peut réaliser un plus gros bénéfice, il court aussi plus de risques que le porteur d'obligations : la plupart des obligations émises par les compagnies de chemins de fer ont cet avantage d'être remboursées, dans un délai déterminé, pour un chiffre plus élevé que celui pour lequel elles ont été souscrites. Ainsi des obligations émises à 290 ou 300 francs sont remboursables à 500 francs.

Droit de timbre et droit de transmission perçus sur les actions et obligations. — Les actions et obligations donnent lieu à la perception au profit du Trésor d'un double impôt : droit de timbre et droit de transmission. Le droit de timbre est proportionnel à l'importance du capital social ; il est ordinairement acquitté par les compagnies au moyen du paiement d'un droit annuel ; c'est ce qu'on appelle l'*abonnement*. Le droit de transmission est un droit payé lorsque les titres changent de propriétaire par succession, donation ou vente. Pour les titres nominatifs, le droit est perçu lors de la transmission : il est de 50 centimes pour cent francs de la valeur négociée. Quant aux titres au porteur, dont rien ne constate la transmission, la perception eût été impossible dans les mêmes conditions ; pour ces titres, le droit consiste dans une taxe annuelle qui est prélevée sur le revenu de l'action ou de l'obligation ; elle est de quinze centimes par cent francs du capital de l'action ou de l'obligation.

Sociétés anonymes étrangères. — La société anonyme n'existant d'après le Code de commerce que par l'autorisation du Gouvernement, on s'était demandé si les sociétés anonymes étrangères pouvaient avoir en France une existence légale, exercer leurs droits, et plaider devant les tribunaux français. La question a été tranchée, pour les sociétés anonymes constituées en Belgique avec une autorisation du gouvernement belge, par une loi du 30 mai 1857. Ces sociétés, lorsqu'elles ont une existence régulière en Belgique, peuvent exercer leurs droits et plaider en France en se conformant aux lois du pays. Le même bénéfice peut être étendu, par un décret rendu en conseil d'État, aux sociétés établies dans d'autres pays.

Règles particulières aux tontines et aux sociétés d'assurances sur la vie. — Si les sociétés anonymes sont aujourd'hui dispensées de l'autorisation du Gouvernement, cette autorisation reste nécessaire pour certaines sociétés, non plus à raison de leur forme, mais à cause de la nature de leurs opérations : ce sont les tontines et les sociétés d'assurances sur la vie.

On appelle tontines des associations dans lesquelles plusieurs individus mettent en commun des capitaux destinés à être répartis entre les seuls survivants, à une époque déterminée, et au prorata des mises de chacun d'eux. Les motifs qui ont fait soumettre les tontines à l'autorisation du Gouvernement sont résumés en ces termes dans un avis du Conseil d'État de 1809 : « Une association de cette nature, y est-il dit, sort évidemment de la classe commune des transactions entre citoyens. La nature de ces établissements qui ne permet aux associés aucun moyen efficace et réel de surveillance, leur durée toujours inconnue et qui peut se prolonger pendant un siècle, la foule de personnes de tout sexe, de tout âge qui y prennent des intérêts, le mode dont ces associations se forment, les chances sur lesquelles repose la combinaison et que ne peuvent guère apprécier les petits capitaux appelés à y prendre part, tout cela exclut une liberté qui pourrait trop facilement être dangereuse. » Les mêmes motifs s'appliquent aux sociétés d'assurances sur la vie et ont fait réserver pour elles comme pour les tontines la nécessité de l'autorisation, qui est donnée par un décret rendu en conseil d'État. Les opérations des tontines sont en outre soumises à une surveillance sévère qui s'exerce par une commission spéciale, sous l'autorité du ministre du commerce.

Sociétés d'assurances autres que les assurances sur la vie. — Les sociétés d'assurances autres que les assurances sur la vie, celles qui ont pour objet les assurances maritimes, les assurances contre l'incendie, contre la grêle, peuvent se constituer en la forme anonyme sans autorisation. Toutefois, un règlement d'administration publique, annoncé par la loi de 1867, a déterminé les conditions auxquelles elles sont soumises.

ART. 5. — *Société à capital variable.*

Sociétés coopératives; leurs principales formes. — Les sociétés dont le nom juridique est, d'après la loi de 1867, sociétés à capital variable, sont plus connues sous le nom de sociétés coopératives. Les sociétés coopératives ont jusqu'à présent revêtu trois formes principales ; on distingue les *sociétés de consommation*, les *sociétés de crédit mutuel* et les *sociétés de production*. La société de consommation a pour but l'achat en gros d'objets de consommation journalière ou de matières premières, que la société revend ensuite en détail aux associés, qui profitent ainsi de la suppression des intermédiaires et d'une partie des avantages que présente l'achat en gros, au point de vue de la qualité et du bon marché. La plupart des sociétés de consommation qui se sont formées vendent aussi à des tiers, et, par les bénéfices qu'elles réalisent, offrent à l'ouvrier un placement avantageux de ses économies. Les sociétés de crédit mutuel constituent d'abord pour les associés une sorte de caisse d'épargne qu'ils administrent eux-mêmes ; mais ce n'est là que leur côté accessoire : leur utilité principale se présente lorsqu'elles font aux sociétaires des avances contre un billet signé d'eux ; elles procurent ainsi du crédit aux petits commerçants et aux ouvriers qui ne pourraient en trouver ailleurs. Ces sociétés ont pris en Allemagne un grand développement ; elles y sont connues sous le nom de banques populaires : on en compte plus de neuf cents dans les diverses parties du territoire allemand. Nous trouvons enfin des sociétés de production qui consistent dans l'association de plusieurs ouvriers, mettant en commun leur travail et les bénéfices qui en résultent, et devenant ainsi entrepreneurs. Il est facile d'apercevoir l'utilité de la société de production : l'ouvrier, par ce moyen, au lieu d'avoir droit seulement à un salaire journalier, y joint une partie des bénéfices que peut procurer l'entreprise. Indépendamment de ces formes principales, il faut encore mentionner les sociétés qui se sont formées pour la construction de maisons pour les associés ; c'est là aussi une application importante et utile de la coopération.

Caractère distinctif de ces sociétés ; variabilité du capital. — La loi de 1867 a évité d'employer l'expression de sociétés coopératives et de tenter une définition de ces associations. Elle a craint, si elle les définissait, de limiter ainsi leur développement, en laissant en dehors de ses dispositions des formes nouvelles qui viendraient à se produire. Le caractère distinctif de ces sociétés, au point de vue de la loi actuelle, réside dans l'augmentation de leur capital par les versements successifs que font les associés ou par l'accession d'associés nouveaux, et la diminution de ce capital par la retraite d'associés qui abandonnent la société ou par la reprise de tout ou partie des sommes versées par certains associés. Cette faculté de modification du personnel et du capital social, qui est de la nature même de ces sociétés, leur a fait donner le nom de *sociétés à capital variable*.

Difficultés que rencontraient ces associations avant la loi de 1867. — Ces associations trouvaient, sous l'empire de la législation antérieure, certaines difficultés à se constituer. D'abord le principe général en matière de société est que les associés ne peuvent, sans une liquidation, se retirer de la société ou reprendre ce qu'ils ont apporté. Or, pour ce genre de sociétés, il est indispensable que celui qui y entre puisse s'en retirer à sa volonté, ou même, en cas de besoin, reprendre une partie des sommes qu'il a versées. En admettant que le droit de se retirer ou de reprendre son apport pût être valablement stipulé, il eût fallu, à chaque modification du personnel ou du capital de la société, une publication qui entraînait des difficultés et des frais. « Il fallait donc, pour employer les expressions du rapporteur de la commission au Corps législatif, une loi qui permît aux associés, sans porter atteinte aux garanties dues aux tiers, d'entrer dans la société et d'en sortir, d'y apporter leurs épargnes et de les en retirer le jour où ils voudraient chercher fortune ailleurs. » On signalait aussi, lorsque la société se constituait par actions, le chiffre élevé qui était déterminé dans les sociétés ordinaires comme minimum des actions. Des actions, qui ne pouvaient être moindres de cent francs, et sur lesquelles il fallait verser, en constituant la société, le quart au moins, soit vingt-cinq francs, n'étaient pas à la portée d'ouvriers disposant d'épargnes peu considérables et réalisées au jour le jour. Voici comment ces obstacles ont été écartés par la loi de 1867.

Faculté générale de stipuler la variabilité du capital. — Dans toute société, il peut être stipulé que le capital social sera susceptible d'augmentation par des versements successifs ou l'admission d'associés nouveaux et de diminution par la reprise totale ou partielle des apports. Ces modifications sont dispensées de la publicité qui est exigée en général pour tout changement dans les conditions d'existence de la société.

La société à capital variable est administrée conformément aux règles ordinaires et suivant la forme adoptée : société en nom collectif, en commandite ou anonyme. Elle est dans tous les cas valablement représentée en justice par ses administrateurs ; enfin elle n'est pas dissoute par la mort, la retraite, l'interdiction, la faillite ou la déconfiture de l'un des associés ; elle continue de plein droit entre les associés survivants.

Lorsque la société à capital variable prend la forme de société par actions, société en commandite par actions ou société anonyme, elle se trouve soumise à certaines règles particulières, qui ont trait : 1° au chiffre du capital ; 2° à la forme et au chiffre des actions ; 3° à la faculté de reprise des apports et à la retraite des associés.

Limitation du chiffre du capital social. — En premier lieu, le capital social ne peut s'élever au-dessus de la somme de deux cent mille francs ; mais il peut être augmenté par des délibérations de l'assemblée générale d'année en année, sans que les augmentations puissent dépasser deux cent mille francs. Ainsi, la seconde année, le capital social peut être porté à 400000 francs, la troisième à 600000 francs, et ainsi de suite.

Chiffre et forme des actions. — En second lieu, les actions ne peuvent être inférieures à cinquante francs, sur lesquels le dixième, soit cinq francs, doit être immédiatement versé ; la société n'est constituée qu'après le versement de ce dixième. Ces actions restent toujours nominatives et ne peuvent par suite être cédées qu'au moyen d'un transfert ; la forme au porteur n'est pas admise pour les actions des sociétés à capital variable. Les statuts peuvent même donner au conseil d'administration ou à l'assemblée générale la faculté de s'opposer au transfert. Les associés ont ainsi le moyen d'empêcher qu'au moyen d'une cession il ne s'introduise dans là société des personnes dont la présence nuirait à l'entente commune, à la prospérité et au fonctionnement régulier de l'association. Les actions ne sont susceptibles d'être négociées, même comme actions nominatives, qu'après la constitution de la société, c'est-à-dire le versement du dixième.

La reprise des apports ne peut excéder une limite déterminée. — En troisième lieu, chaque associé peut se retirer de la société, sauf conventions contraires ; mais, dans aucun cas, la reprise des apports ne peut excéder une limite déterminée par les statuts, et qui ne peut être inférieure au dixième du capital social. Ainsi, en supposant que le capital social représente 10 000 francs, la reprise des apports ne pourra le réduire au-dessous de 1000 francs. Il peut être encore stipulé que l'assemblée générale des actionnaires aura le droit de décider qu'un ou quelques-uns des associés cesseront de faire partie de la société. L'associé qui se retire ou est exclu reste tenu pendant cinq ans des obligations qui existaient au moment de sa retraite.

Sauf les règles spéciales que nous venons de parcourir, les sociétés à capital variable restent soumises au droit commun. Elles peuvent se constituer sous la forme de sociétés en nom collectif, de sociétés en commandite simple ou par actions, de sociétés anonymes, et elles suivent les règles applicables à chacune de ces formes de sociétés.

Art. 6. — *Association en participation*

Nature particulière de cette association. — Le Code de commerce reconnaît, outre les sociétés proprement dites, des associations en participation ; on les appelle souvent *opérations de compte à demi*. Le caractère essentiel de l'association en participation est que les négociations qu'elle comporte se font au nom de l'un des participants, et non sous une raison sociale, sous le nom de la société. Les tiers ne connaissent pas l'association en participation, ne traitent pas avec elle ; les rapports sociaux n'existent qu'entre les associés. Ainsi un négociant, voulant acheter une certaine quantité de marchandises, propose à un autre de s'intéresser dans l'opération, én fournissant des fonds et en participant aux bénéfices. L'offre étant acceptée, celui qui a eu l'idée de l'opération achète et revend sous son nom les marchandises ; le caractère d'association ne se manifeste que par le compte qui devra être établi entre les associés lorsque l'affaire sera terminée. En général, l'association en participation a un objet limité : elle ne s'étend qu'à un ou plusieurs actes déterminés.

Aucune forme prescrite ; comment se règle la participation. — Les associations en participation ne sont pas soumises aux formes particulières des sociétés, notamment à la publicité ; elles se prouvent par les divers modes de preuve que le droit commercial reconnaît, par la correspondance, par les livres, même par témoins, si ce genre de preuve est admis par le tribunal. Les conventions des parties déterminent les proportions dans lesquelles les bénéfices et les pertes seront répartis entre les participants et les conditions dans lesquelles doit fonctionner l'association.

§ 3. — DE LA PUBLICATION DES ACTES DE SOCIÉTÉ.

Nécessité de la publicité. — La société commerciale se trouvant en rapport permanent et régulier avec le public, il fallait que les tiers pussent connaître les clauses qui les intéressent. C'est le motif de la publicité donnée aux actes de société ; cette publicité est utile au crédit de la société elle-même, en révélant son organisation, ses ressources, les garanties qu'elle présente. Toutes les sociétés commerciales, à l'exception de l'association en participation, sont soumises à cette publicité, les formes seules varient selon la nature de la société ; elles ont été réglées à nouveau par la loi de 1867.

Dépôt de l'acte de société. — La publicité résulte de deux formalités principales, prescrites l'une et l'autre à peine de nullité de la société. La première est le dépôt d'un double de l'acte de société, s'il est sous seing privé, ou d'une expédition, s'il est notarié, au greffe de la justice de paix et du tribunal de commerce du lieu où la société est établie. Ce dépôt doit être fait dans le mois qui suit la constitution de la société. Lorsque la société est en commandite par actions, on doit joindre une expédition de l'acte notarié constatant la souscription du capital social et le versement du quart, et une copie de la délibération de l'assemblée générale qui a vérifié les apports ne consistant pas en numéraire ou les avantages particuliers stipulés par quelques-uns des associés. Lorsque la société est anonyme, le dépôt doit comprendre, outre l'acte qui constate la souscription et le versement du quart, une copie de la délibération de la première assemblée générale qui vérifie les conditions d'existence de la société, qui nomme les premiers administrateurs et les premiers commissaires, enfin la liste nominative des souscripteurs, indiquant leur nom, leur qualité, leur demeure et le nombre d'actions appartenant à chacun d'eux.

Insertion dans les journaux. — La seconde formalité consiste dans la publication d'un extrait de l'acte de société dans le journal, ou dans l'un des journaux qui sont chaque année désignés par le préfet pour recevoir les annonces légales. Cette publication doit avoir lieu dans le même délai d'un mois. L'extrait publié contient le nom des associés autres que les commanditaires ou les actionnaires, la raison sociale, ou la dénomination de la société si elle est anonyme, la désignation des associés autorisés à gérer et à signer pour la société, l'époque où la société doit commencer et finir, la date du dépôt fait au greffe de la justice de paix et du tribunal de commerce. Il indique si la société est en nom collectif, en commandite, anonyme ou à capital variable, les valeurs fournies ou à fournir par les commanditaires ; si la société est anonyme, l'extrait énonce le montant du capital social et la quotité qui doit être prélevée sur les bénéfices pour former le fonds de réserve. Si la société est à capital variable, l'extrait contient l'indication de la somme au-dessous de laquelle le capital social ne peut être réduit par la reprise des apports. Quand la société a plusieurs maisons de commerce, la publication par le dépôt au greffe et l'insertion dans les journaux doit être faite dans les divers arrondissements ; si les établissements existent dans la même ville divisée en plusieurs arrondissements, le dépôt est fait seulement au greffe de la justice de paix du principal établissement.

Mêmes formalités pour la publication des modifications à l'acte de société et de la dissolution de la société; exception. — Les mêmes formalités de publicité sont prescrites pour tous les actes et délibérations qui modifient les conventions ou statuts sociaux, qui ont pour objet la continuation de la société après le terme fixé, sa dissolution, le changement ou la retraite d'associés, ou la modification de la raison sociale. Nous avons vu déjà que ces règles sont simplifiées pour les sociétés à capital variable : les augmentations ou les diminutions du capital social par les versements opérés ou la reprise des apports et les retraites d'associés, autres que les administrateurs, n'ont pas besoin d'être publiées; mais la publication est nécessaire pour les délibérations de l'assemblée générale qui augmentent le chiffre du capital social.

Règles particulières aux sociétés en commandite par actions et aux sociétés anonymes. — Dans les sociétés en commandite par actions ou anonymes, toute personne peut prendre au greffe communication des pièces déposées et s'en faire délivrer une expédition ou un extrait par le greffier ou par le notaire qui a reçu l'acte; en outre, tout le monde peut se faire délivrer, au siège de la société, une copie des statuts, moyennant une somme qui ne peut excéder un franc. Enfin les pièces déposées doivent être affichées d'une manière apparente dans les bureaux de la société. Dans tous les actes, dans les documents imprimés ou autographiés, factures, annonces, publications, etc., émanant des sociétés anonymes ou en commandite par actions, la dénomination de la société doit être accompagnée de ces mots, écrits lisiblement et en toutes lettres : *Société anonyme* ou *Société en commandite par actions*, avec l'énonciation du capital social, *au capital de...*; pour les sociétés à capital variable, on doit ajouter ces mots : *à capital variable.* L'infraction à cette prescription est punie d'une amende de cinquante francs à mille francs.

§ 4. — DE LA DISSOLUTION ET DE LA LIQUIDATION DES SOCIÉTÉS.

Causes de dissolution de la société. —La société se dissout et cesse d'exister par différentes causes; voici les principales : les sociétés de personnes ou en nom collectif sont dissoutes par la mort de l'un des associés, à moins qu'il n'ait été convenu que la société continuerait malgré le décès de l'un des associés; elles sont également dissoutes par l'interdiction ou la faillite de l'associé. Toute société prend fin par l'expiration du temps pour lequel elle a été contractée, à moins que les associés ne s'entendent pour la proroger, c'est-à-dire en augmenter la durée. Le consentement de tous les associés peut également, avant l'expiration du délai fixé par le contrat, arrêter par une dissolution anticipée l'existence de la société. Le tribunal de commerce peut, sur la demande de l'un des associés, prononcer, pour certains motifs graves, la dissolution; nous citerons comme exemple le cas où la société ne peut plus continuer avec succès ses opérations, soit par suite de la dépréciation du capital social, soit pour tout autre motif. Nous avons vu que la loi elle-même imposait, dans des cas semblables, au conseil de surveillance de la société en commandite par actions, ou aux administrateurs de la société anonyme, le devoir de provoquer la dissolution; la dissolution peut également être demandée par toute personne intéressée lorsqu'il s'agit d'une société anonyme, et qu'il s'est écoulé plus d'une année depuis que le nombre des associés est réduit au dessous de sept. Toutes les fois que la société se dissout autrement que par l'expiration du terme fixé pour sa durée, l'acte ou le jugement qui entraîne la dissolution doit être publié dans les formes prescrites pour la publication des actes de société.

Liquidation de la société dissoute. — La société dissoute, il est nécessaire de procéder à une liquidation. La liquidation est une opération qui a pour but de terminer les affaires dans lesquelles est engagée la société, d'établir sa situation, d'éteindre le passif, de réunir les éléments de l'actif. Elle se fait par un ou plusieurs liquidateurs qui sont ou des associés ou des personnes étrangères à la société. Les liquidateurs peuvent être nommés par l'acte même de société ; à défaut de désignation dans l'acte de société, ils sont choisis par les associés, s'ils s'entendent, sinon désignés par le tribunal de commerce.

Devoirs des liquidateurs; leurs pouvoirs. — Les liquidateurs doivent faire inventaire pour constater toutes les valeurs appartenant à la société ; si la liquidation se prolonge, ils doivent réunir les intéressés et leur soumettre des états de situation ; leurs opérations sont inscrites sur des livres ; enfin, la liquidation terminée, ils rendent compte de leur gestion. Les fonctions des liquidateurs consistent à conserver l'actif social, à opérer les recouvrements, payer les dettes de la société, régler les comptes des associés. Ils peuvent faire tous les actes nécessaires à l'accomplissement de leur mission, recevoir un paiement et en donner quittance, vendre des marchandises, en toucher le prix, terminer les opérations en cours au jour de la dissolution, mais sans en commencer de nouvelles, enfin exercer des poursuites contre les débiteurs. Les liquidateurs représentent la société dans les actes et dans les instances où elle est intéressée.

Partage. — La liquidation terminée, si l'actif excède le passif, cet excédent est réparti entre les associés proportionnellement et conformément aux dispositions de l'acte de société. Cette dernière opération s'appelle le partage. S'il est impossible de partager en nature les valeurs qui restent, elles seront vendues, et le prix de la vente sera attribué à chacun des associés selon ses droits.

§ 5. — DES CONTESTATIONS ENTRE ASSOCIÉS.

Suppression de l'arbitrage forcé. — Jusqu'à une époque assez récente, les contestations entre associés étaient soustraites aux juridictions ordinaires ; elles devaient être jugées par des arbitres. C'est ce qu'on appelait l'arbitrage forcé. Une

loi du 17 juillet 1856 a supprimé l'arbitrage forcé; aujour-
d'hui, les contestations entre associés sont, comme toutes les
contestations commerciales, jugées par les tribunaux de
commerce.

CHAPITRE IV

DES EFFETS DE COMMERCE

Notions générales sur les effets de commerce; division. — On entend par effets de commerce certains titres
usités dans les relations entre commerçants, et qui ont pour
but de faciliter le mouvement des affaires en servant d'instruments au crédit. Le caractère qui distingue les effets de
commerce est la facilité de transmission : ils sont négociables
par des voies simples et rapides, en général, par une simple
déclaration portée au dos du titre, ou endossement, quelquefois même par la simple tradition. Les plus importants parmi
les effets de commerce sont : la lettre de change, le billet à
ordre et les chèques. Une section particulière sera consacrée
à l'étude de chacun de ces titres; et, dans la section consacrée au billet à ordre, nous indiquerons et nous définirons
quelques-uns des titres qui s'en rapprochent, tels que le billet
à domicile, le mandat, le billet au porteur. Enfin nous terminerons en indiquant les règles particulières de la prescription en matière d'effets de commerce.

SECTION PREMIÈRE

DE LA LETTRE DE CHANGE

(Code de commerce, art. 110 à 186.)

Change des monnaies; notions sur le change. — Avant
de définir la lettre de change, il est nécessaire d'expliquer ce
qu'on entend par change, d'indiquer les différents sens de

ce mot. L'expression change désigne d'abord une opération qui consiste à échanger une monnaie pour une autre, ainsi de la monnaie d'or pour de la monnaie d'argent, de la monnaie d'argent pour des billets des banque, ou réciproquement, ou encore de la monnaie étrangère pour de la monnaie française, et réciproquement. Ces diverses négociations constituent ce qu'on appelle : le change des monnaies; ceux qui s'y livrent sont des changeurs, et le profit qu'ils en tirent prend également le nom de change.

Contrat de change; remise d'un lieu sur un autre. — Le change des monnaies n'a aucun rapport avec la lettre de change; la lettre de change suppose l'existence d'une opération toute différente connue sous le nom de contrat de change. On définit le contrat de change : un contrat par lequel je vous donne ou je m'oblige à vous donner une certaine valeur en un certain lieu, pour et en échange d'une somme d'argent que vous vous obligez de me faire compter dans un autre lieu. Ainsi un négociant de Paris veut avoir à sa disposition à Bordeaux, à un jour déterminé, une certaine somme; s'il veut éviter les embarras, les dangers même qu'entraînerait le transport du numéraire, il s'adressera à un banquier de Paris, lui versera les fonds, et le banquier prendra l'engagement de lui faire toucher à Bordeaux, soit par l'entremise de son correspondant, soit de tout autre manière, la somme dont ce commerçant a besoin. Le contrat de change peut intervenir dans un grand nombre de circonstances et avec des formes diverses; mais on y rencontre toujours ce caractère spécial : l'engagement pris dans un lieu par une personne de faire toucher dans un autre lieu une somme d'argent, autrement dit, et pour employer l'expression technique, la remise d'un lieu sur un autre.

Exécution du contrat de change par la lettre de change. — Le contrat de change s'exécute le plus souvent au moyen de la lettre de change; ainsi, pour suivre l'exemple donné plus haut, le banquier de Paris auquel s'adresse un négociant de la même ville pour toucher à Bordeaux une somme d'argent, remettra à ce négociant un titre, ayant la forme d'une lettre, par lequel il donnera mandat à son correspondant de Bordeaux de verser la somme indiquée. Ce titre, s'il est revêtu des formes prescrites, s'il contient certaines énonciations, sera une lettre de change.

Cours du change. — Il faut ajouter ici quelques notions sur le cours du change. Celui qui veut se faire délivrer une lettre de change par un banquier ou un négociant a le plus souvent quelque chose à payer en sus de la somme portée au titre. Ainsi, pour se faire remettre une lettre de change de mille francs, il faudra, selon les circonstances, payer au banquier mille cinq francs, mille dix francs; cette somme qui est ajoutée au capital de la lettre de change s'appelle le prix du change, ou plus simplement le change. On dit que le change est haut, lorsqu'il faut donner pour la lettre de change une somme supérieure à celle qui sera touchée; il est au pair, lorsque la somme versée est égale à celle qui sera payée, ainsi lorsqu'on remet mille francs pour avoir une lettre de change de mille francs; quelquefois enfin, on obtient la lettre de change pour une somme moindre, ainsi on a pour 995 francs une lettre de change de mille francs : en pareil cas, on dit que le change est bas. Le taux auquel se règle le change ou cours du change est très variable : il dépend de la situation respective des places de commerce entre lesquelles se fait la négociation. Prenons pour exemple Paris et Marseille : si, à un moment donné, beaucoup de négociants de Paris ont de l'argent à toucher à Marseille, tandis que les négociants de Marseille ont peu d'argent à toucher à Paris, il en résultera que les lettres de change de Paris sur Marseille seront nombreuses, et que le change de Paris sur Marseille sera bas; les lettres de change de Marseille sur Paris seront rares au contraire, et le change de Marseille sur Paris sera haut. Le cours du change, sans être obligatoire, se règle naturellement à un taux uniforme pour les opérations se faisant en même temps et dans les mêmes conditions; nous avons vu qu'il était constaté officiellement par les agents de change.

Définition de la lettre de change. — La lettre de change est définie : un acte, revêtu de certaines formes, par lequel le souscripteur mande à une personne, demeurant dans un autre lieu, d'y payer une certaine somme à une troisième personne, désignée dans l'acte, ou à celui à qui elle aura transmis ses droits. Un exemple et une formule feront bien comprendre cette définition. Pierre, négociant à Paris, est créancier de Paul, négociant à Marseille, d'une somme de dix mille francs payable dans trois mois; il a un moyen bien simple, pourvu qu'il soit autorisé à en user par son débiteur, de se rembourser immédiatement. Il s'adresse à une personne qui veut à la même époque toucher dix mille francs à Marseille, et que nous nommerons Jacques; il intervient alors l'opération suivante : Pierre charge Paul de payer à Jacques à Marseille les dix mille francs; il reçoit immédiatement de Jacques une somme équivalente, et peut même, si le change est haut, faire un certain bénéfice. Voici la lettre de change qui sera remise par Pierre à Jacques :

Paris, le 6 mars 1882.

Au 6 juin prochain, il vous plaira payer à Jacques, ou à son ordre, la somme de dix mille francs, valeur reçue en espèces.

Signé : PIERRE.

A Paul, négociant à Marseille.

On voit figurer dans ce titre trois personnes dont le concours est absolument indispensable pour constituer la lettre de change. Pierre, le souscripteur, celui qui signe la lettre de change, est le *tireur*; l'opération qu'il fait s'appelle : *tirer une lettre de change*. Paul, à qui la lettre est adressée et qui est chargé de la payer, est le *tiré*; enfin Jacques, au profit duquel la lettre est souscrite, s'appelle *preneur* ou *porteur*; il prendra le nom d'endosseur, si, au lieu de conserver ce titre dans son portefeuille, il le négocie avant l'échéance, soit à un banquier qui l'escomptera, soit à toute autre personne, qui lui en avancera le montant; celui à qui la lettre est ainsi transmise devient le *porteur*. La lettre de change elle-même est souvent dans la pratique des affaires appelée *traite*.

Double utilité de la lettre de change. — La lettre de change a pour le commerce une double utilité : 1° en permettant de faire toucher à une personne dans un lieu quelconque une somme d'argent, elle rend inutile le transport effectif du numéraire, transport coûteux, embarrassant et qui entraîne avec lui le danger de la perte ou du vol ; 2° à raison de la facilité avec laquelle elle se transmet et des garanties qui y sont attachées, la lettre de change circule et remplit en quelque sorte l'office de monnaie, elle sert aux paiements et à la liquidation des opérations qui se font entre commerçants. Ainsi, un négociant de Paris a vendu des marchandises à un négociant de Rouen ; ces marchandises sont payables dans un certain délai, à quatre-vingt-dix jours par exemple. Avant l'expiration de ce délai, le vendeur peut tirer sur son acheteur une lettre de change payable à cette échéance. Cette lettre de change créée, et acceptée par l'acheteur, le tireur pourra la négocier, la passer à un banquier qui l'escomptera et lui en remettra les fonds avant l'échéance ; il pourra également la donner en paiement de marchandises qu'il aura achetées. Ce titre, se transmettant ainsi de main en main, pourra servir à un nombre illimité de négociations qui seront réglées par ce moyen sans qu'on ait eu à recourir au numéraire. La lettre de change, lorsque ceux dont la signature y figure sont notoirement solvables, circule comme un billet de banque, et on a pu à bon droit lui donner le nom de monnaie commerciale.

Formes de la lettre de change. — Pour que la lettre de change eût ce caractère, il fallait que son paiement fût rigoureusement assuré, nous verrons bientôt ce que la loi a fait à cet égard ; il fallait en outre qu'à première vue, à la simple inspection du titre, on pût reconnaître si c'était ou non une lettre de change. De là la nécessité de formes particulières auxquelles est subordonnée l'existence de la lettre de change.

Enonciations qu'elle doit contenir. — Certaines énonciations doivent nécessairement se rencontrer dans une lettre de change : si l'une d'elles vient à manquer, le titre n'est plus une lettre de change. Voici quelles sont les énonciations essentielles à l'existence de la lettre de change. — Elle doit énoncer : 1° le lieu d'où elle a été tirée et celui où elle doit être payée. Nous avons vu que la lettre de change supposait l'existence du contrat de change, elle doit être tirée dans un lieu et payable dans un autre; il faut que ce caractère résulte des énonciations mêmes du titre; 2° le nom et la signature de celui qui la souscrit, ou tireur, le nom de celui qui doit payer, ou tiré, enfin le nom de celui au profit duquel la lettre est souscrite, ou preneur; 3° la date, c'est-à-dire l'indication de l'année, du mois et du jour où la lettre de change a été créée; 4° l'époque où le paiement doit s'effectuer, ou échéance. L'échéance peut être fixée de plusieurs manières; la lettre de change peut être payable à jour fixe, à un certain délai à compter de sa date, à un certain délai de vue, c'est-à-dire à compter du jour où elle aura été présentée au tiré. En tout cas, il faut que l'échéance soit indiquée d'une manière précise, et de telle sorte que le porteur n'ait aucune incertitude sur le jour du paiement; 5° la somme à payer. La lettre de change ne peut contenir que l'engagement de payer une somme d'argent, et non une autre valeur; 6° la valeur fournie. Celui à qui la lettre de change est remise par le tireur doit avoir fourni une valeur quelconque qui en est la représentation : cette valeur est exprimée dans le titre. La lettre de change contiendra ces expressions : *valeur en espèces*, si le preneur a versé au tireur une somme d'argent pour prix de la lettre de change; *valeur en marchandises*, si la lettre de change a été souscrite en paiement de marchandises que le preneur a fournies au tireur; *valeur en compte*, si le tireur est débiteur du preneur, et fait entrer dans son compte à sa décharge la lettre de change qu'il remet à son créancier. On trouve également quelquefois ces expressions : *valeur reçue comptant;* elles sont considérées comme équivalentes à celles de : *valeur en espèces.* On considère comme insuffisantes, parce qu'elles ne précisent pas la valeur fournie, les expressions : *valeur reçue, valeur entre nous.* Les expressions : *valeur entendue, valeur en nous-même,* ne sont admises que dans un cas particulier, celui où la lettre de change est à l'ordre du tireur lui-même; 7° la clause à ordre. En même temps qu'elle énonce le nom du preneur, la lettre de change indique la faculté qu'il a de transmettre le titre par le mode spécial qu'on appelle endossement. Cette faculté résulte de ces expressions que doit contenir la lettre de change : *Payez à Pierre ou à son ordre*, ou bien : *Payez à l'ordre de Pierre*. C'est la clause à ordre, qui est essentielle à la lettre de change, car sans la transmission par endossement qui est la conséquence de la clause à ordre, il n'y a pas de lettre de change. Quelquefois au moment où il est créé, le titre n'indique pas le nom du preneur, parce que le tireur n'a pas encore trouvé une personne qui veuille prendre la lettre de change. On dit alors qu'elle est *à l'ordre du tireur lui-même;* elle contient seulement ces expressions : *Payez à mon ordre.....* Il faut reconnaître du reste que ce titre ne devient une lettre de change complète que lorsqu'il a été endossé par le tireur au profit d'un tiers qui en fournit la valeur; ce tiers est le preneur de la lettre de change, et forme la troisième personne nécessaire à son existence.

Enonciations facultatives. — Nous avons parcouru les énonciations substantielles; les énonciations facultatives, qui peuvent se rencontrer ou ne pas se rencontrer, sont fort nombreuses, et nous ne pouvons qu'indiquer les principales. Il arrive souvent que, pour éviter les chances de perte ou pour faciliter la négociation, on crée plusieurs exemplaires d'une même lettre de change. On doit alors indiquer sur chacun des exemplaires s'il est premier, deuxième, troisième, afin de montrer qu'il ne s'agit pas de lettres de change distinctes, mais d'un titre unique tiré à plusieurs exemplaires. Si la lettre est tirée à un seul exemplaire, on dit : *Payez par cette seule de change;* s'il y a plusieurs exemplaires, on dira : *Payez par cette première de change, par cette seconde de change*. La lettre de change contient ordinairement ces expressions : *suivant avis* ou *sans autre avis*. La clause *suivant avis* indique que le tireur doit donner avis séparément au tiré, dans une lettre missive par exemple, de l'émission de la lettre de change; le tiré ne doit, en pareil cas, accepter la lettre de change ou la payer qu'après avoir reçu cet avis. Lorsque la lettre porte : *sans autre avis*, le tiré peut accepter ou payer sur le vu de la lettre de change, bien que le tireur ne l'ait pas averti autrement de son émission.

Clause : retour sans frais — On rencontre aussi la clause : *retour sans frais*. Voici quelle en est l'utilité. En général, lorsque la lettre de change n'est pas payée à l'échéance, le porteur doit faire constater le refus de paiement par un acte appelé protêt faute de paiement et exercer dans un bref délai des poursuites judiciaires. Si le porteur manque à ces obligations, il s'expose à une déchéance, il perd une partie des droits que lui assurait la lettre de change. La clause : *retour sans frais* permet au porteur, sans encourir la déchéance, de ne faire ni protêt, ni poursuites, et d'éviter ainsi les frais assez considérables qui en résulteraient.

Domiciliataire. — La lettre de change est de droit payable au domicile du tiré; elle peut cependant être tirée sur un individu, et payable au domicile d'un tiers. La lettre de change doit alors indiquer le nom et le domicile de ce tiers qui s'appelle domiciliataire. La lettre de change contiendra dans ce cas ces expressions : *Payable au domicile de... à...*

Recommandataire ou besoin. — Lorsque le tireur de la lettre de change craint que le tiré ne l'accepte ou ne la paie pas, il peut indiquer dans la ville où la lettre est payable un banquier ou un négociant, avec lequel il est en relations d'affaires, et à qui le porteur s'adressera, à défaut par le tiré d'accepter ou de payer. Cette personne, qui doit ainsi suppléer au tiré, s'appelle recommandataire ou besoin, parce qu'elle est désignée dans la lettre de change en ces termes : *au besoin chez M. X., à...*, avec l'indication de la demeure du recommandataire.

Tireur pour compte. — Enfin la lettre de change peut être tirée, non dans l'intérêt du tireur lui-même, mais pour le compte d'un tiers. Dans ce cas le tireur s'appelle tireur pour compte : il agit comme mandataire ou commissionnaire de celui pour le compte duquel il a tiré la lettre de change. Ce dernier s'appelle *donneur d'ordre*.

Conditions fiscales; timbre. — La lettre de change doit être sur papier timbré; le prix du timbre est proportionnel à la somme portée au titre. Le droit de timbre est de cinq centimes par cent francs ou fraction de cent francs. Ce droit peut être acquitté au moyen de l'apposition de timbres mobiles. Le timbre mobile est apposé sur le titre, et doit être oblitéré, au moment même de son apposition, par l'inscription sur le timbre même de l'énonciation du lieu où l'oblitération est effectuée, de la date, et par la signature du souscripteur. Les effets de commerce, venant de l'étranger et payables en France, doivent, avant d'être négociés, acquitter le même droit que s'ils avaient été créés en France.

Sanction; amende; déchéance. — Lorsque l'effet n'est pas timbré, une amende de 6 0/0 du montant du titre frappe le tireur, le preneur, le tiré, s'il a accepté, et même le banquier ou toute autre personne qui se chargerait de toucher ou de faire toucher la lettre de change pour le compte du porteur. S'il y a eu seulement emploi d'un timbre insuffisant, l'amende ne porte que sur la somme pour laquelle le droit de timbre n'a pas été payé. En outre le porteur de la lettre de change non timbrée est déchu de son recours contre les endosseurs qui l'ont successivement transmise.

Enregistrement. — La lettre de change est soumise à un droit d'enregistrement de 50 centimes par 100 francs; mais l'enregistrement n'est nécessaire qu'autant que des poursuites sont exercées pour arriver au paiement; la lettre de change doit être enregistrée lors du protêt.

Conséquences générales de la lettre de change. — La lettre de change constitue, à l'égard de toute personne, et pour quelque cause qu'elle ait été souscrite, un acte de commerce : celui qui appose sa signature sur une lettre de change, même lorsqu'il n'est pas commerçant, et lorsque son obligation n'est pas contractée pour une opération de commerce, devient, pour cet engagement, justiciable du tribunal de commerce. Toutes les personnes tenues en vertu de la lettre de change sont obligées solidairement au paiement; l'effet de la solidarité est que chacun des débiteurs peut être poursuivi pour le tout, et tenu de payer le tout; au regard du créancier, la dette ne se divise pas entre les débiteurs. Il en résulte que la solvabilité d'un seul des signataires de la lettre de change assure au porteur son paiement intégral.

Suppositions; applications diverses. — Il peut arriver que la lettre de change, régulière en apparence, se trouve viciée par la fausseté d'une de ses énonciations substantielles. Ce vice s'appelle supposition. Le cas qui se présente le plus fréquemment est la supposition de lieu. Nous avons vu que la lettre de change devait être tirée dans un lieu et payable dans un autre, qu'elle ne pouvait exister sans cette condition. Pour donner à un titre créé et payable dans le même lieu l'apparence d'une lettre de change, on le date d'un lieu autre que celui où il a été réellement souscrit. Ainsi un billet est souscrit à Paris et payable à Paris : on le date de Versailles, pour simuler la remise d'un lieu sur un autre. Cette fraude, condamnable comme toutes les fraudes, est employée par le créancier pour donner au titre les effets particuliers de la lettre de change, notamment lui faire entraîner la compétence du tribunal de commerce, la solidarité. Mais ce moyen ne réussit pas, si l'on parvient à établir la supposition.

Conséquences de la supposition. — En effet la supposition a pour conséquence de faire disparaître le caractère de lettre de change. Le titre qui contient une supposition pourra valoir comme engagement ordinaire; mais il manque d'une condition essentielle à la lettre de change, et il ne peut produire ses effets particuliers, la compétence exclusive du tribunal de commerce, la solidarité entre les divers obligés. Il peut y avoir aussi supposition de valeur : la lettre de change est nulle, si aucune valeur n'a été fournie au tireur lorsqu'il a tiré la lettre de change. Son engagement, dans ce cas, n'a pas de cause légale, car cet engagement doit trouver son équivalent dans la valeur fournie par le preneur.

Incapacités ; femmes; mineurs. — Deux classes de personnes sont spécialement incapables de s'obliger par lettre de change : les mineurs et les femmes. L'engagement pris par le mineur non commerçant, sous forme de lettre de change, est nul à son égard, car le mineur est, d'après le droit commun, incapable de s'obliger. Les femmes, mariées ou non, lorsqu'elles ne sont pas commerçantes, ne peuvent non plus souscrire valablement une lettre de change; mais l'engagement, s'il a été pris par une femme non mariée ou par une femme mariée régulièrement autorisée, n'est pas nul comme celui du mineur; il produira les effets d'une simple promesse, d'une obligation ordinaire, mais non les effets particuliers de la lettre de change. Il est bien entendu que le mineur et la femme, lorsqu'ils font le commerce, peuvent souscrire des lettres de change qui produisent en pareil cas tout leur effet.

Endossement. — Les créances ordinaires sont susceptibles de cession, mais cette cession doit être accompagnée de certaines formes qui sont : la signification de l'acte contenant la cession ou transport au débiteur ou l'acceptation du débiteur par un acte notarié. La transmission de la lettre de change s'opère d'une manière bien plus simple et plus rapide : elle résulte d'une simple mention mise au dos du titre ; ce mode de transmission s'appelle endossement. L'endossement est la conséquence de la clause à ordre, et est applicable, non seulement à la lettre de change, mais aussi à tous les titres dans lesquels se rencontre la clause à ordre. On appelle endosseur celui qui transmet la lettre de change par endossement, porteur, celui qui en devient cessionnaire.

Formes de l'endossement. — L'endossement de la lettre de change est soumis à certaines conditions de forme. Il doit être daté, et la loi punit des peines du faux le fait de donner à l'endossement une date autre que sa date véritable ; l'endossement doit énoncer le nom de celui à l'ordre de qui la lettre de change est passée, et exprimer la valeur fournie par lui. Ainsi Durand, porteur d'une lettre de change, est débiteur envers Bernard de marchandises qu'il a achetées ; Bernard consent à recevoir en paiement la lettre de change : Durand la lui cèdera en inscrivant la mention suivante :

Payez à l'ordre de M. Bernard, valeur en marchandises.

Paris, le dix mai 1882.

DURAND.

L'endossement doit être porté sur la lettre de change ; il est ordinairement écrit au dos du titre, d'où son nom d'endossement. Il peut arriver que la lettre de change ayant passé dans un grand nombre de mains, il soit impossible matériellement de placer l'endossement sur le titre même ; on ajoute alors une feuille, appelée *allonge*, sur laquelle sont portés les endossements qui ne peuvent trouver place au titre primitif.

Endossement après l'échéance. — La lettre de change peut être transmise par endossement tant que le titre existe : cette faculté ne cesse pas à l'échéance ; la lettre de change échue et non payée peut encore valablement être cédée par endossement.

Effets de l'endossement. — L'endossement produit trois effets principaux : 1° il transporte la propriété de la lettre de change, et le porteur, saisi par l'endossement, devient créancier direct de tous ceux dont la signature figure au titre ; 2° le porteur peut à son tour céder la lettre de change à un tiers en l'endossant à son profit ; 3° l'endosseur est garant envers les porteurs successifs du paiement à l'échéance. Celui à qui une lettre de change est transmise par endossement a pour obligés non seulement le tireur et le tiré, s'il a accepté, mais encore son endosseur immédiat, celui dont il tient la lettre de change et tous les endosseurs antérieurs. S'il cède à son tour la lettre de change, il devient garant envers le nouveau porteur. Il résulte de là que le dernier porteur, celui qui a la lettre de change entre les mains lors de l'échéance, a pour obligés tous les endosseurs auxquels la lettre de change a appartenu successivement. Les endosseurs sont obligés solidairement entre eux et avec les autres signataires de la lettre de change, conformément au principe général que nous avons déjà signalé. Cette garantie des endosseurs donne, on le conçoit, une grande sécurité à la transmission de la lettre de change. Il suffit en effet que celui à qui une lettre de change est cédée ait confiance dans la solvabilité soit de son cédant immédiat, soit d'un endosseur antérieur, pour qu'il la reçoive sans crainte.

Endossement irrégulier. — L'endossement qui réunit

toutes les conditions de forme exigées par la loi produit seul les effets que nous venons d'indiquer ; il s'appelle endossement régulier. L'endossement auquel manque une de ces conditions, qui n'énonce pas, par exemple, la valeur fournie, ou qui n'est pas daté, s'appelle endossement irrégulier. L'endossement irrégulier n'est pas nul, mais il n'a pas des effets aussi étendus que l'endossement régulier. Il ne transporte pas la propriété de la lettre de change et vaut seulement comme procuration. Par l'endossement irrégulier, l'endosseur donne mandat au porteur de demander et de recevoir le paiement, d'exercer des poursuites, s'il est nécessaire, et même de négocier la lettre de change. Mais le porteur qui tient la lettre de change par endossement irrégulier doit, en sa qualité de mandataire, rendre compte à l'endosseur, son mandant, des sommes qu'il a touchées ; en outre, comme le mandat est toujours révocable, l'endosseur peut, en retirant sa procuration, se faire restituer le titre.

Endossement en blanc. — Il est une sorte d'endossement irrégulier qui est dans la pratique d'un usage fréquent, c'est l'endossement en blanc. L'endossement en blanc consiste dans la simple signature de l'endosseur, au-dessus de laquelle se trouve un blanc. C'est le plus irrégulier des endossements, puisqu'il ne contient aucune des mentions exigées pour l'endossement régulier. L'endossement en blanc produit cependant un effet plus étendu que l'endossement irrégulier proprement dit : il confère au porteur, pourvu que celui-ci agisse de bonne foi et qu'il ait fourni la valeur représentative du titre, la faculté de remplir le blanc et d'y inscrire à son profit un endossement régulier, réunissant toutes les conditions prescrites par la loi, et qui aura pour effet de le saisir de la propriété du titre.

Provision ; en quoi elle consiste et par qui elle doit être fournie. — La provision est la valeur destinée au paiement de la lettre de change. Le tireur s'oblige envers le porteur à faire payer la lettre de change par le tiré : c'est le tireur qui doit fournir au tiré une provision suffisante pour que le tiré puisse acquitter la lettre de change. Lorsque la lettre de change a été tirée pour le compte d'un tiers, la provision doit être fournie, non par le tireur pour compte qui n'agit que comme intermédiaire, mais par celui pour le compte duquel la lettre de change a été tirée, ou donneur d'ordre. La provision consiste, soit dans une somme d'argent remise par le tireur au tiré, soit dans une créance du tireur contre le tiré dont le tireur se rembourse au moyen de la lettre de change, soit enfin dans une valeur en marchandises ou effets de commerce, équivalente au montant de la lettre de change.

Droits du porteur sur la provision. — Lorsque la provision fournie par le tireur consiste en valeurs déterminées, spécialement affectées au paiement de la lettre de change, le porteur a droit de se faire payer sur ce qui la constitue, en cas de faillite du tireur ou du tiré, à l'exclusion des autres créanciers.

Acceptation; cas dans lesquels le porteur doit demander l'acceptation. — L'acceptation est l'engagement que prend le tiré d'acquitter la lettre de change. Jusqu'à l'acceptation, le tiré n'est pas obligé; étranger à la création du titre, il n'y devient partie que par son acceptation. En acceptant, il s'engage à exécuter le mandat que lui donne le tireur de payer la lettre de change. L'acceptation est avantageuse au porteur, puisqu'elle lui procure un obligé de plus, mais en général il est libre de s'assurer ou de ne pas s'assurer cette garantie; il peut, s'il le juge convenable, ne pas faire accepter la lettre de change. Le porteur n'est tenu de demander l'acceptation que dans un cas, lorsque la lettre de change est payable à un certain délai de vue, c'est-à-dire un certain temps après qu'elle a été présentée. Le porteur doit alors, pour faire courir le délai, faire accepter la lettre de change, et cela dans un délai déterminé qui est de trois mois à compter de la date du titre.

Délai accordé pour accepter. — Pour obtenir l'acceptation, le porteur doit présenter la lettre de change au tiré qui peut exiger qu'elle lui soit remise; il peut la conserver pendant vingt-quatre heures, afin de l'examiner et de se rendre compte de sa situation envers le tireur. Ce délai expiré, le tiré doit rendre la lettre de change, acceptée ou non, à peine de dommages-intérêts en cas de non restitution.

Formes de l'acceptation. — L'acceptation est exprimée par le mot : *accepté*, ou tout autre impliquant de la part du tiré l'engagement de payer. L'acceptation est signée ; la date est nécessaire seulement lorsque la lettre est payable à un certain délai de vue. Ainsi le tiré accepte en inscrivant sur la lettre de change ce seul mot : *accepté*, au-dessous duquel se trouvera sa signature, et la date, dans le cas où l'acceptation doit être datée. Si la lettre de change est payable à un domicile autre que celui du tiré, on l'indique dans l'acceptation ; on dit alors : *Accepté payable au domicile de M. X...,* à....

Acceptation restreinte. — L'acceptation ne peut être conditionnelle, autrement dit, le tiré ne peut faire dépendre son engagement de conditions qui ne se trouvent pas contenues dans la lettre de change : ainsi il ne pourrait offrir d'accepter pour payer à une échéance autre que celle indiquée ; cette offre d'acceptation conditionnelle serait considérée comme un refus d'acceptation. Au contraire, l'acceptation peut être restreinte quant à la somme, le tiré peut n'accepter que jusqu'à concurrence d'une certaine somme, inférieure au montant total de la lettre de change. C'est ce que fera le tiré, s'il n'a entre les mains qu'une provision insuffisante. L'acceptation partielle s'exprime ainsi : *Accepté pour la somme de...* En cas d'acceptation partielle, le porteur doit pour le surplus faire faire un protêt faute d'acceptation.

Effets de l'acceptation ; présomption qui s'y rattache. — L'acceptation a pour effet principal d'obliger le tiré au paiement de la lettre de change ; le tiré devient même le principal débiteur : c'est à lui que le porteur, lors de l'échéance, doit demander le paiement, et ce n'est qu'à défaut de paiement par le tiré que le porteur exerce son recours contre ceux qui sont obligés avec le tiré, le tireur et les endosseurs. Le tiré est tenu solidairement, et le porteur peut lui demander le paiement du montant total de la lettre de change ; cependant, s'il n'a accepté que pour partie, le tiré n'est obligé que jusqu'à concurrence de la somme pour laquelle il a accepté. Le tiré, comme les autres signataires de la lettre de change, peut être assigné devant le tribunal de commerce. L'engagement pris par le tiré, en acceptant la lettre de change, est irrévocable ; il ne peut s'en faire décharger, même en établissant qu'au moment où il acceptait le tireur était tombé en faillite, ou bien qu'il croyait avoir une provision qui en réalité ne lui avait pas été fournie. L'acceptation, dans les rapports entre le tiré et le tireur, fait supposer qu'il y a eu provision. Si le tiré paye la lettre de change sans provision, il a droit de se faire rembourser ce qu'il a payé par le tireur ; mais s'il a accepté, c'est à lui à établir, pour agir contre le tireur, qu'il a accepté et payé à découvert, car l'acceptation fait supposer que la provision a été fournie.

Refus d'acceptation ; ses conséquences. — Lorsque le tiré refuse d'accepter, le porteur est privé de l'une des garanties qui résultaient pour lui de la lettre de change et qui lui étaient promises : le tireur et les endosseurs sont tenus en effet de procurer au porteur non seulement le paiement, mais encore l'acceptation du tiré ; le refus d'acceptation permet au porteur d'exercer contre eux un recours. Le porteur fait constater le refus d'acceptation par un acte, appelé protêt faute d'acceptation, dont les formes sont semblables à celles du protêt faute de paiement, sur lequel nous aurons à nous expliquer plus loin. Le tireur et les endosseurs, auxquels le protêt est dénoncé, sont tenus de fournir, au lieu et place de l'obligation du tiré, une caution, c'est-à-dire l'engagement d'une personne solvable qui s'oblige au paiement de la lettre de change, et qui est solidairement tenue avec celui qu'elle a cautionné. Ils peuvent, s'ils le préfèrent, au lieu de fournir caution, rembourser immédiatement la lettre de change. Lorsque le tiré, après avoir accepté, tombe en faillite, le porteur a le même droit qu'en cas de refus d'acceptation : il peut demander qu'une caution lui soit fournie, si le tireur et les endosseurs ne préfèrent payer immédiatement.

Acceptation par intervention. — Le tiré n'ayant pas voulu accepter la lettre de change, un tiers peut se présenter pour l'accepter en son lieu et place. L'acceptation ainsi faite par une personne autre que le tiré s'appelle : acceptation par intervention. Toute personne peut accepter par intervention ; tantôt ce sera une personne indiquée dans la lettre de change pour la payer à défaut du tiré, un recommandataire ou besoin, tantôt même une personne non désignée au titre, mais qui, à raison de ses relations avec le tireur ou l'un des endosseurs, voudra faire honneur à la signature du tireur ou de cet endosseur et lui éviter le désagrément d'un protêt. L'acceptation par intervention peut être donnée pour tous ceux qui sont tenus en vertu de la lettre de change, ou pour l'un deux seulement, par exemple, pour le tireur ou pour l'un des endosseurs; elle a lieu au moment du protêt faute d'acceptation ; l'intervenant signe son acceptation; elle est mentionnée dans l'acte de protêt, enfin elle doit être notifiée sans délai à celui pour lequel elle a été donnée.

Effets de l'intervention. — L'accepteur par intervention s'oblige au paiement de la lettre de change, et en est tenu comme l'aurait été le tiré lui-même, s'il eût accepté : mais s'il paye, il a droit de se faire rembourser par celui ou ceux pour qui il est intervenu. Le porteur peut ne pas se contenter de l'engagement de l'accepteur par intervention, engagement autre que celui du tiré qui avait été promis par le tireur; le porteur a le droit, malgré l'acceptation par intervention, d'exercer son recours, comme s'il y avait eu refus d'acceptation. Mais si l'intervenant est solvable, il est évident que le porteur n'a pas d'intérêt à refuser son engagement, car l'intervention lui donne satisfaction.

Aval; sa forme; ses effets. — L'aval est l'engagement d'une personne qui se porte caution de l'un de ceux qui sont tenus en vertu de la lettre de change : le tireur, les endosseurs, le tiré qui a accepté. Celui qui s'oblige ainsi s'appelle : *donneur d'aval*. L'aval peut être donné sur la lettre de change; il est exprimé alors par les mots : *Bon pour aval*, avec la signature. Il peut également être donné en dehors de la lettre de change, et par un acte séparé, soit notarié, soit sous seing privé. Le donneur d'aval, quelle que soit la forme de son engagement, est soumis aux conséquences ordinaires de la lettre de change : la solidarité, la compétence des tribunaux de commerce. Toutefois des conventions particulières peuvent modifier les effets de l'aval; ainsi le donneur d'aval, en le stipulant expressément, pourrait s'affranchir de la solidarité.

Échéance; différents modes. — L'échéance est l'époque indiquée pour le paiement de la lettre de change. L'échéance peut être fixée de différentes manières. La lettre de change peut être payable à jour fixe : *Payez le 15 avril prochain, le 1ᵉʳ juillet prochain;* ou bien, à un certain délai de date, c'est-à-dire un certain temps à compter de la création du titre : *Payez à quinze jours de date, à trois mois de date, à deux usances de date.* L'*usance* est un délai fixe de trente jours; ce délai est employé pour éviter l'inconvénient résultant de la durée irrégulière des mois. Dans d'autres cas, la lettre de change sera payable à vue, c'est-à-dire à présentation. La lettre de change payable à vue n'est pas susceptible d'acceptation, puisqu'elle doit être payée aussitôt qu'elle est présentée au tiré. La lettre de change peut être payable à un ou plusieurs jours, à un ou plusieurs mois, à une ou plusieurs usances de vue. Dans ce cas, le délai court du jour de l'acceptation ou du jour du protêt faute d'acceptation. Nous avons vu que, quand la lettre de change est payable à un certain délai de vue, l'acceptation doit être datée; à défaut de date de l'acceptation, la lettre de change doit être payée dans le délai indiqué qui courra, non du jour de la présentation, mais du jour de la date du titre. La lettre de change payable à vue ou à un certain délai de vue doit être présentée au tiré dans les trois mois de sa date, si elle est tirée du continent et des îles de l'Europe ou d'Algérie et payable en France ou en Algérie. Les lettres de change tirées des pays étrangers hors d'Europe, ou des colonies françaises autres que l'Algérie, et payables en France, ou tirées d'Europe sur les colonies françaises, doivent être présentées dans des délais qui varient de quatre mois à un an, et sont doublés en cas de guerre maritime. A défaut de présentation dans les délais, le porteur est déchu de ses droits contre les endosseurs, et même contre le tireur, si ce dernier avait fourni la provision.

L'échéance peut être fixée d'une dernière manière : la lettre de change peut être stipulée payable en foire. En pareil cas, si la foire dure un seul jour, la lettre est payable ce jour-là ; si la foire dure plusieurs jours, l'échéance a lieu la veille du jour fixé pour la clôture de la foire.

Échéance tombant un jour férié. — Notons en terminant que, de quelque manière que l'échéance soit fixée, lorsqu'elle tombe un jour férié, la lettre de change est payable la veille ; mais, s'il y a refus de paiement, le protêt qui le constate ne peut être fait que le lendemain du jour férié.

Paiement ; ses conditions. — C'est le tiré qui doit payer la lettre de change ; il est tenu de payer exactement au jour de l'échéance, et aucun délai ne peut lui être accordé. De son côté, le porteur est obligé, sous peine de certaines déchéances, de présenter ce jour-là la lettre de change, et, s'il n'est pas payé, de faire constater le lendemain le refus de paiement par un protêt. Pour payer avec sécurité, le tiré doit se faire représenter le titre, afin de vérifier la sincérité des signatures et de s'assurer que le porteur est saisi par une suite d'endossements réguliers. En payant, il se fait remettre le titre, sur lequel le porteur inscrit ces mots : *Pour acquit*, avec sa signature. Lorsque la lettre de change est tirée à plusieurs exemplaires, et qu'aucun ne porte l'acceptation, le tiré peut payer la lettre de change sur la présentation de la seconde, troisième, quatrième, lorsque l'exemplaire qui lui est remis porte que le paiement ainsi fait annule l'effet des autres exemplaires. Dans le cas contraire, le tiré ne devrait payer que sur la représentation du premier exemplaire, de la première, pour employer l'expression habituelle. Si l'un des exemplaires porte l'acceptation, le tiré doit retirer l'exemplaire accepté ; s'il le laissait en circulation, et payait sur un autre exemplaire, il pourrait être obligé de payer une seconde fois à celui qui se présenterait ayant reçu de bonne foi l'exemplaire accepté.

Mode de paiement ; monnaie étrangère. — Lorsque la lettre de change indique en quelle monnaie elle doit être payée, par exemple, en monnaie d'or ou en monnaie d'argent, le paiement ne peut être fait qu'avec la monnaie convenue ; il en serait de même si la lettre de change stipulait expressément le paiement en monnaie étrangère, si l'on avait dit par exemple : *Payez cent piastres et non en autre monnaie* ;

mais si la lettre de change ne contenait pas de convention expresse sur ce point, bien que la somme portée au titre fût énoncée en monnaie étrangère, en piastres ou en livres sterling, nous pensons que le paiement pourrait être fait en monnaie française ; seulement le tiré devrait tenir compte du change, c'est-à-dire de la somme qu'aura à débourser celui qui reçoit le paiement pour se procurer de la monnaie étrangère en échange de la monnaie française. Le paiement, à défaut de disposition particulière, peut être fait par le débiteur avec la monnaie qui lui convient, en or ou en argent ; il ne peut forcer le porteur à recevoir en monnaie de billon plus que l'appoint de la pièce de cinq francs, soit 4 fr. 95 cent.

Cas où le porteur ne se présente pas. — Lorsque le porteur ne se présente pas pour recevoir le paiement, voici le moyen que doit employer le tiré pour se libérer : si le paiement n'a pas été demandé dans les trois jours de l'échéance, le tiré dépose la somme dont il est débiteur à la caisse des consignations à Paris, et, dans les départements, à la caisse des trésoriers payeurs généraux ou des receveurs particuliers des finances ; il lui est délivré un récépissé du dépôt, et il se libèrera en remettant au porteur, s'il se présente plus tard, ce récépissé en échange de la lettre.

Danger du paiement fait avant l'échéauce. — Le porteur ne peut être tenu de recevoir le paiement avant l'échéance ; le tiré qui, d'accord avec le porteur, fait un paiement anticipé commet une imprudence ; il devient en effet responsable de la validité du paiement. Si, après ce paiement, une opposition survenait, le tiré pourrait être obligé de payer une seconde fois ; de même, si le porteur tombait en faillite, le syndic de la faillite pourrait critiquer le paiement qui aurait été fait avant l'échéance et forcer le débiteur à payer de nouveau. Au contraire, le paiement fait à l'échéance est présumé valable, et libère le tiré, à moins qu'il n'ait payé au mépris d'une opposition formée entre ses mains.

Opposition au paiement de la lettre de change. — L'opposition au paiement de la lettre de change ne peut avoir lieu que dans le cas de faillite du porteur et dans le cas de perte. Dans le cas de faillite du porteur, le syndic formera opposition pour empêcher que le tiré, ignorant la faillite, ne paie au porteur lui-même qui est dessaisi par l'effet de la faillite de l'administration de ses biens. Lorsque la lettre de change est perdue, le porteur, par son opposition, avertira le tiré de la perte, et l'empêchera de payer à celui qui se présenterait avec la lettre de change. Il ne peut être mis obstacle au paiement de la lettre de change que pour ces deux causes.

Paiement partiel. — Nous avons vu qu'il pouvait y avoir acceptation de la lettre de change pour une partie seulement de la somme, il peut aussi y avoir paiement partiel ou par a-compte. Le paiement partiel libère d'autant le tireur et les endosseurs : le porteur doit faire protester la lettre de change pour le surplus.

Perte de la lettre de change; formalités à remplir. — Lorsque la lettre de change est égarée ou perdue, comment peut-on y suppléer? Trois situations différentes doivent être prévues : 1° La lettre de change a été tirée à plusieurs exemplaires et aucun de ces exemplaires ne porte l'acceptation du tiré. Le porteur qui a perdu le premier exemplaire peut poursuivre le paiement sur le second, troisième, quatrième, sans avoir à faire aucune justification, et sans obtenir l'autorisation de la justice. 2° La lettre de change a été tirée à plusieurs exemplaires, elle a été acceptée, et l'exemplaire qui porte l'acceptation est perdu. Le propriétaire ne peut, dans ce cas, exiger le paiement sur un second, troisième, quatrième exemplaire, qu'en vertu d'une ordonnance du président du tribunal de commerce, et en fournissant caution. Ces conditions sont exigées pour garantir le tiré dans le cas où un tiers, se présentant porteur de l'exemplaire accepté, le contraindrait à payer une seconde fois. 3° La lettre de change n'a été tirée qu'à un seul exemplaire et cet exemplaire unique est perdu, ou bien à plusieurs exemplaires dont aucun n'est représenté. Le propriétaire de la lettre de change égarée peut procéder de deux manières : il peut d'abord se procurer un nouveau titre; pour cela, il s'adresse à son cédant immédiat, et, en remontant ainsi d'endosseur eu endosseur jusqu'au tireur, il obtient, soit à l'amiable, soit judiciairement, un nouvel exemplaire de la lettre de change qu'il pourra négocier avant l'échéance et sur lequel il poursuivra le paiement. Le propriétaire du titre égaré doit supporter tous les frais. Ce moyen ne peut être employé lorsque la perte de la lettre de change survient ou est connue à une époque voisine de l'échéance, de telle sorte que le propriétaire n'aurait pas le temps de se procurer avant l'échéance un exemplaire nouveau. Dans cette situation le porteur peut demander le paiement et suppléer au titre, en obtenant une ordonnance du président du tribunal de commerce ; il doit justifier par ses livres qu'il était régulièrement saisi de la lettre de change, et fournir caution. La caution fournie, soit dans ce cas, soit dans le cas précédent, est déchargée de l'engagement qu'elle a pris après un délai de trois ans. Le propriétaire de la lettre perdue qui poursuit le paiement en vertu d'une ordonnance du juge doit, si le tiré ne paye pas, faire constater le refus de paiement le lendemain de l'échéance par un acte appelé acte de protestation.

Paiement par intervention. — La lettre de change doit régulièrement être payée par le tiré ; elle peut l'être, si le tiré refuse le paiement, par le tireur ou l'un des endosseurs, car le tireur et les endosseurs sont obligés de payer à défaut du tiré. Le paiement peut également être fait par un tiers étranger à la lettre de change, c'est ce qu'on appelle le paiement par intervention. Ce paiement peut avoir lieu lorsque la lettre de change a été protestée faute de paiement ; il est constaté dans l'acte de protêt ou à la suite de cet acte. Le paiement par intervention peut être fait pour le tireur ou l'un des endosseurs. Lorsque plusieurs personnes se présentent pour payer par intervention, on préférera celle qui, en payant, opérera le plus de libérations. Ainsi celui qui paye pour le tireur, libérant tous les endosseurs, sera préféré à celui qui offre de payer pour l'un des endosseurs, ce paiement ne libérant que les endosseurs postérieurs ; celui qui offre de payer pour le premier endosseur sera préféré à celui qui offre de payer pour un endosseur subséquent. Celui qui paie par intervention est mis au lieu et place du porteur ; il a les mêmes droits et est soumis aux mêmes obligations.

Devoirs du porteur. — Pour exercer contre les divers

obligés les droits qui résultent de la lettre de change, le porteur est soumis, à peine de déchéance, à certaines obligations. Ces obligations constituent les devoirs du porteur. En voici l'énumération : 1° le porteur doit, si la lettre de change est payable à vue, en demander le paiement, si elle est payable à un certain délai de vue, la présenter à l'acceptation, dans un délai déterminé, trois mois en général ; 2° il doit exiger le paiement le jour de l'échéance ; 3° il doit, en cas de non-paiement, faire faire un protêt ; 4° il doit dénoncer le protêt et agir en justice dans un délai rigoureusement fixé.

Protêt ; ses formes. — Lorsque la lettre de change n'est pas payée à l'échéance, le porteur doit la faire protester. Le protêt est fait le lendemain de l'échéance, et, si le lendemain de l'échéance est un jour férié, il est fait le jour suivant. Le protêt faute de paiement est absolument nécessaire ; le porteur n'en est jamais dispensé, ni par la mort ou la faillite du tiré, ni par le protêt faute d'acceptation. Le porteur doit faire protester avant l'échéance lorsque le tiré qui a accepté tombe en faillite. Le protêt est fait par un notaire ou par un huissier, plus habituellement par un huissier ; il contient la copie textuelle de la lettre de change avec toutes les mentions qui s'y trouvent : endossements, acceptation, et la sommation de payer le montant de la lettre de change ; il constate la présence ou l'absence de celui qui doit payer, les motifs qu'il donne pour refuser de payer. Le notaire ou l'huissier chargé de faire le protêt doit se présenter au domicile du tiré, qu'il ait accepté ou non, au domicile du tiers qui a accepté par intervention, enfin au domicile de ceux qui ont été indiqués pour payer la lettre de change à défaut du tiré, les recommandataires ou besoins. En cas de fausse indication de domicile, le protêt est précédé d'un acte de perquisition constatant que l'officier ministériel a fait les recherches nécessaires pour connaître le véritable domicile de celui à qui il doit notifier le protêt. Une copie exacte du protêt doit être laissée au domicile de chacun de ceux à qui il a été fait, et le notaire ou l'huissier doit transcrire le protêt sur un registre particulier ; le porteur pourra ainsi, s'il vient à perdre l'original, justifier, au moyen du registre de l'officier ministériel, que le protêt a été réellement fait. Lorsque la lettre de change est perdue, et que le porteur demande le paiement en recourant aux formalités prescrites en pareil cas, le refus de paiement est constaté par un acte appelé *acte de protestation*, fait dans les mêmes délais et les mêmes formes que le protêt, dont il diffère seulement en ce qu'il ne contient pas la copie de la lettre de change, formalité impossible à remplir, puisque le titre n'est pas entre les mains du porteur.

Poursuites à exercer par le porteur faute de paiement; délais. — Le porteur doit dénoncer le protêt au tireur et aux endosseurs, et agir en justice dans un délai qui est en général de quinze jours à compter de la date du protêt. Si celui contre lequel le recours est exercé demeure à plus de cinq myriamètres du lieu où la lettre de change était payable, il faut ajouter au délai de quinzaine un jour par deux myriamètres et demi excédant les cinq myriamètres. Pour la lettre de change tirée en France et payable hors du territoire continental de la France, les délais sont, suivant les cas, de un mois, deux mois, trois mois, huit mois. Le porteur peut poursuivre le tireur et les endosseurs, soit séparément, soit collectivement : ainsi il peut assigner seulement celui qui lui a transmis la lettre de change, ou bien en même temps tous les endosseurs et le tireur. Mais, de quelque manière qu'il procède, le porteur n'a jamais à l'égard de chacun des obligés que les délais que nous venons d'indiquer.

Sanction des obligations du porteur. — Quelles conséquences entraîne pour le porteur soit l'omission de l'une de ces formalités, soit le retard à les accomplir? Le porteur qui n'a pas présenté dans les délais la lettre de change à vue ou à un certain délai de vue, qui n'a pas demandé le paiement à l'échéance, qui n'a pas fait faire le protêt le lendemain, ou qui n'a pas assigné dans les délais prescrits, n'a plus d'action à exercer contre les endosseurs, qui se trouvent libérés envers lui. Il est également déchu de son action contre le tireur, si celui-ci avait fourni la provision; dans le cas contraire, le tireur, n'ayant pas rempli son obligation en fournissant au tiré le moyen d'acquitter la lettre de change, ne peut reprocher au porteur sa négligence; il reste obligé envers lui. Il faut observer que la négligence du porteur ne lui fait pas perdre ses droits contre le tiré qui a accepté. Le tiré en effet, en acceptant, devient débiteur principal de la lettre de change et ne peut opposer au porteur aucune déchéance ; le porteur pourrait le poursuivre même sans avoir fait de protêt et en dehors des délais prescrits pour le recours à exercer contre le tireur et les endosseurs.

Recours des endosseurs entre eux et contre le tireur. — Chacun des endosseurs, s'il est poursuivi par le porteur, a son recours contre les endosseurs antérieurs et contre le tireur. En effet, c'est au tireur qu'incombe l'obligation d'acquitter la lettre de change à défaut du tiré, et, d'autre part, chaque endosseur est garant vis-à-vis des endosseurs postérieurs entre les mains desquels la lettre de change a passé. L'endosseur qui exerce son recours contre le tireur ou un endosseur antérieur doit agir dans le même délai que celui qui est fixé pour l'action du porteur : ce délai court du lendemain de la date de la citation en justice donnée à l'endosseur; si l'endosseur n'agit pas dans le délai, il est exposé à la même déchéance que le porteur négligent.

Retraite et rechange. — Le porteur de la lettre de change protestée peut, pour se rembourser, tirer une nouvelle lettre de change sur le tireur ou sur l'un des endosseurs en la solvabilité duquel il a confiance. On dit alors que le porteur *fait retraite;* cette nouvelle lettre de change est la retraite. Par ce moyen, le porteur évite les lenteurs des poursuites judiciaires, et il peut se procurer immédiatement des fonds en négociant la retraite. La nouvelle lettre de change ou retraite comprend le capital de la lettre de change protestée, les intérêts de cette somme à compter du jour du protêt, les frais de protêt et autres accessoires, enfin le droit de change nouveau que paye le porteur pour se faire remettre de l'argent en échange de la retraite. Ce nouveau droit de change s'appelle rechange. La retraite doit être accompagnée de la lettre protestée, du protêt et d'un *compte de retour*, sorte de bordereau détaillant les sommes qui forment le montant de la retraite. Le rechange est certifié par un agent de change, et, dans les lieux où il n'y a pas d'agent de change, par deux commerçants. De même que le porteur peut faire retraite sur le tireur ou sur l'un des endosseurs, l'endosseur qui acquitte la lettre de change protestée peut, de son côté, faire retraite soit sur le tireur, soit sur un endosseur antérieur.

SECTION II

DU BILLET A ORDRE

(Code de commerce, art. 187, 188.)

Formes du billet à ordre. — Le billet à ordre est un titre par lequel le souscripteur prend l'engagement de payer à une époque déterminée une certaine somme au créancier ou à son ordre. On appelle *souscripteur* celui qui s'oblige à payer le billet à ordre, *bénéficiaire* celui au profit duquel le titre est souscrit. Le billet à ordre est soumis à certaines formes : il est daté, il énonce la somme à payer, le nom de celui au profit duquel il est souscrit, la valeur fournie et en représentation de laquelle le souscripteur s'oblige, l'époque du paiement; il contient la clause à ordre; il est signé par le souscripteur. Le billet à ordre est soumis aux mêmes règles que la lettre de change relativement au timbre. Voici au surplus un exemple de billet à ordre dans lequel on retrouvera les différentes énonciations que nous avons indiquées :

B. P. F. 1000.

Au quinze avril prochain, je payerai à M. Durand ou à son ordre la somme de mille francs, valeur en espèces (ou en marchandises, en compte).

Paris, le quinze mars 1883.

Bon pour mille francs.

RICHARD.

A Paris, rue   , n°

Effets communs au billet à ordre et à la lettre de change. — Le billet à ordre est, comme la lettre de change, transmissible par endossement ; les formes de l'endossement sont les mêmes, et les endosseurs sont tenus solidairement avec le souscripteur au paiement envers le porteur. Le porteur du billet à ordre, comme celui de la lettre de change, doit, pour conserver son recours contre les endosseurs, demander le paiement le jour de l'échéance, faire protester le lendemain de l'échéance, s'il n'est pas payé, enfin dénoncer le protêt et assigner le souscripteur et les endosseurs conjointement ou séparément dans le délai de quinzaine.

Différences. — Trois différences importances doivent être signalées entre la lettre de change et le billet à ordre. Voici la première : la lettre de change est nécessairement payable dans un lieu autre que celui où elle a été souscrite, elle suppose en effet la remise d'un lieu sur un autre ; le billet à ordre au contraire peut être stipulé et est ordinairement payable dans le lieu même où il a été souscrit. La seconde différence consiste en ce que la lettre de change n'est pas naturellement acquittée par le tireur qui l'a créée ; le tireur donne mandat au tiré d'accepter et de payer ; dans le billet à ordre, au contraire, le souscripteur s'oblige à payer lui-même. Ainsi deux personnes seulement figurent dans le billet à ordre : le bénéficiaire qui devient créancier, le souscripteur qui devient débiteur ; la lettre de change, au contraire, suppose le concours de trois personnes : le tireur, le preneur et le tiré ; et, puisqu'il n'y a pas dans le billet à ordre une personne chargée par le souscripteur de l'acquitter, il ne peut être question ni de provision à fournir, ni d'acceptation. Enfin il y a une troisième et dernière différence, quant au caractère et aux conséquences de l'un et de l'autre de ces actes. La lettre de change, par quelque personne qu'elle ait été souscrite, constitue toujours un acte de commerce ; celui qui appose sa signature sur une lettre de change devient par ce seul fait justiciable du tribunal de commerce. Le billet à ordre, au contraire, n'est pas par lui-même un acte de commerce ; il n'a ce caractère qu'autant qu'il est souscrit par un commerçant ou pour une opération de commerce. Toutefois lorsque le billet à ordre porte à la fois la signature de commerçants et de non-commerçants, les obligés non commerçants eux-mêmes peuvent être assignés devant le tribunal de commerce.

Autres effets de commerce; billet à domicile. — Indépendamment de la lettre de change et du billet à ordre, on trouve un certain nombre d'effets de commerce d'un usage assez fréquent : nous allons indiquer les principaux.

C'est d'abord le billet à domicile. On appelle ainsi un billet à ordre souscrit dans un lieu et payable dans un autre. Exemple :

B. P. F. 1000.

Au quinze avril prochain, je paierai à M. Durand ou à son ordre, à Rouen, au domicile de M. Masson, la somme de mille francs, valeur en espèces.

Paris, le quinze mars 1883.

RICHARD.

Ce titre se rapproche de la lettre de change plus que le billet à ordre ordinaire, en ce qu'il contient la remise d'un lieu sur un autre, mais il reste toujours cette différence avec la lettre de change que le souscripteur du billet à domicile s'oblige à payer lui-même, tandis que le tireur de la lettre de change s'oblige à faire payer par le tiré.

Billet au porteur. — Le billet au porteur se transmet de la main à la main, par la simple tradition, sans que l'endossement soit nécessaire; il est payable à celui qui l'a en sa possession et le représente au souscripteur à l'échéance. Exemple :

B. P. F. 1000.

Bon pour mille francs payable au porteur, le quinze avril prochain.

Paris, le quinze mars 1883.

RICHARD.

Le billet de banque n'est autre chose qu'un billet au porteur payable à vue.

Mandat. — On emploie, dans plusieurs places de commerce, des titres qui prennent le nom de mandats. Le mandat est un effet par lequel le souscripteur charge une personne de faire un paiement à un tiers. En cela le mandat ressemble tout à fait à la lettre de change, mais il en diffère en ce que la personne chargée de payer n'est qu'un mandataire ordinaire, en sorte que le porteur du mandat ne peut lui demander de s'obliger à le payer en acceptant ; le souscripteur seul est engagé envers le porteur. Voici un exemple de mandat :

B. P. F. 1000.

Au quinze avril prochain, il vous plaira payer contre le présent mandat à M. Durand, ou à son ordre, la somme de mille francs, valeur en marchandises.

Paris, le quinze mars 1883.

RICHARD.

A M. Masson, à Rouen.

Lettre de crédit. — Lorsqu'une personne entreprend un voyage et veut éviter d'emporter de l'argent, elle s'adresse à un banquier ou à un négociant qui lui remet une lettre adressée à un correspondant, par laquelle il lui mande de compter à la personne dénommée dans la lettre l'argent dont elle pourra avoir besoin. C'est la lettre de crédit. Ordinairement la lettre de crédit est limitée à une certaine somme. Le porteur de la lettre en use selon ses besoins et si bon lui semble ; il n'est pas, comme le porteur d'une lettre de change, obligé de la présenter. La lettre de crédit n'est pas transmissible, et les fonds ne doivent être délivrés que sur la signature de celui à qui elle a été remise.

SECTION III

DE LA PRESCRIPTION

(Code de commerce, art. 189.)

Prescription de cinq ans. — Le créancier peut, d'après le droit commun, réclamer pendant trente ans le paiement de ce qui lui est dû ; si pendant trente ans le créancier est resté dans l'inaction, son droit est perdu, la dette est éteinte par la prescription. En matière d'effets de commerce, le délai de la prescription est plus court : les actions résultant des lettres de change, par quelque personne et pour quelque cause qu'elles aient été souscrites, et celles résultant des billets à ordre souscrits par les commerçants ou pour des opérations de commerce, se prescrivent par cinq ans. La prescription commence à courir du jour du protêt, ou du jour du dernier acte de poursuite, si le protêt a été suivi de poursuites judiciaires. Le cours de la prescription serait interrompu par un jugement de condamnation ou par la reconnaissance que le débiteur ferait de la dette.

Caractère de cette prescription; serment. — La prescription de cinq ans est fondée sur cette présomption que la dette a été payée, mais elle ne libère pas absolument le débiteur. Le créancier auquel cette prescription est opposée peut demander au débiteur d'affirmer en justice sous serment qu'il n'est plus redevable ; si le débiteur est mort, sa veuve ou ses héritiers devront affirmer, toujours sous serment, qu'ils estiment de bonne foi qu'il n'est plus rien dû. Le moyen de prescription ne pourra repousser l'action du créancier qu'autant que le serment aura été prêté ; si le débiteur refuse le serment, il sera condamné malgré la prescription opposée par lui.

SECTION IV

DES CHÈQUES

(Loi du 14 juin 1865.)]

Origine des chèques. — Le chèque se lie intimement au mécanisme des banques de dépôt. Lorsque, au lieu de conserver chez moi mes fonds, je les ai déposés chez un banquier, toutes les fois que j'aurai à faire un paiement, je remettrai à mon créancier un mandat sur mon banquier, que je chargerai de lui délivrer les fonds. C'est ce titre que nous appelons chèque, par imitation du mot anglais *check*. Le créancier auquel un chèque a été remis peut se présenter lui-même chez le banquier, ou bien négocier le chèque qui, passant ainsi par plusieurs mains, servira à solder une série d'opérations.

Définition. — Le chèque est défini : un écrit qui, sous la forme d'un mandat de paiement, sert à une personne, qui joue le rôle de tireur, à effectuer le retrait à son profit ou au profit d'un tiers de tout ou partie de fonds portés au crédit de son compte chez le tiré, et disponibles. Cette définition indique le caractère essentiel du chèque : c'est un mode de paiement ; il suppose l'existence d'une somme disponible chez le tiré qui aura à livrer cette somme à celui qui se présentera régulièrement nanti du chèque. La provision, c'est-à-dire une somme exigible, suffisante pour acquitter le chèque, et due par le tiré au tireur, doit exister au jour même de l'émission du titre ; l'émission d'un chèque sans provision préalable entraîne une amende de 6 0/0 du montant du chèque émis, sans préjudice de l'application de peines correctionnelles, si le fait a eu lieu de mauvaise foi et présente les caractères d'un délit.

Formes du chèque. — Le chèque doit être signé du tireur et porter en toutes lettres, de la main du tireur, la date et l'énonciation de lieu d'où il est tiré, et ce à peine d'une amende de 6 pour 100 du montant du chèque. Le chèque ne peut être tiré qu'à vue et payable à présentation ; il peut être souscrit de différentes manières : au profit d'une personne dénommée, il n'est pas alors transmissible, et les fonds ne peuvent être délivrés qu'à la personne désignée au chèque ; au porteur, il se transmet alors de la main à la main et est payable à celui qui le présente ; à ordre, dans ce cas il est transmissible par endossement. L'endossement des chèques n'est pas soumis aux formes prescrites pour l'endossement des lettres de change et des billets à ordre ; l'endossement en blanc, c'est-à-dire la simple signature du porteur, suffit pour transmettre le chèque. Terminons sur ce point en donnant l'exemple d'un chèque.

B. P. F. 1000

A présentation, il vous plaira payer à M. Durand (ou à l'ordre de M. Durand, ou au porteur) la somme de mille francs dont vous débiterez mon compte.

Paris, le quinze octobre 1882.

Richard.

rue...., n°....,

A M. Masson, banquier à Paris, rue...., n°.......

Chèque tiré d'un lieu sur un autre; différences avec la lettre de change. — Le chèque dont nous donnons l'exemple est tiré sur la même place; le chèque pourrait être également tiré d'un lieu sur un autre. Ainsi je puis, à Paris, donner en paiement un chèque sur un banquier de Rouen. Le chèque tiré d'un lieu sur un autre, et qui est à ordre, présente une analogie évidente avec la lettre de change. Certaines différences essentielles doivent toutefois être signalées. En premier lieu, l'échéance de la lettre de change peut être fixée de différentes manières : la lettre de change peut être payable à jour fixe, à vue, à un certain délai de date ou de vue ; le chèque doit toujours être payable à présentation, d'où il suit qu'il n'est pas soumis à l'acceptation. Une seconde différence consiste en ce que la lettre de change peut être créée sans que le tiré ait la provision ; il suffit que la provision soit réalisée au moment de l'acceptation ou au moment de l'échéance ; pour le chèque, au contraire, il faut une somme disponible, une provision existant au jour de l'émission. Enfin le chèque, même lorsqu'il est tiré d'un lieu sur un autre, n'est pas, comme la lettre de change, un acte de commerce par lui-même, par sa nature propre ; le caractère de l'obligation qui en résulte est civil ou commercial, selon que le chèque est émis par un particulier ou par un commerçant, qu'il a pour cause une opération commerciale ou non.

Droits et devoirs du porteur d'un chèque à ordre; délais de paiement restreints. — Lorsque le chèque est à ordre, il entraîne au profit du porteur contre les endosseurs et le tireur une obligation solidaire comme la lettre de change ; en cas de non-paiement, le porteur doit faire faire un protêt et agir contre le tireur et les endosseurs dans les mêmes formes et dans le même délai que s'il s'agissait d'une lettre de change ou d'un billet à ordre. Le porteur du chèque est soumis à une obligation particulière : il doit réclamer le paiement dans le délai de cinq jours, y compris celui de la date, si le chèque est tiré et payable sur la même place, et dans le délai de huit jours, s'il est tiré d'un lieu sur un autre. Le porteur qui n'a pas demandé le paiement dans ce délai n'a plus d'action contre les endosseurs, et même contre le tireur, s'il y avait provision entre les mains du tiré, lorsque le chèque a été émis ; le porteur ne conserve de droit que contre le tiré. Le chèque, même au porteur, doit porter l'acquit de celui qui le touche, et l'acquit doit être daté.

Droit de timbre. — Afin de favoriser et d'encourager l'usage des chèques, la loi de 1865 les avait dispensés de tout droit de timbre pendant dix ans. Le chèque est aujourd'hui soumis à un droit de timbre de 10 cent., s'il est tiré sur la même place, et de 20 cent., s'il s'agit d'un chèque tiré d'un lieu sur un autre ; il ne peut en être fait usage, sans qu'il ait été préalablement timbré. Au point de vue fiscal, les chèques sont encore plus favorablement traités que les billets à ordre et les lettres de change, puisque la perception se borne à un droit fixe très peu élevé, au lieu du droit de timbre proportionnel à la valeur du titre. Cet avantage fait souvent employer le chèque de préférence à la lettre de change payable à vue ou à un court délai de vue.

CHAPITRE V

DU COMMERCE MARITIME

Matières qui composent le droit maritime. — Les règles particulières établies par le législateur pour le commerce de mer se rapportent aux objets suivants : les navires ou bâtiments de mer, les propriétaires de navires, le capitaine, l'engagement des matelots, enfin les contrats auxquels donnent naissance les opérations maritimes, tels que la location des navires, le prêt à la grosse, le contrat d'assurance.

Diverses espèces de navires; sens des mots tonneau, jaugeage, tonnage, agrès, etc. — On entend par navires les bâtiments de mer destinés au commerce. La dénomination de vaisseau est plus particulièrement appliquée aux bâtiments de l'Etat. Les navires reçoivent, suivant leur grandeur, leur construction ou leur armement, des noms divers : *trois-mâts, bricks, goèlettes, lougres, cutters*, etc. La contenance du navire se détermine par une mesure appelée tonneau, qui représente 1 stère 404 millièmes ou 42 pieds cubes. Les expressions : tonnage, désignent la capacité du navire, et jaugeage, l'opération qui sert à constater et à mesurer cette capacité. Le mot navire, employé sans restriction, comprend les agrès, c'est-à-dire certains objets qui, sans faire partie intégrante du navire, en sont des accessoires indispensables, tels que les chaloupes, canots, ancres, mâts, voiles, câbles. Lorsqu'on veut opposer le navire aux marchandises qui y sont chargées, on emploie le mot *corps* pour désigner le navire avec ses accessoires, et le mot *facultés* pour désigner les marchandises et les objets composant le chargement.

Pièces dont les navires doivent être pourvus — Le navire, avant sa sortie du port, doit être muni de certaines pièces qui restent à bord pour pouvoir en justifier au besoin. Indiquons les plus importantes, qui sont : 1° L'*acte de propriété du navire*. Si le propriétaire du navire l'a fait construire lui-même, l'acte de propriété consistera dans les pièces constatant la construction : un traité avec un constructeur, les factures des fournisseurs et ouvriers employés à la construction; si le propriétaire n'a pas fait construire le navire, il établira sa propriété par un acte de vente régulier, ou un procès-verbal d'adjudication prouvant l'acquisition du navire. 2° L'*acte de francisation*. On appelle ainsi un acte délivré par l'administration des douanes et qui établit que le navire est d'origine française. 3° Le *rôle d'équipage*, ou état de toutes les personnes qui se trouvent à bord. 4° Les *chartes-*

parties et les *connaissements*. Les chartes-parties sont les actes qui constatent les conventions pour le transport des marchandises; les connaissements sont des états des marchandises que le capitaine reconnaît avoir reçues à son bord. 5° Les *procès-verbaux de visite*. Le capitaine doit, avant de prendre un chargement, faire vérifier si le navire est en état de naviguer. Le procès-verbal de cette opération est déposé au greffe du tribunal de commerce, et un extrait en est délivré au capitaine; c'est le procès-verbal de visite. 6° Les *acquits*, ou quittances des droits perçus à la douane, et les *acquits-à-caution*. On appelle acquits-à-caution des certificats délivrés aux expéditeurs de marchandises par les agents des douanes, pour autoriser la libre circulation des marchandises sans payer les droits entre le lieu de l'envoi et celui de la destination. L'acquit-à-caution est employé pour la navigation au cabotage, qui se fait d'un port à un autre port de France. 7° Le *congé*. C'est une sorte de passeport délivré par l'administration des douanes. 8° Le *manifeste*. Le manifeste est l'état général de la cargaison : il indique toutes les marchandises qui sont dans le navire, avec le nom des expéditeurs et des destinataires. 6° La *patente de santé*, certificat délivré, au moment du départ, pour constater l'état sanitaire du lieu de départ et celui des personnes qui se trouvent embarquées sur le navire. Le navire qui n'est pas muni d'une patente de santé s'expose à faire dans le port où il ira aborder une quarantaine plus ou moins longue.

Vente des navires; privilèges sur le prix. — Les navires constituent une propriété soumise à certaines règles particulières : ils ne peuvent être vendus que par un acte écrit, soit authentique, soit sous seing privé; bien qu'ils aient le caractère de meubles, la saisie et la vente forcée des navires sont entourées de formes différentes de celles exigées pour la saisie et la vente des objets mobiliers en général. Le navire, ou le prix provenant de la vente, est affecté spécialement au paiement de certaines créances privilégiées, telles que les frais d'entretien, les gages et loyers des gens de l'équipage, les sommes empruntées pendant le voyage par le capitaine pour les besoins du navire.

Hypothèque maritime. — Aux termes de la loi civile, les immeubles seuls peuvent être hypothéqués ; les navires, ayant le caractère de meubles, ne pouvaient, d'après le droit commun, être susceptibles d'hypothèque. D'un autre côté, le contrat de nantissement, qui permet de donner en garantie des marchandises ou autres objets mobiliers, était sans application aux navires, parce que le nantissement ou gage ne peut se constituer qu'autant que la chose qui en fait l'objet est remise en la possession du créancier : le propriétaire du navire qui le donnerait en nantissement perdrait ainsi la faculté d'en tirer profit. Les moyens habituels de crédit manquaient donc au commerce maritime, et les propriétaires de navires pouvaient difficilement se procurer les fonds nécessaires à leurs entreprises, malgré l'importance du capital que représentent les navires. La loi du 10 décembre 1874 a eu pour but de remédier à cette lacune de notre législation en rendant les navires susceptibles d'hypothèque.

Formes de l'hypothèque. — Les navires ne peuvent être hypothéqués que par la convention des parties ; il n'existe point pour les navires d'hypothèque légale ou judiciaire. Le contrat duquel résulte l'hypothèque doit être rédigé par écrit ; il peut être authentique, c'est-à-dire reçu par un officier public, tel qu'un notaire, ou sous seing privé. L'hypothèque ne peut être consentie que par le propriétaire de tout ou partie du navire ou par son mandataire spécial. L'hypothèque peut être constituée sur un navire en construction ; mais, en pareil cas, afin de constater d'une manière certaine l'identité du navire, le contrat d'hypothèque doit être précédé d'une déclaration faite au bureau du receveur des douanes du lieu où le navire est en construction. Cette déclaration indique la longueur de la quille du navire, approximativement ses autres dimensions, son port présumé et l'emplacement de la mise en chantier. Les navires de vingt tonneaux et au-dessus sont seuls susceptibles d'hypothèque.

Publicité. — L'hypothèque est rendue publique au moyen d'une inscription portée sur un registre spécial, tenu par le receveur des douanes du lieu où le navire est en construction ou du lieu où il est immatriculé, s'il s'agit d'un navire déjà

construit. L'inscription est opérée par le receveur sur la représentation de l'acte établissant l'hypothèque et de deux
bordereaux signés de celui qui requiert l'inscription. Ces
bordereaux contiennent les énonciations nécessaires pour
l'inscription, à savoir : les noms et demeure des parties, la
date du titre, sa nature, le montant de la créance, les conventions relatives au remboursement et aux intérêts, le nom
et la désignation du navire hypothéqué, la date de l'acte de
francisation ou de la déclaration au bureau du receveur de
la mise en construction, enfin élection de domicile par le
créancier dans le lieu où réside le receveur. L'accomplissement de la formalité de l'inscription est certifié par le receveur sur l'un des bordereaux qui est remis à la personne
requérant l'inscription. L'inscription ne conserve l'hypothèque
que pendant trois ans; elle doit être renouvelée avant l'expiration de ce délai. Toute personne peut se faire délivrer par
le receveur un état des inscriptions existant sur le navire ou
un certificat constatant qu'il n'existe pas d'inscription. L'inscription faite sur le registre doit être en outre mentionnée
par le receveur au dos de l'acte de francisation, si l'hypothèque est constituée sur un navire déjà construit; si l'hypothèque a été consentie au cours de la construction du navire,
la mention devra être faite au moment où le navire sera
présenté à la francisation. Ces différentes formalités ne pouvaient être remplies lorsque le navire est hypothéqué au cours
d'un voyage en mer; voici les règles particulières qui doivent
être suivies en pareil cas. Le propriétaire du navire qui veut se
réserver la faculté de l'hypothéquer au cours du voyage doit
déclarer au bureau du receveur des douanes la somme pour
laquelle il entend pouvoir user de ce droit; cette déclaration
est portée sur le registre du receveur et mentionnée au dos
de l'acte de francisation. L'hypothèque réalisée au cours du
voyage est constatée sur l'acte de francisation : en France,
par le receveur des douanes du lieu où l'emprunt hypothécaire est réalisé; à l'étranger, par le consul français ou à
défaut par un officier public du lieu.

Effets de l'hypothèque. — L'hypothèque crée au profit du
créancier un droit de préférence qui s'exerce sur le prix, en

cas de vente, ou sur le montant des assurances, en cas de perte du navire. Le créancier hypothécaire n'est payé toutefois qu'après les créances privilégiées, telles que les frais d'entretien, les gages et loyers des gens de l'équipage, etc. Le rang des créanciers hypothécaires entre eux se règle par la date de leur inscription; le créancier inscrit le premier est payé avant les autres et ainsi de suite dans l'ordre de date d'inscription. Outre le droit de préférence, l'hypothèque confère au créancier un droit de suite qui lui permet de saisir et de faire vendre le navire, même lorsqu'il est sorti des mains de son débiteur et passé par une vente entre les mains d'un tiers. Le tiers acquéreur qui veut se garantir de l'effet des inscriptions existant sur le navire doit remplir les formalités de la *purge des hypothèques*. Il notifie aux créanciers inscrits un extrait de son contrat, en offrant de payer les dettes hypothécaires jusqu'à concurrence de son prix. Sur cette notification et dans les dix jours qui la suivent, tout créancier inscrit peut faire une *surenchère du dixième*, c'est-à-dire demander que le navire soit mis en vente aux enchères publiques, en s'engageant à porter le prix à un dixième en sus de celui offert par l'acquéreur : s'il n'y a point de surenchère, l'acquéreur est libéré par le paiement de son prix, alors même que ce prix serait insuffisant pour désintéresser tous les créanciers hypothécaires.

Responsabilité des propriétaires de navires, armateurs ou non armateurs. — Celui à qui le navire appartient peut l'armer lui-même, ou le louer désarmé à une personne qui fera les frais de l'armement et qu'on appelle armateur. Le propriétaire ou l'armateur est responsable des faits du capitaine, des fautes qu'il commet, du dommage qu'il cause par sa négligence ou son imprudence; le propriétaire ou armateur est également responsable des engagements pris par le capitaine relativement au navire et à l'expédition. Toutefois cette responsabilité n'est pas illimitée, elle ne peut s'étendre au delà de la valeur du navire. Le propriétaire ou armateur, s'il ne veut pas payer, a la faculté de faire au créancier l'abandon du navire et du fret, ou prix de la location du navire, moyennant quoi il se trouve libéré. Cette faculté d'abandon n'existe pas quand le propriétaire est en même temps le capitaine du navire; engagé personnellement, il ne peut se soustraire à l'exécution complète de son obligation.

Le navire peut appartenir à une seule ou à plusieurs personnes. Lorsqu'il appartient à plusieurs copropriétaires, toutes les mesures d'intérêt commun sont prises à la majorité; cette majorité se forme en ayant égard, non au nombre, mais à l'intérêt de chacun; elle est déterminée par une portion d'intérêt dans le navire excédant la moitié de sa valeur. La licitation, c'est-à-dire la vente aux enchères du navire appartenant à plusieurs en commun, ne peut être ordonnée que sur la demande des propriétaires formant la moitié de l'intérêt total dans le navire.

Du capitaine. — Le capitaine est le chef chargé de la conduite et du gouvernement du navire. Sous le nom de capitaine, nous comprenons les *capitaines au long cours* et les *maîtres au cabotage :* les capitaines au long cours peuvent commander un navire pour toute espèce de navigation; les maîtres au cabotage ne peuvent faire que certains voyages moins étendus. La loi considère comme voyages de long cours ceux qui se font au delà des limites suivantes : au sud, le 30e degré de latitude nord; au nord, le 72e degré de latitude nord; à l'ouest, le 15e degré de longitude du méridien de Paris; à l'est, le 44e degré de longitude du méridien de Paris. (*Code de commerce, art.* 377). Le titre de capitaine au long cours et de maître au cabotage est conféré par le ministre de la marine, après des examens et des épreuves destinées à constater l'aptitude du candidat. Le capitaine est choisi par l'armateur, qu'il soit ou non propriétaire du navire; l'armateur a toujours le droit de congédier le capitaine sans lui payer d'indemnité, à moins qu'une convention expresse et rédigée par écrit n'ait réservé au capitaine le droit de réclamer un dédommagement. Le capitaine est chargé de la conduite du navire; il est à bord le représentant de l'armateur et, à ce titre, tenu de veiller à la conservation des marchandises. Sa responsabilité est appréciée rigoureusement; il répond des fautes même légères qu'il commet dans l'exercice de ses fonctions, et il ne peut se décharger de cette responsabilité qu'en établissant que le fait dont on lui demande compte est le résultat de la force majeure.

Devoirs du capitaine avant le départ. — Le capitaine a des devoirs particuliers avant le départ, pendant le voyage, et à l'arrivée. Avant le départ, il est chargé de former l'équipage, de choisir et de louer les matelots, de convenir avec eux du prix de leur engagement. Cependant, si l'armateur est présent, le capitaine doit s'entendre avec lui et obtenir son agrément pour les choix qu'il a en vue et les loyers qu'il veut allouer. Le capitaine doit, avant de mettre à bord des marchandises et de prendre la mer, faire visiter son navire, pour constater qu'il est en état de tenir la mer. Il fournit un connaissement ou reconnaissance des marchandises qui lui sont remises ; il doit veiller à ce qu'elles soient chargées dans des conditions qui assurent leur sécurité ; il ne peut, sans le consentement de l'armateur, charger sur le navire des marchandises pour son compte. Le capitaine doit se munir de toutes les pièces que nous avons énumérées : acte de propriété du navire, acte de francisation, etc. ; il doit tenir un *livre de bord*, sorte de livre journal, sur lequel il consigne les recettes et dépenses qui concernent le navire, les résolutions prises pendant le voyage, et généralement tout ce qui concerne le fait de sa charge, tout ce qui peut donner lieu à un compte à rendre, à une demande à former.

Obligations du capitaine pendant le voyage. — Pendant le voyage, le capitaine doit s'absenter le moins possible de son navire ; il doit spécialement s'y trouver en personne à la sortie et à l'entrée des ports, havres et rivières, sous peine de répondre de tous les accidents qui pourraient survenir au navire ou au chargement. Il doit, lorsqu'il est forcé de faire relâche dans un port français ou étranger, déclarer les causes de sa relâche, dans un port français, au président du tribunal de commerce, et, à défaut de tribunal de commerce, au juge de paix ; dans un port étranger, au consul français, et, s'il n'y en a pas, au magistrat du lieu. S'il aborde dans un port étranger, le capitaine doit faire son rapport au consul de France qui constate par un certificat l'époque de l'arrivée et du départ, l'état et la nature de la cargaison. En cas de naufrage, le capitaine doit se présenter devant le juge du lieu ou toute autre autorité civile, y faire son rapport et le faire certifier par ceux de l'équipage qui se trouvent avec lui. Il ne peut, pour quelque danger que ce soit, abandonner le navire sans l'avis des officiers et des principaux de l'équipage ; il doit quitter le bord le dernier, et sauver, si cela est possible, l'argent, les papiers de bord et les objets les plus précieux du chargement. Le capitaine, engagé pour un voyage, est tenu de l'achever, à peine de dommages-intérêts ; il ne peut vendre le navire sans une autorisation expresse des propriétaires, si ce n'est dans le cas où le navire n'est plus en état de naviguer. Lorsqu'il quitte un port étranger ou un port des colonies françaises pour revenir en France, il doit transmettre à ses armateurs un compte signé de lui indiquant l'état de son chargement, le prix des marchandises que comprend la cargaison, les sommes qu'il a dû emprunter pour les besoins du navire.

Pouvoirs du capitaine à bord. — Le capitaine remplit à bord les fonctions d'officier de l'état civil ; il constate les naissances et les décès : les actes sont inscrits sur le livre de bord ; il peut recevoir les testaments des passagers ou des personnes de l'équipage. S'il se commet à bord un délit pouvant donner lieu à des poursuites judiciaires, le capitaine dresse porcès-verbal, recueille les renseignements, fait arrêter l'inculpé, sur le sort duquel il sera statué par la juridiction compétente lorsque le navire aura terminé son voyage ; enfin il peut infliger certaines peines aux gens de l'équipage qui troubleraient l'ordre, n'obéiraient pas à ses ordres, en un mot, commettraient quelque infraction à la discipline.

Le capitaine peut, pendant le cours du voyage, pour satisfaire à une nécessité urgente, par exemple, pour faire des réparations au navire ou acheter les choses nécessaires à la subsistance de l'équipage, emprunter sur le navire, engager ou vendre des marchandises ; l'urgence doit être constatée par un procès-verbal signé des principaux de l'équipage, et le capitaine doit se faire autoriser à recourir à ces moyens exceptionnels, en France, par le tribunal de commerce et, s'il n'y a pas dans le port où se trouve le navire de tribunal de commerce, par le juge de paix, et, à l'étranger, par le consul français ou le magistrat du lieu.

Devoirs du capitaine à l'arrivée. — A l'arrivée, le capitaine est tenu, dans les vingt-quatre heures, de faire viser son livre de bord et de faire son rapport devant le président du tribunal de commerce, ou, à défaut de tribunal de commerce, devant le juge de paix, qui envoie sans délai ce rapport au président du tribunal de commerce le plus voisin. Le rapport énonce le lieu et le temps du départ, la route suivie, les hasards courus, les désordres arrivés dans le navire et toutes les circonstances remarquables du voyage; il est déposé au greffe du tribunal de commerce. Le capitaine ne peut, à moins d'un péril imminent, faire décharger ses marchandises avant d'avoir fait son rapport.

Engagement des matelots; ses divers modes. — L'engagement des matelots est un contrat par lequel un matelot loue ses services à un capitaine de navire, moyennant un loyer que ce capitaine s'oblige à lui payer. Ce que nous dirons des matelots s'applique aussi à l'engagement des autres personnes composant l'équipage. L'engagement des matelots peut être fait de différentes manières : 1° *au voyage*, c'est-à-dire moyennant une somme unique pour tout le voyage, quelle que soit sa durée; 2° *au mois*, c'est-à-dire à raison d'une certaine somme par chaque mois que durera le voyage; 3° *au profit*, quand le matelot est payé au moyen d'une part dans les bénéfices de l'expédition; 4° *au fret*, quand le matelot a droit à une part dans le produit de la location du navire ou fret. Dans ces deux derniers cas, l'engagement a le caractère d'une véritable association. L'engagement des matelots doit être constaté par écrit; il est ordinairement porté sur le rôle d'équipage, et il ne devient définitif que par la clôture de ce rôle. Le matelot, engagé pour un voyage, n'a accompli son obligation qu'autant que le navire est arrivé à sa destination, et, s'il est loué pour l'aller et le retour, qu'autant que le navire est revenu au lieu du départ.

Résolution ou modification de l'engagement. — Différents événements peuvent rompre ou modifier l'engagement du matelot. Nous allons parcourir les principaux de ces faits.

Si le matelot tombe malade ou meurt avant le départ, il n'est dû aucun loyer; le matelot ou sa succession a seulement droit au paiement des journées employées à charger le navire. Si le matelot tombe malade ou s'il est blessé pendant le voyage au service du navire, il a droit au paiement de ses loyers, et, en outre, il est traité et pansé aux dépens du navire. Lorsque le matelot meurt pendant le voyage, ses héritiers sont payés des loyers dus au jour de son décès, s'il était loué au mois, et au prix entier du voyage, s'il était loué au voyage; toutefois, si le matelot loué pour l'aller et le retour mourait en allant, la moitié seulement du loyer serait acquise. Lorsque le matelot est tué en défendant le navire, ses héritiers sont plus favorablement traités : ils ont droit au loyer du voyage entier, dans tous les cas, et alors même que le matelot serait loué au mois. En cas de naufrage avec perte entière du navire et des marchandises, les matelots n'ont droit à aucun loyer; s'il y a quelque chose de sauvé, ils peuvent se faire payer sur les débris du navire, et ensuite sur les marchandises sauvées. Lorsque le voyage pour lequel le matelot était engagé vient à être abandonné, si c'est avant le départ, le matelot a droit à un mois de gages; il conserve en outre les avances qu'il a reçues; si c'est après le départ, le matelot, engagé au voyage, a droit au loyer convenu pour tout le voyage ; le matelot, engagé au mois, a droit à ses gages entiers pour tout le temps pendant lequel il a servi; et à la moitié de ses gages pour le reste de la durée présumée du voyage. Dans tous les cas, le matelot reçoit une indemnité pour ses frais de retour, à moins qu'il n'ait trouvé à s'embarquer sur un autre navire. Lorsque le voyage est prolongé ou raccourci, le matelot engagé au mois a droit au loyer pour le temps pendant lequel il a réellement servi; le matelot engagé au voyage peut réclamer une augmentation de gages dans le cas où, sans y être contraint par aucun événement de mer, le capitaine dépasse le lieu de sa destination; si, au contraire, le voyage est raccourci, le matelot engagé au voyage a droit au salaire convenu tout entier. Le matelot congédié sans cause avant le départ a droit, à titre d'indemnité, au tiers de ses gages; s'il est congédié pendant le voyage, sans que sa conduite ait justifié cette mesure, il a droit au paiement entier de ses gages et à une indemnité pour ses frais de retour. En aucun cas, le capitaine ne peut congédier un matelot en pays étranger. Notons en terminant que le navire et le fret, ou prix de location, sont spécialement affectés au loyer des gens de l'équipage, et que l'action du matelot en paiement de ses gages se prescrit par un an après le voyage terminé.

Chartes-parties; affrétements ou nolissements. — On appelle charte-partie ou affrétement dans l'Océan, nolissement dans la Méditerranée, la convention par laquelle l'armateur ou le capitaine d'un navire en loue, pour le transport des marchandises, l'usage en tout ou en partie moyennant un salaire ou loyer. Celui qui donne le navire à loyer s'appelle *fréteur*, celui qui le prend à loyer, *affréteur;* le prix de la location se nomme *fret* ou *nolis*. Toutes les conventions relatives à la location d'un navire doivent être rédigées par écrit.

Connaissement. — Le capitaine qui reçoit à son bord des marchandises pour en opérer le transport doit en fournir une reconnaissance. Cette reconnaissance s'appelle connaissement. Le connaissement constate la convention relative au transport ; il a pour les transports par mer le même effet que la lettre de voiture pour les transports par terre. Le connaissement énonce le nom du chargeur, le nom et l'adresse de celui à qui les marchandises sont expédiées, ou destinataire, le nom et le domicile du capitaine, le nom et le tonnage du navire, le prix du fret; enfin il indique en marge les marques et numéros des objets à transporter. Le connaissement est rédigé en quatre originaux : un pour le chargeur, un pour le destinataire, un pour l'armateur, enfin un qui reste entre les mains du capitaine. Ces quatre originaux sont signés par le chargeur et par le capitaine. Le connaissement peut avoir la forme d'une reconnaissance pure et simple, désignant la personne à qui les marchandises doivent être remises; dans ce cas, les marchandises ne peuvent être délivrées qu'à la personne indiquée; il peut être à ordre, il est alors transmissible par endossement, et les marchandises seront remises à celui qui se présentera ayant reçu le connaissement par un

endos régulier; enfin, il peut être au porteur, il se transmet
alors de la main à la main, et celui qui réclame la marchandise justifie suffisamment de son droit par la présentation du connaissement.

Contrat à la grosse. — Un autre contrat, particulier au
commerce maritime, et dont l'usage est fréquent, est le contrat à la grosse ou *prêt à la grosse aventure*. C'est une
espèce de prêt, dans lequel le prêteur expose ses fonds aux
risques que court le navire. Il prête sur le navire ou sur les
marchandises; si le navire vient à périr, l'emprunteur ne
doit rien, et le prêteur perd son argent; si le navire arrive à
bon port, le prêteur a droit de réclamer son capital, et en
outre un certain bénéfice qu'on appelle *profit maritime*. Ce
bénéfice est le prix du risque que court le prêteur; c'est à
raison de son caractère aléatoire que cette opération prend le
nom de prêt à la grosse aventure ou, par abréviation, contrat
à la grosse. Le contrat à la grosse doit être fait par écrit; il
peut être à ordre, le titre est alors négociable par voie d'endossement. Le prêteur à la grosse a privilège sur le navire
ou sur les marchandises du chargement; mais, pour qu'il
puisse invoquer ce privilège, il faut qu'il fasse enregistrer
son contrat au greffe du tribunal de commerce, dans les dix
jours de sa date; et, si le prêt à la grosse est fait à l'étranger,
il faut que la nécessité de l'emprunt ait été constatée par un
procès-verbal signé des principaux de l'équipage, et que
l'emprunt soit autorisé par le consul français ou par le magistrat du lieu.

**Contrat d'assurance maritime; ses éléments essen-
tiels.** — L'assurance maritime est un contrat par lequel une
personne s'oblige envers une autre, moyennant un prix convenu, à l'indemniser des pertes et dommages qu'éprouveront
des objets exposés aux dangers de la navigation. Celui qui
se charge des risques est *l'assureur*; celui envers lequel il
contracte cette obligation s'appelle *assuré*; enfin, on nomme
prime d'assurance la somme payée par l'assuré à l'assureur
comme prix du risque couru.

A quoi peut s'appliquer l'assurance. — L'assurance
peut avoir pour objet le navire lui-même, les marchandises

composant le chargement, les sommes prêtées à la grosse sur le navire ou les marchandises, et, en général, toutes les choses ou valeurs susceptibles d'une estimation pécuniaire et exposées aux risques de la navigation. L'assureur est responsable de toute perte ou détérioration des objets assurés survenue par les diverses fortunes de mer : tempête, naufrage, feu, prise, pillage ; mais il ne répond point de la perte qui arrive par le vice propre de la chose assurée, ou de celle qui a pour cause une faute du capitaine, de l'armateur ou de leurs préposés. En général, la convention détermine le moment auquel commencent et finissent les risques ; à défaut de convention spéciale, les risques commencent, à l'égard du navire, au moment de son départ ; et, à l'égard des marchandises, au moment où elles sont chargées sur le navire ou dans les gabarres qui doivent les y transporter. Dès que les risques ont commencé à courir, la prime est acquise à l'assureur ; si le navire, après avoir quitté le port, revient sans avoir accompli le voyage, l'assuré doit payer la totalité de la prime. Toutefois, quand la prime est stipulée pour l'aller et le retour, et que le navire revient sans chargement ou avec un chargement incomplet, l'assureur n'a droit qu'aux deux tiers de la prime. Si le voyage est rompu avant que les risques aient commencé à courir, l'assurance est annulée de plein droit, mais l'assureur a droit à une indemnité, qui est de demi pour cent (50 centimes par cent francs) de la somme assurée.

Effets de l'assurance ; causes de nullité. — L'assurance ne peut jamais être pour l'assuré une cause de bénéfice ; il n'a droit, quelle que soit la somme pour laquelle l'assurance a été contractée, qu'à l'indemnité de la perte qu'il a réellement éprouvée. L'exagération de la valeur de la chose assurée, lorsqu'elle a eu lieu de mauvaise foi de la part de l'assuré, permet à l'assureur de demander la nullité du contrat ; si l'exagération est le résultat d'une erreur, les effets du contrat sont réduits à la valeur réelle des objets assurés. L'assurance peut également être annulée lorsque l'assuré a fait une fausse déclaration ou a dissimulé un fait qui serait de nature à modifier l'opinion du risque ou à en changer l'objet. L'assurance est valable quand les choses assurées sont déjà arrivées à destination, ou que leur perte est réalisée, si cet événement est ignoré des deux parties; mais s'il est prouvé que l'assureur avait connaissance de l'heureuse arrivée du navire ou l'assuré de la perte, lorsque l'assurance a été contractée, le contrat est nul, car le risque n'existe pas; la partie qui a ainsi stipulé de mauvaise foi paye à l'autre une somme double de la prime convenue; elle peut, en outre, être poursuivie devant le tribunal correctionnel.

Formes du contrat; police. — Le contrat d'assurance doit être rédigé par écrit; l'acte qui le constate s'appelle police d'assurance; il peut être fait par les parties elles-mêmes, par un courtier ou par un notaire. La police d'assurance peut être à ordre; elle doit être datée et indiquer si elle a été signée avant ou après midi; elle doit reproduire tous les éléments constitutifs du contrat, énoncer le nom des parties, la nature et l'estimation de l'objet de l'assurance, la désignation du navire et le nom du capitaine, le port d'où le navire a dû partir et le lieu de sa destination, la somme promise par l'assureur en cas de sinistre, le montant de la prime, enfin le moment où commencent et où finissent les risques. La police d'assurance doit être sur papier timbré.

Obligations de l'assuré et de l'assureur. — Le contrat d'assurance entraîne des obligations de la part de l'assuré et de la part de l'assureur. La première obligation de l'assuré est de payer la prime convenue; il doit en outre signifier à l'assureur tous les avis qu'il reçoit des accidents arrivés à la chose assurée, dans les trois jours de leur réception; enfin, il doit justifier du sinistre et établir la perte qu'il a éprouvée. Quant à l'assureur, son obligation consiste à supporter le dommage éprouvé par l'assuré, mais l'exécution de cette obligation peut se réaliser de deux manières : tantôt l'assuré réclamera la totalité de l'indemnité promise en abandonnant ce qui reste de la chose assurée, c'est ce qu'on appelle le délaissement; tantôt l'assuré aura droit à une indemnité proportionnelle à la perte qu'il a éprouvée, en gardant ce qui reste de la chose assurée, c'est le cas de l'action d'avarie.

Délaissement; quand peut-il avoir lieu; dans quel délai. — Le délaissement est l'abandon que l'assuré fait à l'assureur de ce qui reste des objets assurés et de tous ses droits relatifs à ces objets, à la charge par l'assureur de payer la totalité de la somme convenue. Le délaissement peut avoir lieu dans différents cas, dont les principaux sont : le naufrage, l'innavigabilité, ou impossibilité de remettre le navire en état de naviguer, causée par fortune de mer, la perte ou la détérioration des effets assurés, si elle s'élève au moins aux trois quarts, enfin l'absence de nouvelles pendant six mois ou un an, selon qu'il s'agit d'un voyage ordinaire ou d'un voyage au long cours. L'assuré doit faire le délaissement, à peine de déchéance, dans un délai qui est de six mois, un an ou dix-huit mois à partir de la nouvelle qu'il a reçue du sinistre, selon les parages où ce sinistre est arrivé. Le délaissement a lieu au moyen d'une signification faite par l'assuré à l'assureur ; l'assureur doit payer la somme pour laquelle l'assurance a été contractée dans les trois mois de la signification du délaissement.

Action d'avarie. — Le second mode d'exécution du contrat d'assurance est l'action d'avarie ; l'assuré peut l'exercer dans tous les cas où il n'y a pas lieu au délaissement ; il peut aussi, au lieu de faire le délaissement dans le cas où il serait possible, recourir, s'il le préfère, à l'action d'avarie. Le résultat de cette action est que l'assuré conserve ce qui reste de la chose assurée et se fait payer par l'assureur une indemnité proportionelle au dommage qu'il a éprouvé. L'action d'avarie peut être exclue par une clause formelle de la police d'assurance ; cette clause porte le nom de *franc d'avaries* : lorsqu'elle a été insérée dans le contrat, l'assureur ne répond que des pertes pouvant donner lieu au délaissement. L'action d'avarie et les autres actions résultant de la police d'assurance, à l'exception de l'action en délaissement, se prescrivent par cinq ans à compter de la date du contrat.

Distinction des avaries grosses ou communes et des avaries particulières. — L'action d'avarie n'a pas seulement son application au cas d'assurance, elle peut se présenter aussi bien lorsque la chose n'est pas assurée. Ce mot : avarie désigne en effet tout dommage qui arrive au navire ou aux marchandises, ainsi que toute dépense extraordinaire faite pour le navire ou les marchandises conjointement ou séparément. Lorsqu'il s'agit de déterminer à la charge de qui doit être ce dommage ou cette dépense, les avaries se divisent en avaries grosses ou communes, et avaries particulières. On appelle avarie grosse ou commune tout dommage souffert volontairement et toute dépense extraordinaire faite pour le salut commun du navire et des marchandises : ainsi la perte des choses jetées à la mer pour sauver le navire, la perte des ancres et des effets abandonnés pour le salut commun. Les avaries grosses ou communes sont supportées proportionnellement par les marchandises pour leur valeur totale, et par le navire et le fret pour moitié de leur valeur. On nomme avarie simple ou particulière le dommage involontaire, accidentel et les dépenses extraordinaires faites pour le navire seul, ou pour les marchandises seules : ainsi le dommage arrivé aux marchandises par suite d'une tempête, les frais faits pour les sauver rentrent dans les avaries particulières. Les avaries particulières sont supportées exclusivement par le propriétaire de la chose qui a éprouvé le dommage ou occasionné la dépense. Les demandes pour avaries ne peuvent être formées qu'autant qu'elles ont une certaine importance : il faut, s'il s'agit d'avarie commune, qu'elle représente un pour cent de la valeur cumulée du navire et des marchandises, et, s'il s'agit d'avarie simple, qu'elle atteigne au moins un pour cent de la valeur de la chose endommagée.

Du jet. — Le jet est l'action de jeter à la mer tout ou partie du chargement, pour alléger le navire exposé à périr par suite d'une tempête. Le jet ne peut avoir lieu qu'en vertu d'une délibération prise par le capitaine, les intéressés au chargement qui se trouvent à bord et les principaux de l'équipage. La loi (art. 411) indique l'ordre dans lequel les objets doivent, autant que possible, être jetés.

De la contribution. — Il y a lieu à contribution dans le cas d'avarie commune. La valeur des objets jetés à la mer, des objets sacrifiés, ou des dépenses faites pour le salut commun, doit être répartie proportionnellement entre le navire, le fret et les marchandises. C'est cette répartition qui prend le nom de contribution. La contribution s'établit sur la moitié de la valeur du navire et du fret, sur la valeur des effets sauvés et des effets jetés à la mer. Pour parvenir à la contribution, un état des pertes et dommages est dressé par des experts au lieu du déchargement : les mêmes experts font ensuite la répartition; cette répartition, à défaut d'accord entre les parties, est approuvée, en France, par le tribunal de commerce; dans les ports étrangers, par le consul français, ou, à son défaut, par le tribunal compétent du lieu.

CHAPITRE VI

DES FAILLITES ET BANQUEROUTES

(Code de commerce, livre III, art. 437 à 614, modifiés par la loi du 28 mai 1838.)

Caractère et conséquences de l'état de faillite; division. — Lorsqu'un commerçant cesse de satisfaire à ses engagements, il peut être déclaré en faillite. La faillite entraîne des conséquences fort graves : elle prive le commerçant de l'administration de ses biens, laquelle passe à des administrateurs judiciaires, appelés syndics. Le failli ne peut être remis à la tête de ses affaires qu'en obtenant un concordat, sorte de traité fait avec ses créanciers ; si les créanciers ne consentent pas le concordat, tous les biens du failli sont réalisés par les syndics, et leur prix est réparti entre les créanciers. Indépendamment de ces effets relatifs aux biens, la faillite entraîne certaines incapacités : le commerçant failli est privé de ses droits politiques, il est incapable d'exercer aucune fonction publique; il ne peut recouvrer les droits dont il est ainsi privé qu'en désintéressant intégralement tous ses créanciers et en obtenant ensuite sa réhabilitation. La faillite peut avoir pour cause des circonstances malheureuses que le commerçant n'a pu prévoir et qui ont entraîné sa ruine; elle peut être le résultat des fautes qu'il a commises, de son imprudence; enfin, elle peut présenter des caractères de fraude et de mauvaise foi. Dans ces deux derniers cas, la faillite prend le nom de banqueroute : le failli coupable d'imprudence peut être traduit devant le tribunal correctionnel et condamné comme banqueroutier simple à un emprisonnement ; s'il a commis des fraudes, il est poursuivi devant la cour d'assises comme banqueroutier frauduleux et condamné à une peine sévère, la peine des travaux forcés à temps.

Ce chapitre sera divisé en trois sections traitant, la première, de la faillite ; la seconde, des banqueroutes ; la troisième, de la réhabilitation.

SECTION PREMIÈRE

DE LA FAILLITE

Définition de la faillite ; cessation de paiements. — La faillite est définie : l'état d'un commerçant qui a cessé ses paiements. Les commerçants seuls peuvent être déclarés en faillite : le simple particulier non commerçant qui ne peut payer ses créanciers est poursuivi par eux, ses biens sont saisis et vendus, mais il ne peut être soumis au régime particulier de la faillite et aux conséquences qu'elle entraîne. L'élément essentiel de la faillite est la cessation des paiements. L'exactitude à remplir ses engagements est pour le commerçant une obligation rigoureuse ; par cela seul qu'il ne paie pas, il peut être déclaré en faillite. Voici quelques-uns des faits qui manifestent le plus ordinairement la cessation des paiements : la signature du commerçant est protestée, des poursuites judiciaires sont exercées, des condamnations prononcées contre lui par les tribunaux à raison de billets en souffrance ; il est obligé de solliciter des délais de ses créanciers. La plupart du temps, le failli a un passif supérieur à son actif, ses biens ne peuvent suffire à désintéresser ses créanciers ; mais ce n'est pas là une condition indispensable : un commerçant peut être déclaré en faillite alors même qu'il a un actif égal ou supérieur à son passif, si, à un moment donné, n'ayant pas de ressources disponibles et ne possédant pas assez de crédit pour s'en procurer, il cesse de payer; cette suspension de paiements peut entraîner la faillite tout aussi bien qne la cessation absolue des paiements, conséquence de l'insolvabilité du débiteur.

Formes de la déclaration de faillite; déclaration au greffe. — Le commerçant qui a cessé ses paiements doit dans les trois jours se présenter au greffe du tribunal de commerce de son domicile, et, s'il n'y a pas de tribunal de commerce, au greffe du tribunal de première instance qui en remplit les fonctions, pour y faire la déclaration de la cessation de ses paiements. En cas de faillite d'une société, cette déclaration est faite au greffe du tribunal dans le ressort duquel se trouve le principal établissement de la société; elle contient le nom et l'indication du domicile de chacun des associés en nom, tenus personnellement et solidairement.

Dépôt du bilan. — Le failli doit, en faisant la déclaration, l'accompagner du dépôt de son bilan. On appelle bilan un exposé sommaire de la situation du débiteur; cet exposé doit contenir : 1° l'état de son actif, c'est-à-dire l'énumération et l'évaluation de tout ce qui' lui appartient, meubles, immeubles, marchandises, créances; 2° l'état du passif ou des dettes, dans lequel se trouvent énoncés le nom et la demeure de chaque créancier, la somme qui lui est due et la nature de sa créance; 3° le tableau des profits et pertes réalisés par le commerçant pendant le cours de ses opérations; 4° le tableau des dépenses de sa maison. Le bilan a pour objet de faire connaître la situation du failli; il fournit le moyen de dresser la liste des créanciers présumés, enfin il permet d'apprécier si le failli a, dans la conduite de ses affaires, agi avec prudence et économie, ou si, au contraire, il s'est montré imprudent, s'il s'est laissé entraîner à des actes de prodigalité et de dissipation. Le bilan doit être certifié véritable, daté et signé par le failli. Si des circonstances indépendantes de sa volonté empêchent le commerçant de dresser son bilan avant de faire la déclaration, il indique dans cette déclaration les causes qui l'ont empêché de remplir la formalité du dépôt du bilan, et le bilan est dressé par les syndics, après que le tribunal de commerce a déclaré la faillite. Le failli qui ne fait pas, dans le délai et dans les formes prescrites, la déclaration de cessation de ses paiements s'expose à être poursuivi comme banqueroutier simple.

Jugement déclaratif. — A la suite de la déclaration faite par le failli et du dépôt de son bilan, le tribunal de commerce rend un jugement qui constate l'état de faillite; on l'appelle jugement déclaratif de faillite. Quand le débiteur n'a pas fait lui-même la déclaration de cessation de ses paiements, la faillite peut être déclarée par le tribunal de commerce sur la demande d'un ou de plusieurs créanciers, ou même d'office, quand le tribunal est averti par la notoriété publique que le commerçant a cessé ses paiements. Un commerçant peut être déclaré en faillite après sa mort lorsqu'il était à ce moment en état de cessation de paiements; toutefois les créanciers ne sont plus admis à former une demande en déclaration de faillite, lorsqu'une année s'est écoulée depuis le décès.

Détermination de l'époque de la cessation des paiements. — La cessation de paiements peut être bien antérieure au jour où la faillite est déclarée. Le tribunal doit déterminer l'époque précise à laquelle remonte la cessation des paiements : nous verrons en effet que la cessation des paiements entraîne la nullité de certains actes faits par le failli. La détermination de l'époque de la cessation des paiements se fait soit par le jugement déclaratif lui-même, soit par un jugement ultérieur ; à défaut de détermination spéciale, la cessation des paiements est réputée avoir existé seulement à partir du jugement déclaratif.

Publicité du jugement déclaratif; voies de recours. — A raison des conséquences graves qu'entraîne la déclaration de faillite, le jugement qui la prononce doit être porté à la connaissance des intéressés au moyen d'affiches et d'insertions dans les journaux. La même publicité est prescrite pour le jugement qui fixe l'époque de la cessation des paiements. Ces jugements sont susceptibles de diverses voies de recours. Ils peuvent être attaqués devant le tribunal même qui les a rendus, par voie d'opposition : le droit de former opposition appartient au failli lui-même et à tous ceux qui ont intérêt à ce que la faillite ne soit pas déclarée; le délai est de huit jours seulement pour le failli et d'un mois pour les autres intéressés; il court du jour de l'accomplissement des formalités d'affiche et d'insertion. Les parties qui ont figuré dans l'instance devant le tribunal de commerce peuvent interjeter appel du jugement; le délai d'appel pour les jugements rendus en matière de faillite est de quinzaine seulement, à compter de la signification. L'appel est porté devant la Cour d'appel.

Dispositions accessoires contenues dans le jugement déclaratif. — Le jugement déclaratif contient différentes dispositions accessoires : il désigne l'un des membres du tribunal pour surveiller, en qualité de juge-commissaire, les opérations de la faillite; il nomme un ou plusieurs syndics provisoires, qui sont chargés de faire les actes d'administration nécessaires; il ordonne l'apposition des scellés sur les valeurs dépendant de la faillite et le dépôt de la personne du failli dans la prison pour dettes; toutefois, si le failli a lui-même déclaré sa faillite, le tribunal peut l'affranchir de cette mesure rigoureuse et le laisser en liberté.

Nullités résultant de la cessation des paiements. — La faillite entraîne la nullité de certains actes faits avant le jugement déclaratif, mais depuis la cessation des paiements ou à une époque voisine de cette cessation. Les actes ainsi frappés de nullité présentent ce caractère commun qu'ils constitueraient, s'ils étaient maintenus, un avantage fait à un créancier au détriment de la généralité des créanciers, de la masse de la faillite. Le principe qui règle les rapports entre les créanciers, à partir de la cessation de paiements, est l'égalité absolue; un créancier ne peut, à compter de cette époque, se créer une situation meilleure que celle des autres; les actes que nous allons parcourir violent ce principe, et c'est pourquoi la loi en prononce la nullité.

Actes nuls de droit. — Les nullités qui résultent ainsi de la cessation des paiements ne sont pas toutes aussi rigoureuses : certains actes sont, à raison de leur nature propre, frappés d'une nullité radicale, absolue, que les tribunaux ne peuvent se refuser à prononcer; cette nullité atteint non seulement les actes faits depuis l'époque de la cessation des paiements, mais même ceux faits dans les dix jours qui l'ont précédée ; elle aura lieu, alors même que celui qui profite de l'acte était de bonne foi, ignorait complètement la situation mauvaise du débiteur. Pour d'autres actes, la nullité est facultative : les tribunaux, même en reconnaissant qu'un acte a été fait depuis la cessation des paiements, peuvent ne pas l'annuler, si cet acte ne leur paraît pas causer à la masse un préjudice réel ; la nullité de cette seconde espèce ne peut être admise que si celui qui l'invoque prouve que le tiers qui a traité avec le débiteur avait connaissance, au moment où l'acte a été fait, de la cessation de ses paiements ; cette nullité enfin, supposant la connaissance de la cessation des paiements, ne peut atteindre que les actes faits après la cessation des paiements, et non ceux faits dans les dix jours qui l'ont précédée.

Les actes qui rentrent dans la première classe de nullités sont les suivants : 1° tous les actes translatifs de propriété faits à titre gratuit, c'est-à-dire ayant le caractère d'une pure libéralité, les donations en un mot ; on ne saurait admettre en effet que le débiteur qui ne peut payer ses créanciers fasse à leurs dépens des libéralités ; 2° les paiements de dettes non encore échues ; il serait inique que le débiteur payât une créance non échue, alors qu'il n'acquitte pas des dettes échues ; 3° les paiements de dettes même échues faits autrement qu'en espèces ou effets de commerce. Le seul mode régulier de paiement est celui qui se fait en argent ou en effets de commerce que le débiteur transmet à son créancier pour se libérer ; si le débiteur donne, et si le créancier accepte en paiement des marchandises, des objets mobiliers, il y a là un acte suspect, qui fait présumer que le créancier, connaissant le mauvais état des affaires du débiteur, a voulu, d'accord avec lui, se faire une situation meilleure que celle des autres créanciers ; 4° les droits d'hypothèque ou de nantissement constitués sur les biens du débiteur pour dettes antérieurement contractées. Voici un exemple nécessaire pour comprendre cette hypothèse : un créancier a prêté une certaine somme, sans exiger du débiteur de sûreté particulière ; puis, voyant que le débiteur va faire faillite, il vient le trouver et lui demande de lui consentir une hypothèque qui lui permette de se faire payer avant les autres créanciers ; le débiteur accorde l'hypothèque : elle sera nulle, parce qu'ici encore le créancier veut se créer, aux dépens des autres, une condition plus favorable. Tous ces actes sont absolument nuls et sans effet, s'ils sont intervenus depuis la cessation des paiements ou dans les dix jours qui l'ont précédée.

Actes annulables. — Passons au second ordre de nullités, nullités facultatives, subordonnées à la connaissance de la cessation des paiements chez celui qui traite avec le débiteur. Cette nullité peut s'appliquer à tous les paiements, même pour des dettes échues, même faits en espèces ou en effets de commerce, et à tous les actes à titre onéreux, tels qu'achats, ventes, qui ont été faits par le débiteur depuis la cessation des paiements. Ces actes ne sont pas suspects par eux-mêmes : celui qui a reçu un paiement du débiteur, qui a traité avec lui, peut être de bonne foi, l'acte fait peut ne pas préjudicier à la masse des créanciers, il sera alors maintenu ; mais si un créancier, averti que le débiteur ne paie plus, se hâte de se présenter et parvient à obtenir un à-compte ou même un paiement intégral, le paiement ainsi fait sera nul, et le créancier devra rapporter à la masse de la faillite ce qu'il aura reçu ; ou bien encore le débiteur, à bout de ressources, vend des marchandises à bas prix à un individu qui connaît sa situation et veut en profiter, la vente sera nulle, et l'acheteur sera obligé de restituer les marchandises ou leur valeur. En un mot, ces actes pourront être annulés lorsque celui qui a traité avec le débiteur avait connaissance de la cessation des paiements.

Inscriptions hypothécaires. — En principe, les hypothèques et les privilèges valablement acquis peuvent être inscrits jusqu'au jour du jugement déclaratif, mais les inscriptions prises postérieurement seraient sans valeur ; les tribunaux peuvent, en outre, annuler les inscriptions prises depuis la cessation des paiements ou dans les dix jours qui l'ont précédée, s'il s'est écoulé plus de quinze jours entre la date de l'acte constituant le privilège ou l'hypothèque et le jour où l'inscription est prise. Cette nullité est facultative ; le tribunal devant lequel on l'invoquera aura à examiner si le retard que le créancier a mis à prendre inscription provient d'un fait accidentel, ou bien de sa négligence, ou même d'une fraude concertée entre le créancier et le débiteur pour ménager le crédit de ce dernier et faire croire que ses biens sont libres, quoiqu'ils soient grevés d'hypothèque. Les juges auront aussi à apprécier si le retard a causé quelque préjudice à la masse.

Effets de commerce. — Quant aux effets de commerce, lettres de change et billets à ordre, le paiement reçu par le porteur ne peut jamais être critiqué à son égard, alors même qu'il aurait connaissance de la cessation des paiements; en effet, le porteur d'une lettre de change ou d'un billet à ordre doit, à peine de déchéance, se faire payer ou faire protester; il lui est dès lors impossible de refuser un paiement qui lui est offert, et il y aurait injustice à le contraindre à rapporter ce qu'il a ainsi reçu.

Effets du jugement déclaratif. — Le jugement déclaratif de faillite produit quatre effets principaux : 1° il dessaisit le failli de l'administration de ses biens; 2° il suspend les poursuites individuelles des créanciers; 3° il rend exigibles les dettes du failli; 4° il arrête le cours des intérêts.

Dessaisissement du failli. — Le premier effet du jugement déclaratif de faillite est le dessaisissement du failli. A partir de ce jugement, le failli est privé de l'administration de ses biens; cette administration est confiée aux syndics. Le dessaisissement a pour conséquence d'empêcher le failli de disposer des valeurs, de quelque nature qu'elles soient, qui composent son actif, et d'augmenter son passif en contractant de nouvelles dettes. Les demandes judiciaires relatives aux biens du failli doivent, à partir du jugement déclaratif, être intentées ou suivies par les syndics ou contre eux; enfin c'est contre eux que les actes de poursuites, commandement, saisie, ou autres, doivent être faits par les créanciers qui, par exception, conservent après la faillite le droit d'exercer des poursuites.

Suspension des poursuites individuelles. — Le second effet du jugement déclaratif de faillite est la suspension des poursuites individuelles. Le but de l'administration de la faillite est la réalisation des valeurs composant l'actif et leur répartition entre les créanciers ; des poursuites exercées par les créanciers individuellement auraient eu pour résultat d'entraver cette administration et de grever la masse de frais inutiles. Cet effet du jugement déclaratif ne s'applique qu'aux créanciers ordinaires, et non à certains créanciers que leur situation particulière place en dehors de la faillite : les créanciers ayant un privilège ou une hypothèque sur les immeubles, et les créanciers nantis d'un gage. Ces créanciers conservent, après le jugement déclaratif, le droit d'exercer des poursuites sur l'immeuble grevé de l'hypothèque ou du privilège, ou sur la chose qui leur a été donnée en gage. Le propriétaire des lieux occupés par le failli à titre de locataire a, sur les objets qui garnissent les lieux loués, un droit semblable à celui du créancier gagiste sur l'objet qui lui a été donné en nantissement ; il conserve donc, après le jugement déclaratif, le droit d'exercer des poursuites. Toutefois les syndics ont huit jours à compter de l'expiration du délai de la vérification des créances pour notifier au propriétaire leur intention de continuer le bail, à la charge d'en exécuter les conditions. Jusqu'à l'expiration de ce délai, le propriétaire ne peut exercer aucune poursuite à fin d'exécution sur les effets mobiliers servant à l'exploitation du commerce ou de l'industrie du failli.

Exigibilité. — Le troisième effet du jugement déclaratif est l'exigibilité des dettes. Lorsque le failli est débiteur et qu'il a un délai pour payer, la dette devient immédiatement exigible par suite de la faillite, et le créancier peut prendre part aux opérations de la faillite et aux répartitions. L'exigibilité ne s'applique pas, bien entendu, à ce qui est dû au failli ; le débiteur ne peut perdre le bénéfice du terme par la faillite de son créancier. Elle ne s'étend pas non plus à ceux qui sont débiteurs avec le failli : par exemple, lorsque le débiteur principal tombe en faillite, la dette devient exigible à son égard, mais la caution qui a garanti le paiement de la même dette continue à profiter du terme. Il existe à cet égard une disposition particulière pour les lettres de change et les billets à ordre : lorsque le souscripteur d'un billet à ordre, le tiré qui a accepté la lettre de change, ou le tireur, si le tiré n'a pas accepté, tombe en faillite, les autres personnes obligées au paiement du billet à ordre ou de la lettre de change doivent fournir caution pour le paiement, si elles ne préfèrent rembourser immédiatement.

Cessation du cours des intérêts. — Le dernier effet du jugement déclaratif est la cessation du cours des intérêts. Le créancier dont la créance est productive d'intérêts ne peut pas réclamer, sur l'actif de la faillite, les intérêts courus depuis le jugement déclaratif. Il n'y a d'exception que pour les créanciers hypothécaires et privilégiés et pour les créanciers gagistes; ils peuvent se faire payer les intérêts courus depuis le jugement déclaratif, mais seulement sur le prix des biens soumis au privilège ou à l'hypothèque, ou sur le prix des objets constituant le gage.

Administration de la faillite; juge-commissaire; syndics. — Le jugement déclaratif nomme un juge-commissaire dont la mission consiste à surveiller les opérations de la faillite et à faire son rapport au tribunal de commerce sur toutes les contestations auxquelles elle peut donner naissance. Le même jugement désigne un ou plusieurs syndics : leur nombre est de trois au plus; ils sont choisis, soit parmi les créanciers, soit parmi les personnes étrangères à la faillite; ils peuvent recevoir, dans tous les cas, une indemnité qui est déterminée par le tribunal de commerce, sur l'avis du juge-commissaire, lorsque les opérations de la faillite sont terminées. Dans la quinzaine qui suit le jugement déclaratif, le juge-commissaire réunit les créanciers présumés et les consulte sur la nomination de nouveaux syndics ou le maintient de ceux qui ont été désignés. Il est dressé un procès-verbal des observations des créanciers présents à la réunion; sur le vu de ce procès-verbal et le rapport du juge-commissaire, le tribunal nomme de nouveaux syndics ou continue les premiers dans leurs fonctions. Le syndics ainsi nommés ou confirmés prennent le nom de syndics définitifs.

Droits et devoirs des syndics. — Les syndics sont chargés d'administrer les biens du failli et de prendre toutes les mesures utiles dans l'intérêt de la masse des créanciers. Ils font apposer les scellés, si cette formalité n'a pas été remplie avant leur entrée en fonctions. Le jugement déclaratif ordonne en effet l'apposition de scellés : ces scellés sont apposés par le juge de paix, assisté par le greffier du tribunal de commerce, sur les magasins, comptoirs, caisses, portefeuilles, livres, papiers, meubles et effets du failli. Il n'est point apposé de scellés lorsque l'actif du failli est peu considérable, et que le juge-commissaire estime qu'il peut être inventorié en un seul jour. Les scellés sont levés à la requête des syndics qui dressent l'inventaire. Cet inventaire comprend un état et une évaluation de toutes les valeurs composant l'actif du failli et un état des papiers trouvés à son domicile. Toutes les valeurs appartenant au failli, les livres et les papiers sont remis aux syndics; les syndics continuent l'exploitation du fonds de commerce; ils procèdent au recouvrement des sommes dues au failli; ils peuvent, avec l'autorisation du juge-commissaire, faire procéder à la vente d'objets mobiliers et de marchandises; ils font tous les actes nécessaires pour conserver les droits du failli contre ses débiteurs; ils prennent, au nom de la masse des créanciers, une inscription hypothécaire sur les immeubles du failli; enfin ils représentent la faillite dans les instances où elle peut se trouver engagée. Les syndics peuvent, s'ils le croient avantageux, transiger sur les contestations que la faillite peut avoir à soutenir : si l'objet de la contestation n'excède par trois cents francs, la transaction a lieu avec la seule autorisation du juge-commissaire; si l'objet de la contestation excède trois cents francs, la transaction doit être homologuée par le tribunal de commerce, lorsqu'elle est relative à des droits mobiliers, par le tribunal civil, lorsqu'elle est relative à des immeubles; le failli peut toujours s'opposer à la transaction, et son opposition suffit pour y mettre obstacle lorsqu'elle est relative à un droit immobilier. Dans la quinzaine du jugement qui les nomme syndics définitifs, les syndics doivent remettre au juge-commissaire un mémoire ou compte sommaire, dans lequel ils font connaître l'état de la faillite, le montant présumé de l'actif et du passif, les causes et le caractère de la faillite. Les syndics doivent indiquer dans ce document s'il y a des actes d'imprudence ou de fraude à reprocher au failli, ou si au contraire la faillite ne peut être attribuée qu'à des circonstances malheureuses. Ce compte sommaire est transmis par le juge-commissaire au procureur de la République de l'arrondissement, qui appréciera s'il y a lieu de poursuivre le failli comme banqueroutier simple ou frauduleux [1].

Consignation des deniers provenant de la faillite. — Lorsque, par suite des ventes qu'ils ont faites ou des recouvrements opérés, les syndics ont touché des sommes, les deniers ne restent pas entre leurs mains; les syndics ne conservent que les fonds qui, d'après l'appréciation du juge-commissaire, sont nécessaires pour subvenir aux dépenses et aux frais; le surplus est déposé immédiatement à la caisse des consignations, et les syndics ne peuvent retirer les deniers déposés que sur une ordonnance du juge-commissaire.

Sauf-conduit. — Le jugement déclaratif ordonne le dépôt à la prison pour dettes de la personne du failli qui n'a pas

---

1. Nous empruntons au *Manuel de droit commercial* de M. Bravard-Veyrières la formule suivante de mémoire présenté par les syndics au juge-commissaire :

A M...., juge-commissaire de la faillite du sieur.....

Les sieurs....., syndics de la faillite du sieur X..., ont l'honneur de vous transmettre l'état de la faillite dudit sieur X... (*On relate le jugement qui a déclaré la faillite et nommé le syndic ou les syndics, et l'on mentionne sommairement ce qui s'est fait depuis.*) Cette faillite présente un actif de..... et un passif de.....

Le failli attribue le dérangement de ses affaires aux pertes que lui a fait éprouver le sieur Y..., qui n'a pas rempli envers lui ses engagements, et à la baisse subite du café, dont il avait fait provision à un très haut prix et qu'il a été forcé de revendre à perte.

On doit cependant remarquer que, peu avant sa faillite, il a fait des emprunts considérables, notamment d'une somme de..... au sieur A.... et d'une somme de.... au sieur B.....

Il paraît embarrassé de justifier l'emploi de ces divers emprunts. Il était adonné au jeu, et peut-être cette passion a-t-elle pu contribuer à sa ruine. Enfin, dès qu'il a reconnu l'impossibilité de tenir plus longtemps secret l'état fâcheux de son commerce, il a disparu de son domicile et s'est tenu caché pendant..... Depuis, il a été mis provisoirement en état de détention dans la maison d'arrêt de...., où il est encore en ce moment.

(*Signature des syndics.*)

lui-même déclaré sa faillite; le failli, ainsi incarcéré, peut obtenir sa liberté par un jugement du tribunal qui lui accorde un sauf-conduit. Le failli peut être employé par les syndics pour les affaires de la faillite; le juge-commissaire détermine les conditions de son travail; en outre, il peut obtenir pour lui et sa famille des secours alimentaires, dont l'importance est fixée par le juge-commissaire sur la proposition des syndics, sauf recours au tribunal en cas de contestation : ces secours sont prélevés sur l'actif de la faillite.

Réclamations des créanciers contre les opérations des syndics; révocation. — La gestion des syndics est soumise à un double contrôle : celui du juge-commissaire d'abord qui peut leur donner des avertissements, leur refuser les autorisations qu'ils demandent, enfin proposer au tribunal leur révocation; et ensuite le contrôle des créanciers et du failli lui-même. Ce droit des créanciers et du failli peut se produire sous deux formes distinctes : ils peuvent s'opposer aux actes que se proposent de faire les syndics ou réclamer contre des actes accomplis; l'opposition ou la réclamation est adressée au juge-commissaire qui doit statuer dans les trois jours, sauf recours au tribunal de commerce. Le failli et les créanciers peuvent provoquer en outre la révocation des syndics, mesure grave, qui ne peut se justifier que par des faits de mauvaise gestion, d'incapacité ou d'improbité. Voici la marche à suivre pour obtenir la révocation des syndics. La demande est adressée au juge-commissaire qui, s'il juge la réclamation fondée, la soumettra au tribunal, en lui demandant de remplacer le syndic ou les syndics dont la gestion est incriminée. Si le juge-commissaire n'a pas, dans les huit jours, saisi le tribunal de la demande, le demandeur peut se pourvoir directement devant le tribunal, qui, après avoir entendu le rapport du juge-commissaire et les explications des syndics dans la chambre du conseil, statuera sur la révocation.

Vérification des créances; production des titres. — La vérification des créances est une des opérations les plus importantes de la faillite; elle a pour but d'arrêter définitivement le passif en déterminant quels sont les créanciers légitimes du failli. Aussitôt après le jugement déclaratif de faillite, les créanciers peuvent remettre au greffier du tribunal de commerce qui en donne récépissé leurs titres de créance, auxquels est joint un *bordereau* sur papier timbré indiquant les sommes réclamées. C'est ce qu'on appelle la production des titres. Les créanciers qui n'ont pas encore déposé leurs titres au greffe sont avertis, après le jugement qui nomme les syndics définitifs, par des insertions dans les journaux et des lettres adressées à chacun d'eux par le greffier, d'avoir à remettre leurs titres aux syndics avec un bordereau, à moins qu'ils ne préfèrent les déposer au greffe. Le créancier peut faire sa production et prendre part aux diverses opérations que nous allons expliquer, soit en personne, soit par un fondé de pouvoir. Le pouvoir pour représenter un créancier dans une faillite doit être enregistré, mais il peut être sous seing privé; une procuration notariée n'est pas nécessaire. Le délai pour la production des titres est de vingt jours à compter des insertions faites dans les journaux; il est augmenté, pour les créanciers domiciliés hors de la ville où siège le tribunal devant lequel se suit la faillite, d'un jour par cinq myriamètres de distance entre le lieu où siège le tribunal et le domicile du créancier; pour les créanciers domiciliés hors du territoire continental de la France, il faut ajouter au délai de vingt jours un délai supplémentaire qui varie de un mois à huit mois.

Assemblée des créanciers. — Lorsque le délai pour la production des titres est expiré, les créanciers sont de nouveau convoqués pour assister à la vérification. Cette opération a lieu aux jour et heure indiqués par le juge-commissaire. Les syndics procèdent à la vérification en présence et sous la surveillance du juge-commissaire qui préside la réunion.

Procès-verbal de vérification; preuve des créances; admission. — La vérification est constatée par un procès-verbal détaillé, qui reproduit en substance le titre de chaque créancier. Le juge-commissaire a toujours le droit, si les justifications fournies par un créancier ne lui paraissent pas suffisantes, d'exiger la production des livres ou d'un extrait des livres fait par les juges du domicile du créancier. Tous les créanciers, même ceux dont les titres n'ont pas encore été vérifiés, peuvent assister à la vérification, faire des observations et contester les créances produites. Le même droit appartient au failli. Si les syndics et le juge-commissaire estiment que la créance est suffisamment justifiée, et si aucune contestation n'est soulevée par les autres créanciers ou le failli, la créance est admise au passif de la faillite. Mention de l'admission est faite sur le titre du créancier en ces termes : *Admis au passif de la faillite de..... pour la somme de...., le.....* Cette déclaration est signée par les syndics et visée par le juge-commissaire.

Contestation des créances. — Si des contestations s'élèvent, le juge-commissaire peut renvoyer devant le tribunal de commerce, qui juge sur son rapport et décide s'il y a lieu d'admettre ou de rejeter le créancier. Il peut arriver qu'une créance soit l'objet d'une contestation pendante devant un tribunal autre que le tribunal de la faillite; en pareil cas, si la contestation ne peut être jugée définitivement avant l'expiration des délais, le tribunal saisi peut ordonner que la créance contestée sera admise par provision à la faillite, jusqu'à concurrence de la somme qu'il déterminera.

Affirmation. — Le créancier admis doit remplir une dernière formalité : il est tenu, dans la huitaine qui suit la vérification, d'affirmer entre les mains du juge-commissaire que sa créance est sincère et véritable. L'affirmation frauduleuse d'une créance qui n'existe pas est punie des peines de la banqueroute frauduleuse, c'est-à-dire des travaux forcés à temps.

Conséquences du défaut de production et d'affirmation; opposition. — Les créanciers qui n'ont pas accompli les formalités que nous venons de parcourir ne peuvent prendre part aux délibérations de la faillite, non plus qu'aux répartitions qui seraient faites. Toutefois, ils peuvent former opposition entre les mains des syndics, et faire reconnaître leur droit par le tribunal, en cas de contestation. Les frais de l'opposition sont toujours à la charge du créancier négligent. Le créancier qui a formé ainsi opposition doit prendre les choses dans l'état où elles se trouvent au moment de son opposition ; il ne peut demander qu'on revienne sur des répartitions déjà faites ou même seulement ordonnancées par le juge-commissaire ; mais il ne peut être procédé, après l'opposition, à de nouvelles répartitions sans y comprendre ce créancier ou au moins sans réserver sa part si sa créance est contestée ; en outre, afin que sa condition soit égale à celle des autres, le créancier opposant est admis à prélever sur l'actif non encore réparti ce qu'il aurait touché dans les répartitions précédentes, s'il s'était présenté plus tôt.

Concordat ; traité entre le failli et ses créanciers. — Lorsque les délais pour la vérification et l'affirmation des créances sont expirés, une nouvelle réunion des créanciers a lieu pour délibérer sur le concordat. On entend par concordat un traité entre le failli et ses créanciers, traité qui remet le failli à la tête de ses affaires, et qui contient certains arrangements pour le paiement du passif.

Délibération sur le concordat. — Au jour fixé par le juge-commissaire, les créanciers sont convoqués par lettres et par insertions dans les journaux. La réunion se tient sous la présidence du juge-commissaire ; le failli est appelé et doit se présenter en personne, à moins d'une cause légitime d'empêchement approuvée par le juge-commissaire. Les syndics font un rapport sur l'état de la faillite, ses causes et son caractère, sur les opérations qu'ils ont faites et les formalités qu'ils ont remplies ; après ce rapport, le failli fait aux créanciers ses propositions, sur lesquelles ceux-ci sont appelés à délibérer et à voter. Tous les créanciers vérifiés et affirmés peuvent prendre part à la délibération et au vote du concordat ; il n'y a d'exception que pour les créanciers hypothécaires, privilégiés ou nantis d'un gage, qui ne peuvent participer au concordat, pour les créances ainsi garanties, qu'en renonçant au privilège, à l'hypothèque ou au gage : le vote au concordat entraîne de plein droit cette renonciation.

Double majorité nécessaire pour la formation du concordat. — Pour la formation du concordat, le consentement de tous les créanciers n'est pas nécessaire, il suffit que les propositions du failli réunissent une double majorité : majorité en nombre, comprenant la moitié plus un des créanciers, majorité en somme, consistant dans les trois quarts du montant des créances vérifiées et affirmées. Ainsi, supposons que les créanciers soient au nombre de vingt, et que le chiffre total des créances s'élève à 100 000 francs, il faudra que onze créanciers acceptent les propositions du failli, et que ces onze créanciers représentent dans le passif une somme de 75 000 francs au moins. Lorsque ces deux majorités sont réunies, le concordat est consenti, et il doit être signé, séance tenante, par les créanciers; si ni l'une ni l'autre des deux majorités n'est atteinte, le concordat est rejeté, la faillite se continue, et les créanciers sont de plein droit en état d'union. Il peut arriver que l'une des deux majorités, la majorité en nombre ou celle des trois quarts du chiffre des créances, soit acquise; en pareil cas, la délibération est remise à huitaine, et si, à cette nouvelle séance, la double majorité exigée ne peut être réunie, le concordat est définitivement rejeté. Le failli peut toujours obtenir un concordat, à moins qu'il n'ait été condamné pour banqueroute frauduleuse; la condamnation pour banqueroute simple n'est pas un obstacle absolu au concordat.

Conditions du concordat; dividendes. — Sans entrer dans le détail des arrangements divers qui peuvent intervenir entre le failli et ses créanciers, nous devons indiquer les conditions les plus ordinaires du concordat. La plupart du temps, les créanciers consentent au profit du débiteur une remise plus ou moins considérable sur le montant de leurs créances, remise de 25 0/0, 50 0/0, 75 0/0, et quelquefois davantage. Le prorata qui reste dû sur chaque créance, déduction faite de cette remise, s'appelle *dividende*. Ainsi, losqu'il est fait remise au failli de 25 0/0, on dit que le dividende est de 75 0/0, ce qui correspond aux trois quarts de la créance. Les créanciers accordent également au débiteur des délais plus ou moins longs pour le paiement, de manière que le failli puisse, par son travail, arriver à s'acquitter soit de la totalité de ce qu'il doit, soit au moins des dividendes promis. Quelquefois les créanciers exigent des garanties pour le paiement des dividendes : par exemple, le cautionnement d'une personne de la famille du failli.

Concordat par abandon. — Il est une espèce de concordat qui a des caractères particuliers et qui se présente assez fréquemment : c'est le concordat par abandon. Ce concordat se forme de la même manière que le concordat ordinaire; mais le failli, au lieu de promettre un dividende, ou en promettant un dividende moins considérable, abandonne à ses créanciers tout ou partie de son actif; l'actif ainsi abandonné est liquidé par les syndics, qui continuent l'administration dans les formes prescrites pour le cas où, à défaut de concordat, les créanciers sont en état d'union. L'abandon de son actif libère le failli à l'égard des créanciers de la faillite.

Homologation du concordat. — Le concordat, voté par les créanciers, ne devient définitif que par l'homologation du tribunal de commerce. L'homologation est demandée par le failli lui-même, ou par les syndics au nom de la masse. Il doit y avoir un délai de huit jours au moins entre le vote du concordat et l'homologation; ce délai a pour but de permettre aux intéressés de former opposition à l'homologation. Le tribunal statue, après avoir entendu le rapport du juge-commissaire. Alors même qu'aucune opposition ne se produit, le tribunal peut ne pas accorder l'homologation; il peut la refuser : pour des motifs tirés de l'intérêt public, lorsque le failli ne lui paraît pas digne d'obtenir un concordat; pour des motifs tirés de l'intérêt des créanciers, lorsque le tribunal estime que le concordat leur est préjudiciable; enfin il la refusera encore, si les formalités prescrites pour le vote du concordat n'ont pas été observées.

Oppositions au concordat; par qui et dans quel délai elles peuvent être formées. — Indépendamment de l'examen que le tribunal doit faire, même d'office, de la situation du failli et des dispositions du concordat, la loi a réservé aux intéressés la faculté de former opposition à l'homologation. Le droit de former opposition appartient à tous les créanciers qui ont pu concourir au concordat. L'opposition doit, à peine de nullité, être faite dans la huitaine; elle doit indiquer les motifs sur lesquels elle est fondée; elle est signifiée aux syndics et au failli, enfin elle contient assignation à la plus prochaine audience du tribunal de commerce. Lorsque des oppositions ont été formées, le tribunal statue sur ces oppositions, en même temps que sur l'homologation. Si le tribunal admet l'opposition, le concordat se trouve sans effet; il est annulé à l'égard de tout le monde. Le jugement qui accorde l'homologation, malgré l'opposition d'un ou de plusieurs créanciers, et le jugement qui refuse l'homologation, peuvent être frappés d'appel par les créanciers opposants ou par le failli; l'appel doit être interjeté dans la quinzaine de la signification du jugement.

Effets du concordat homologué. — Le concordat homologué devient obligatoire pour tous les créanciers, même pour ceux qui n'ont pas pris part aux opérations de la faillite et qui n'ont pas voté le concordat. Le failli est remis à la tête de ses affaires et recouvre l'administration de ses biens; les fonctions des syndics cessent, et ils rendent compte au failli de leur gestion. Il en est autrement toutefois dans le concordat par abandon : le failli qui abandonne son actif n'en reprend pas la disposition; la liquidation est faite par les syndics. Le failli, après le concordat, n'est plus tenu que jusqu'à concurrence du dividende promis : s'il paie le dividende, le créancier n'a plus le droit de le poursuivre pour le surplus; mais le créancier conserve son action pour le tout contre les cautions et les codébiteurs du failli, qui ne peuvent se prévaloir de la remise faite par le concordat.

Annulation et résolution du concordat. — Le concordat peut être annulé, en premier lieu, lorsque, postérieurement à l'homologation, on découvre que, par des manœuvres frauduleuses, le failli a dissimulé une partie de son actif ou exagéré son passif; il est nul, en second lieu, lorsqu'une condamnation pour banqueroute frauduleuse intervient contre le failli après l'homologation : la banqueroute frauduleuse exclut en effet absolument le concordat. L'annulation du concordat l'anéantit complètement, à ce point que les cautions qui en assuraient l'exécution sont libérées.

Le concordat peut être résolu, lorsque le failli n'exécute

pas les engagements qu'il a pris, lorsqu'il ne paie pas les dividendes aux époques fixées ; la résolution peut être prononcée par le tribunal de commerce, sur la demande d'un ou de plusieurs créanciers. Cette résolution ne libère pas les cautions ; leur engagement en effet a été exigé précisément en vue du cas où le débiteur n'exécuterait pas le concordat.

Effets de la nullité ou de la résolution. — L'annulation ou la résolution du concordat a pour effet de faire rouvrir la faillite : un juge-commissaire et des syndics sont nommés ; les opérations de la faillite recommencent. Les actes faits par le failli depuis l'homologation jusqu'à l'annulation ou la résolution sont maintenus, à moins qu'ils n'aient été faits de mauvaise foi et dans l'intention de nuire aux créanciers. Enfin, dans cette nouvelle faillite, les droits des créanciers antérieurs au concordat annulé ou résolu sont réglés ainsi : si les créanciers n'ont rien reçu des dividendes promis, ils figurent dans la nouvelle faillite pour l'intégralité de leurs créances ; s'ils ont reçu une portion du dividende, ils figurent pour la portion de leur créance correspondante à la part de dividende qu'ils n'ont pas touchée. Ainsi, je suis créancier de 10 000 francs : le concordat promettait un dividende de 50 0/0 ; si je n'ai rien reçu, je serai compris dans les opérations de la nouvelle faillite pour 10 000 francs ; si j'ai reçu sur le dividende promis 2 500 francs, ma créance ne sera plus que de 5 000 francs ; en effet, les 2 500 francs représentent la moitié du dividende de 50 0/0 auquel se trouvait réduite ma créance, et, ayant touché la moitié de ce dividende, ma créance est éteinte pour moitié.

Clôture pour insuffisance d'actif. — Nous avons supposé jusqu'à présent une faillite se poursuivant régulièrement : la clôture pour insuffisance d'actif est un incident qui met un terme aux opérations de la faillite. Lorsque l'actif paraît insuffisant pour subvenir aux frais que la faillite entraîne, le tribunal peut, sur le rapport du juge-commissaire, prononcer la clôture des opérations pour insuffisance d'actif. Ce jugement arrête la faillite, fait rentrer les créanciers dans l'exercice de leurs droits contre le failli, et leur rend la faculté d'exercer contre lui des poursuites. L'exécution du jugement qui prononce la clôture est suspendue pendant un mois à compter de sa date ; ce jugement peut en outre être rapporté à toute époque, sur la justification faite par le failli ou toute autre personne intéressée qu'il existe des fonds suffisants pour faire face aux dépenses de la faillite.

État d'union; ses conséquences. — Lorsque le failli n'obtient point de concordat, soit parce que ses propositions n'ont pas été acceptées, soit parce que le tribunal a refusé d'homologuer le concordat consenti par les créanciers, soit enfin parce que le failli a été condamné comme banqueroutier frauduleux, les créanciers sont de plein droit en état d'union. Cette expression vient de ce que, à défaut de concordat, les créanciers s'unissent pour arriver à la liquidation des valeurs appartenant au failli. L'union est pour le failli la solution la plus fâcheuse ; elle aboutit en effet à sa ruine, tous ses biens sont vendus, le prix en est réparti entre les créanciers, et, si les créanciers ne sont pas complètement payés par la réalisation de l'actif, ils conservent le droit de poursuivre le failli pour ce qui leur reste dû.

Liquidation par les syndics. — Dès le début de l'union, les créanciers sont consultés sur le maintien ou le remplacement des syndics qui ont jusque-là dirigé la faillite ; puis, sur le rapport du juge-commissaire, le tribunal rend un jugement qui conserve les syndics ou les remplace par d'autres. Le but de la gestion des syndics, lorsque les créanciers sont en état d'union, est la réalisation de l'actif. Ils vendent, soit à l'amiable, soit par vente publique, les valeurs mobilières appartenant au failli ; quant aux immeubles, ils ne peuvent les aliéner que dans les formes des ventes judiciairés, aux enchères publiques, et avec l'autorisation du juge-commissaire. Par exception, les syndics peuvent continuer l'exploitation de l'établissement du failli : il faut pour cela une délibération des créanciers, prise sous la présidence du juge-commissaire, et réunissant la majorité des trois quarts en nombre et en sommes. Les syndics peuvent aussi se faire autoriser par le tribunal à traiter à forfait de tout ou partie des droits dépendant de la faillite ; enfin ils peuvent, en se conformant aux règles que nous avons indiquées plus haut, transiger sur les contestations dans lesquelles la faillite peut se trouver engagée ; à partir de l'union, l'opposition du failli ne fait plus obstacle à la transaction, même lorsqu'elle a pour objet des droit immobiliers.

Contrôle des créanciers; compte définitif des syndics; dissolution de l'union. — Afin de leur permettre de contrôler la gestion des syndics, les créanciers en état d'union doivent être convoqués par le juge-commissaire, au moins une fois dans la première année ; le juge-commissaire peut également, s'il le juge nécessaire, les réunir dans les années suivantes. Les syndics font connaître la situation de la faillite, et les créanciers sont consultés sur l'opportunité de les maintenir ou de les remplacer. Lorsque les opérations de la faillite sont terminées, les créanciers sont convoqués une dernière fois ; les syndics rendent leur compte définitif, puis les créanciers sont appelés à donner leur avis sur l'excusabilité du failli. L'union est dissoute après cette assemblée, et le tribunal décide, sur le vu de la délibération des créanciers, si le failli est ou non excusable.

Des diverses espèces de créanciers; créanciers porteurs d'engagements solidaires. — Nous avons à nous occuper ici de la situation particulière faite à certains créanciers dans la faillite.

Parlons d'abord du créancier qui a plusieurs débiteurs solidaires en faillite. Ce créancier figure pour la valeur nominale de son titre dans ces diverses faillites, et participe aux distributions dans toutes les masses jusqu'à ce qu'il soit intégralement payé. Supposons, par exemple, une lettre de change portant quatre signatures, et les quatre signataires en faillite, le porteur pourra produire à ces quatre faillites pour le montant de la lettre de change, de sorte que, si chacune donne un dividende de 25 0/0, le créancier sera intégralement payé. Le créancier, porteur d'un engagement solidaire, qui a reçu un à-compte avant la faillite de l'un des coobligés, ne peut plus figurer dans cette faillite que sous déduction de ce qu'il a reçu.

Créanciers nantis d'un gage; créanciers hypothécaires et privilégiés. — Après le créancier porteur d'un engagement solidaire, nous trouvons les créanciers nantis d'un gage, les créanciers hypothécaires et privilégiés. Ces créanciers ont dans la faillite une situation particulière, à raison de la sûreté que leur donne le gage, le privilège ou l'hypothèque. Les créanciers nantis ne figurent dans la masse des créanciers que pour mémoire. Les syndics peuvent, avec l'autorisation du juge-commissaire, faire rentrer dans l'actif de la faillite l'objet donné en gage, en remboursant au créancier gagiste ce qui lui est dû ; ce créancier, s'il n'est pas payé, réalise le gage, et se paye sur le prix par préférence aux autres créanciers. Si le prix de la vente est insuffisant pour désintéresser le créancier, il est, pour ce qui reste dû, créancier ordinaire ; il viendra prendre part aux répartitions et toucher un dividende. Si au contraire le prix de la vente dépasse la somme due au créancier gagiste, l'excédent rentre à la masse de la faillite. Le privilège établi par le Code civil (art. 2101) au profit des domestiques et gens de service est étendu, en cas de faillite, aux ouvriers employés directement par le failli et aux commis. Les ouvriers sont privilégiés pour leur salaire pendant le mois qui a précédé la déclaration de faillite, et les commis, pour leurs appointements pendant les six derniers mois. Les créanciers privilégiés sont payés avant les autres : le juge-commissaire peut autoriser les syndics à acquitter ces créances sur les premiers deniers rentrés.

Nous avons déjà eu occasion de dire un mot des règles spéciales aux créanciers hypothécaires, nous avons vu qu'ils ne pouvaient, sans perdre leur hypothèque, prendre part au vote du concordat : nous avons vu également, qu'après la déclaration de la faillite, ils conservaient le droit d'exercer des poursuites sur les immeubles hypothéqués. Toutefois, lorsque les créanciers sont en état d'union, comme les syndics sont tenus de faire procéder à la vente des immeubles, les créanciers hypothécaires ne peuvent plus commencer de poursuites. Le créancier hypothécaire, lorsqu'il n'est pas intégralement payé sur le prix de l'immeuble hypothéqué, rentre, pour le reliquat de sa créance, dans la catégorie des créanciers ordinaires. Ainsi, je suis créancier hypothécaire de 10 000 francs, l'immeuble hypothéqué est vendu 7 000 francs, je touche cette somme comme créancier hypothécaire, et je reste créancier ordinaire pour 3 000 francs; si la faillite donne 25 0/0, je toucherai comme dividende sur les 3 000 francs, 750 francs, soit au total 7750 francs.

Restrictions aux droits de la femme du failli. — La faillite apporte aux droits de la femme du failli des restrictions importantes fondées sur ce motif, que la femme du failli ne doit pas pouvoir s'approprier indirectement les deniers des créanciers ou les biens qui leur servent de gage. La femme ne peut reprendre les immeubles qu'elle a apportés lors du mariage, ou ceux qu'elle a recueillis ensuite par succession ou par donation, qu'en justifiant par des actes réguliers de son droit à ces immeubles. Elle ne peut reprendre les immeubles achetés en son nom pendant le mariage qu'en justifiant qu'elle les a acquis avec des deniers lui appartenant en propre; autrement, ces immeubles sont présumés avoir été payés des deniers du mari, et sont réunis à l'actif de la faillite. Quant aux effets mobiliers qui seraient la propriété personnelle de la femme, elle ne peut en exercer la reprise qu'autant que l'identité en est constatée par un inventaire ou autre acte authentique. Si la femme a payé des dettes pour le compte du mari, elle n'a de recours à exercer contre la faillite que si elle prouve, par acte en bonne forme, qu'elle a payé ces dettes de ses deniers personnels.

Signalons encore les dispositions relatives à l'hypothèque légale de la femme du commerçant tombé en faillite. En général, la femme a, sur tous les immeubles du mari, une hypothèque légale qui garantit le paiement de toutes les créances qu'elle peut exercer contre le mari. Lorsque le mari est commerçant lors du mariage, ou lorsque, n'ayant pas alors de profession déterminée, il le devient dans l'année, et qu'il tombe ensuite en faillite, l'hypothèque légale de la femme ne frappe que les immeubles dont le mari était propriétaire lors de la célébration du mariage ou qui lui sont échus depuis par succession, donation ou legs; l'hypothèque ne s'étend pas aux immeubles achetés pendant le mariage; en outre, l'hypothèque légale n'existe que pour quelques-unes des créances que la femme a à exercer contre son mari. Enfin, dans les mêmes circonstances, en supposant le mari commerçant lors du mariage, ou devenu commerçant dans l'année qui a suivi alors qu'il n'avait pas à ce moment de profession, la femme ne peut se prévaloir à l'encontre des créanciers de la faillite des avantages que lui assure son contrat de mariage.

Répartition entre les créanciers. — Après que les diverses dépenses de la faillite ont été acquittées; après le prélèvement des sommes payées aux créanciers privilégiés, l'actif net se répartit entre les créanciers ordinaires au marc le franc, c'est-à-dire proportionnellement à leurs créances. C'est le juge-commissaire qui décide si, par suite des recouvrements opérés par les syndics et dont le montant est déposé à la caisse des consignations, il y a lieu de faire une répartition ; c'est lui aussi qui en fixe la quotité. Les syndics payent au créancier le dividende afférent à sa créance sur la représentation de son titre, et, s'il ne peut le représenter, sur le vu du procès-verbal de vérification. Il est fait mention du paiement sur le titre, et le créancier donne quittance en marge de l'état de répartition dressé par les syndics.

Revendication. — La revendication est le droit qui appartient à certaines personnes de réclamer contre la faillite la restitution d'effets de commerce ou de marchandises. En premier lieu, celui qui a remis au failli des effets de commerce, billets à ordre ou lettres de change, sans lui en transférer la propriété, en le chargeant seulement d'en opérer le recouvrement, peut les revendiquer s'ils se trouvent encore dans le portefeuille du failli, s'ils n'ont pas été négociés par lui. Un second cas de revendication se présente, lorsque des marchandises ont été remises en dépôt ou en consignation au failli : le propriétaire de ces marchandises peut se les faire restituer, lorsqu'elles existent encore entre les mains du failli. Si les marchandises ont été vendues par le failli et que le prix en soit encore dû, ce prix ne tombe pas dans la masse de la faillite, et le propriétaire qui avait déposé ou donné en consigation les marchandises aura droit, à l'exclusion des autres créanciers, au prix dû par l'acheteur. Une troisième espèce de revendication est celle des marchandises vendues au failli et non payées. Le vendeur peut les revendiquer pourvu que deux conditions se rencontrent : 1° que les marchandises ne soient pas entrées dans les magasins du failli, ni dans ceux du commissaire chargé de les vendre pour le compte du failli ; 2° qu'avant leur arrivée elles n'aient pas été vendues à un tiers de bonne foi. Le vendeur peut, à plus forte raison, retenir et conserver les marchandises qu'il a vendues, mais qu'il n'a pas encore expédiées. Dans tous les cas, les syndics peuvent, avec l'autorisation du juge-commissaire, se faire livrer les marchandises en en payant le prix. Le vendeur qui ne se trouve pas dans les conditions spéciales où il peut revendiquer a seulement le droit de produire à la faillite comme créancier ordinaire, et de toucher un dividende. Les demandes en revendication, si elles ne sont pas reconnues fondées par les syndics qui peuvent y faire droit avec la seule autorisation du juge-commissaire, sont jugées par le tribunal de commerce.

SECTION II

DE LA BANQUEROUTE.

Distinction de la banqueroute simple et de la banqueroute frauduleuse. — Lorsque la faillite est accompagnée d'imprudence, de négligence grave ou de fraude, elle dégénère en banqueroute. On distingue deux espèces de banqueroute : la banqueroute simple et la banqueroute frauduleuse.

Banqueroute simple. — La banqueroute simple est un délit qui est poursuivi devant le tribunal correctionnel et puni d'un emprisonnement d'un mois à deux ans. Il y a une distinction à faire entre les divers cas de banqueroute simple. Il est certains cas dans lesquels le tribunal, s'il reconnaît les faits constants, ne peut se refuser à prononcer une condamnation. En voici l'énumération : 1° lorsque le failli a fait des dépenses personnelles ou des dépenses de maison excessives ; 2° lorsqu'il a perdu des sommes considérables au jeu ou à des opérations de hasard ; 3° lorsque, dans l'intention de retarder sa faillite, il a acheté des marchandises pour les revendre au-dessous du cours, ou qu'il s'est livré à des emprunts, circulation d'effets, ou autres moyens ruineux de se procurer des fonds ; 4° lorsqu'après la cessation de ses paiements, il a payé un créancier au préjudice de la masse. Dans d'autres cas, le tribunal a un pouvoir d'appréciation plus large, et peut, même lorsque les faits sont prouvés, renvoyer le failli de la poursuite ; voici les principaux : 1° lorsque le failli a contracté pour le compte d'autrui des engagements excessifs ; 2° lorsqu'il est de nouveau déclaré en faillite sans avoir exécuté un précédent concordat ; 3° lorsqu'il n'a pas fait, dans les ·trois jours, au greffe du tribunal, la déclaration de cessation de ses paiements ; 4° lorsqu'il n'a pas tenu de livres et fait exactement inventaire ou que ses livres et inventaires sont incomplets ou irrégulièrement tenus. Le failli poursuivi ou condamné comme banqueroutier simple peut, malgré cette condamnation, obtenir un concordat.

Banqueroute frauduleuse. — La banqueroute frauduleuse est un crime qui est poursuivi devant la cour d'assises, et puni de la peine des travaux forcés dont la durée est de cinq ans au moins et vingt ans au plus. Le failli est coupable de banqueroute frauduleuse, lorsqu'il a soustrait ses livres pour empêcher la justice de connaître sa véritable situation, lorsqu'il a frauduleusement détourné ou dissimulé une partie de son actif, ou qu'il s'est frauduleusement reconnu débiteur de sommes qu'il ne devait pas. La condamnation pour banqueroute frauduleuse empêche le failli d'obtenir un concordat, et entraîne la nullité du concordat, si le failli l'a obtenu avant sa condamnation.

Délits commis par d'autres que le failli. — Indépendamment de la banqueroute simple et de la banqueroute frauduleuse, la loi atteint certains faits commis par des tiers au préjudice de la faillite, soit par suite d'une complaisance coupable pour le failli, soit dans un intérêt personnel. Ainsi sont punis des peines de la banqueroute frauduleuse : ceux qui, dans l'intérêt du failli, ont soustrait ou dissimulé tout ou partie de ses biens ; ceux qui ont frauduleusement présenté à la faillite et affirmé des créances supposées. Le créancier qui stipule un avantage particulier, pour prix de son vote dans les délibérations de la faillite, ou qui fait un traité particulier duquel résulte en sa faveur un avantage à la charge de l'actif du failli, est puni d'un emprisonnement qui ne peut excéder une année et d'une amende de 2000 francs au plus; les conventions ainsi faites sont en outre déclarées nulles. Enfin le syndic, reconnu coupable de malversations, peut être poursuivi correctionnellement et puni d'un emprisonnement.

SECTION III.

DE LA RÉHABILITATION.

Conditions et effets de la réhabilitation. — Le concordat qui remet le failli à la tête de ses affaires ne fait pas cesser tous les effets de la faillite. Le failli reste privé de l'exercice des droits politiques, il n'est point électeur, il ne peut exercer de fonctions publiques : spécialement, il ne peut faire partie du jury, être agent de change ou courtier inscrit; l'entrée de la Bourse lui est même interdite. Ces diverses incapacités ne cessent que par la réhabilitation qui efface complètement la faillite, en faisant recouvrer au failli tous ses droits. Pour obtenir sa réhabilitation, le failli doit payer intégralement toutes les sommes par lui dues, en capital, intérêts et frais, même la partie des créances dont il lui a été fait remise par le concordat. La réhabilitation peut être poursuivie après la mort du failli par ses héritiers. Certains faillis ne peuvent être réhabilités, notamment ceux qui ont été condamnés pour vol, escroquerie, abus de confiance ou banqueroute frauduleuse. Le banqueroutier simple peut obtenir sa réhabilitation lorsqu'il a subi sa peine.

Formes de la demande en réhabilitation. — La demande en réhabilitation est formée devant la Cour d'appel dans le ressort de laquelle le failli est domicilié; elle est introduite par une requête signée d'un avoué exerçant près la Cour. A la requête doivent être jointes les quittances et autres pièces justifiant le paiement fait aux créanciers de tout ce qui leur est dû. La requête est communiquée au procureur général près la Cour, qui transmet une copie de la demande au procureur de la République et au président du tribunal de commerce du domicile du failli, et, si le failli a changé de domicile depuis la faillite, au procureur de la République et au président du tribunal de commerce de l'arrondissement où la faillite a été déclarée. Ces magistrats sont chargés de recueillir des renseignements qu'ils transmettent au procureur général, et de porter la demande à la connaissance du public, au moyen d'affiches et d'insertions dans les journaux.

Opposition à la réhabilitation. — Pendant deux mois à compter de l'accomplissement de ces formalités de publicité, tout créancier qui n'a point été intégralement payé, ou toute autre personne intéressée, peut faire opposition à la réhabilitation. L'opposition consiste en une déclaration au greffe, accompagnée des pièces établissant, ou que le créancier n'a pas été intégralement payé, ou que le failli se trouve dans un cas où la réhabilitation n'est pas possible.

Comment il est statué sur la demande. — A l'expiration du délai de deux mois, la Cour statue. Si la demande est rejetée, elle ne peut être renouvelée qu'après un an d'intervalle; si la réhabilitation est prononcée, l'arrêt est transmis aux tribunaux de commerce du domicile actuel du failli et du lieu où la faillite a été déclarée. Ces tribunaux en font faire une lecture publique, et en ordonnent la transcription sur leurs registres.

CHAPITRE VII

DES TRIBUNAUX DE COMMERCE

(Code de commerce, art. 615 à 648. — Code de procédure civile, art. 414 à 442.)

Création des tribunaux de commerce. — Il n'existe de tribunaux de commerce que dans les villes où les affaires commerciales ont un certain développement. Ils sont établis par des décrets rendus dans la forme des règlements d'administration publique, c'est-à-dire après avis du conseil d'Etat. Lorsqu'il y a dans un arrondissement un seul tribunal de commerce, la compétence de ce tribunal s'étend à tout l'arrondissement; s'il y a plusieurs tribunaux de commerce dans un arrondissement, le décret d'institution détermine le territoire sur lequel ils exerceront leur juridiction. Enfin, dans les arrondissements qui n'ont pas de tribunaux de commerce, leurs attributions particulières appartiennent aux tribunaux de première instance qui, pour le jugement des contestations commerciales, doivent se conformer aux règles établies pour la procédure des tribunaux de commerce.

Leur composition. — Les tribunaux de commerce sont composés d'un président et d'un certain nombre de juges et de juges suppléants, selon leur importance; les magistrats sont pris parmi les commerçants de la circonscription du tribunal, et sont élus par une assemblée d'électeurs pris parmi les commerçants recommandables par leur probité, leur esprit d'ordre et d'économie. La liste des électeurs est dressée par une commission spéciale. (*Loi du 28 décembre 1871.*) Pour être nommé juge ou juge suppléant, il faut être âgé de trente ans, inscrit à la patente depuis cinq ans au moins, et domicilié dans le ressort du tribunal. Nul ne peut être nommé juge, s'il n'a été suppléant; le président ne peut être choisi que parmi les anciens juges. Les président, juges et juges suppléants prêtent serment à l'audience de la Cour d'appel ou du tribunal de première instance de leur arrondissement; ils ne peuvent entrer en fonctions qu'après la prestation de serment. Les fonctions des membres des tribunaux de commerce sont gratuites; elles durent deux ans : après une première période, ils peuvent être réélus pour deux ans, mais, ces quatre années expirées, ils ne peuvent être nommés de nouveau qu'après un intervalle d'une année. Il y a près de chaque tribunal de commerce un greffier qui tient la plume aux audiences, conserve les minutes, et délivre les expéditions des jugements.

Compétence des tribunaux de commerce. — Les tribunaux de commerce jugent : 1º les contestations relatives aux engagements et transactions entre négociants, marchands et banquiers; 2º les contestations entre associés, membres d'une société commerciale ; 3° les contestations relatives aux actes qui ont par eux-mêmes le caractère d'actes de commerce, tels que les lettres de change, par quelque personne que ces actes aient été faits. Ils ont encore compétence pour statuer sur les contestations qui naissent en matière de faillite, et sur les demandes formées contre les commis ou préposés des commerçants à raison du commerce auquel ils sont attachés ; enfin les tribunaux de commerce connaissent, comme juges d'appel, des sentences rendues par les conseils de prud'hommes.

Le demandeur peut porter son action, soit devant le tribunal du domicile du défendeur, soit devant le tribunal dans l'arrondissement duquel la promesse a été faite et la marchandise livrée : ces deux conditions doivent concourir, une seule ne suffirait pas pour justifier la compétence ; soit enfin devant le tribunal dans l'arrondissement duquel le paiement doit être effectué.

Procédure devant les tribunaux de commerce. — Les caractères essentiels de la procédure devant les tribunaux de commerce sont la célérité, la simplicité et l'économie des frais. L'instance est introduite par une assignation ou exploit d'ajournement signifié par un huissier. Le délai pour comparaître est d'un jour au moins ; ainsi, l'assignation étant délivrée le lundi, le défendeur peut être cité pour l'audience du mercredi. En cas d'urgence, le président peut permettre d'assigner pour l'audience du lendemain, ou même pour l'audience du jour, d'heure à heure. Les parties comparaissent en personne devant le tribunal de commerce, ou se font représenter par un mandataire muni d'un pouvoir spécial, qui peut être sous seing privé, mais doit être enregistré. Il y a là une différence essentielle avec la procédure devant les tribunaux civils : devant ces tribunaux en effet les plaideurs doivent nécessairement être représentés par un avoué, dont le ministère est obligatoire, et auquel la remise des pièces donne un pouvoir suffisant. Il existe près de certains tribunaux de commerce des mandataires spéciaux, recommandés au choix des justiciables, et qui ont l'agrément du tribunal, ce qui leur a fait donner le nom d'agréés. Mais là où des agréés sont institués, leur ministère n'est pas obligatoire, et, si la partie s'adresse à eux, ils ne peuvent la représenter que munis d'un pouvoir spécial, comme les autres mandataires. Dans tous les cas, le tribunal peut ordonner que les parties donnent des explications personnelles, à l'audience ou en chambre du conseil. Afin d'éviter les frais qu'entraîneraient des significations faites à de grandes distances, les parties qui ne demeurent pas dans le lieu où se trouve le tribunal doivent, lorsqu'il n'intervient pas de jugement définitif à la première audience, faire élection de domicile dans la ville où siège le tribunal; cette élection de domicile est mentionnée sur la feuille d'audience : si elle n'a point été faite, toutes les significations qui se présentent dans le cours de l'instance sont valablement faites au greffe du tribunal.

Moyens d'instructions; preuve testimoniale; renvoi devant arbitre rapporteur. — Le tribunal de commerce peut employer divers moyens pour s'éclairer sur le mérite des prétentions respectives des parties; il peut se faire représenter les livres, ordonner la preuve par témoins : les témoins sont entendus à l'audience. Il peut prendre l'avis d'hommes spéciaux pour vérifier ou estimer des travaux ou des marchandises, ceux qu'il charge de cette mission sont des experts; enfin il arrive souvent que le tribunal renvoie pour l'examen des livres, des pièces, des comptes, devant un ou trois arbitres. Ces arbitres sont chargés d'abord de concilier les parties, et s'ils n'y peuvent réussir, ils font un rapport sur l'affaire et le déposent au greffe du tribunal. Ces arbitres, désignés dans la pratique sous le nom d'arbitres rapporteurs, et qui ont mission seulement de donner un avis que le tribunal peut suivre ou ne pas suivre, ne doivent pas être confondus avec les arbitres proprement dits, ou arbitres juges, choisis par les parties pour statuer sur une contestation.

Les jugements des tribunaux de commerce sont exécutoires par provision. — Les jugements des tribunaux de commerce s'exécutent par provision, nonobstant l'appel interjeté; mais la partie qui suit l'exécution, après que son adversaire a fait appel du jugement, doit en général fournir caution ou justifier d'une solvabilité suffisante : en effet, si l'appel est bien fondé, et si la décision du tribunal est réformée, la partie devra restituer ce qu'elle aura reçu.

Jugements par défaut; opposition. — Lorsque la partie assignée devant le tribunal de commerce ne comparaît pas, elle est condamnée par défaut; les jugements par défaut sont susceptibles d'opposition, et l'opposition est possible jusqu'à l'exécution du jugement. L'opposition est formée par exploit d'huissier contenant assignation devant le tribunal qui a rendu le jugement par défaut. Le demandeur doit mettre à exécution le jugement par défaut dans les six mois de son obtention, sinon le jugement serait réputé non avenu.

Appel. — Les jugements des tribunaux de commerce peuvent être attaqués par la voie de l'appel, lorsque l'intérêt du litige excède 1 500 francs; l'appel est porté devant la Cour d'appel dans le ressort de laquelle se trouve le tribunal. Le délai pour interjeter appel est de deux mois à compter du jour de la signification, si le jugement est contradictoire; à compter du jour où l'opposition n'est plus recevable, s'il est par défaut. Le délai est réduit à quinzaine pour les jugements rendus en matière de faillite. L'appel peut être interjeté aussitôt après le jugement; mais il ne suspend pas nécessairement l'exécution, puisque les jugements des tribunaux de commerce sont de droit exécutoires par provision nonobstant appel.

DEUXIÈME PARTIE

LÉGISLATION INDUSTRIELLE

CHAPITRE PREMIER

DE LA LIBERTÉ ET DE LA RÉGLEMENTATION DU TRAVAIL ET DE L'INDUSTRIE

SECTION PREMIÈRE

NOTIONS GÉNÉRALES

Liberté du travail; exceptions. — Le principe de notre législation, depuis 1789, est le principe de la liberté du travail. L'ouvrier et le patron qui l'emploie règlent librement entre eux le mode et la durée du travail, la rémunération ou le salaire dû à l'ouvrier. La loi a dû cependant intervenir pour protéger les ouvriers employés dans certains établissements. D'une manière plus générale, elle a réglementé le travail des enfants soit comme ouvriers, soit comme apprentis.

Coalitions; dispositions répressives. — (*Loi du 25 mai 1864.*) — Le principe de la liberté du travail entraîne comme conséquence nécessaire le droit pour les ouvriers aussi bien que pour les patrons de se réunir et de se concerter pour modifier les conditions du travail ou le salaire. Ce concert est ce qu'on nomme la coalition. La coalition peut amener la *grève*, c'est-à-dire la désertion de l'atelier et la cessation simultanée du travail par les ouvriers.

D'après la loi du 25 mai 1864, les coalitions entre patrons et ouvriers sont libres en principe : les ouvriers peuvent se concerter pour refuser le travail, si une augmentation de salaire ou une modification dans les conditions du travail ne leur est pas accordée : ce fait n'est pas un délit. Mais si la coalition n'est pas punie lorsqu'elle est le résultat de la volonté libre des intéressés, elle est sévèrement réprimée lorsqu'elle est accompagnée de violence, de fraude, de manœuvres portant atteinte à la liberté des autres ouvriers. Lorsqu'il y a des violences, des voies de fait, des menaces, des manœuvres frauduleuses, que ces violences ou ces manœuvres ont eu pour but de porter atteinte, par la cessation simultanée du travail, à la liberté du patron ou de l'ouvrier, il y a délit de coalition puni, d'après la loi de 1864, d'un emprisonnement de six jours à trois ans, d'une amende de 16 francs à 3 000 francs, ou de l'une de ces deux peines.

La loi prévoit et réprime un autre fait qui constitue aussi une atteinte à la liberté du travail ; ce sont les amendes, défenses, proscriptions, interdictions qui sont prononcées en exécution d'un concert ou accord préalable, et qui ont pour but d'empêcher de travailler les ouvriers qui ne veulent pas se joindre aux demandes de leurs compagnons, et se coaliser avec eux. Ce délit est puni d'un emprisonnement de six jours à trois mois, d'une amende de 16 francs à 300 francs, ou de l'une de ces deux peines seulement.

Liberté de l'industrie; exceptions. — Pas plus que la liberté du travail, la liberté de l'industrie n'est illimitée. L'intérêt général exige que certaines professions ne puissent être exercées que par des personnes présentant des garanties particulières. Ainsi les professions d'avocat, de notaire, d'avoué, d'huissier, de greffier sont soumises à la justification de certaines conditions d'aptitude ; il en est de même des professions de médecin, pharmacien, herboriste. Dans l'intérêt de l'ordre public et de la sécurité des citoyens, la loi a réglementé la fabrication et la vente des armes de guerre, la fabrication et la vente de la poudre ; de même des règlements particuliers existent pour les établissements dangereux, incommodes et insalubres. Enfin, soit dans un intérêt fiscal, soit pour assurer la régularité de certains services, d'autres restrictions ont été apportées à la liberté de l'industrie, et même l'État s'est réservé le monopole de la fabrication et de la vente de certains produits ou le monopole des services ayant plus particulièrement un caractère d'intérêt général, comme les postes et les télégraphes.

Parmi les industries qui pendant longtemps ont été réglementées, il en est deux qu'une loi récente a complètement affranchies : les professions d'imprimeur et de libraire. Aujourd'hui l'imprimerie et la librairie sont libres. Les seules conditions imposées pour la publication d'un ouvrage imprimé sont d'indiquer sur l'ouvrage le nom et le domicile de l'imprimeur et de déposer deux exemplaires de l'ouvrage destinés aux collections nationales. (*Loi du* 29 *juillet* 1881.)

Division. — Après ces préliminaires, nous avons à étudier les principales exceptions à la liberté du travail et de l'industrie. Dans une première section, nous traiterons de la réglementation du travail et de la juridiction des conseils de prud'hommes chargée de statuer sur les contestations entre patrons et ouvriers ; dans une seconde section, nous nous occuperons de la réglementation de l'industrie et des monopoles établis au profit de l'État.

SECTION II

RÉGLEMENTATION DU TRAVAIL

§ 1er. — Durée du travail des ouvriers dans les manufactures et usines.

(Loi du 9 septembre 1848. — Décret du 17 mai 1851.)

Industries soumises à cette réglementation. — La limitation de la durée du travail n'existe que pour les ouvriers employés dans les manufactures et usines. Le maximum de la durée du travail est de douze heures ; mais des exceptions peuvent être introduites, à raison soit de la nature des industries, soit de causes de force majeure. Un décret du 17 mai 1851 a admis en effet des exceptions fort étendues. Pour certaines industries, telles que les imprimeries, la fonte des métaux; pour certains travaux, tels que le travail des chauffeurs attachés au service des machines à vapeur et des ouvriers employés à la conduite des fourneaux, étuves, sécheries, la durée du travail n'est plus limitée. Dans d'autres industries, telles que les teintureries, les fabriques d'indiennes, les raffineries de sucre, les chefs d'établissements peuvent prolonger la durée du travail d'une ou deux heures, mais à condition, s'ils veulent user de cette faculté, d'en faire la déclaration au préfet, par l'intermédiaire du maire. Enfin, dans toutes les usines et manufactures, le travail peut être prolongé au delà du maximum de douze heures, lorsqu'un accident rend nécessaire une réparation urgente.

§ 2. — TRAVAIL DES ENFANTS ET DES FILLES MINEURES EMPLOYÉS DANS L'INDUSTRIE.

(Loi du 19 mai 1874.)

Nécessité de la réglementation du travail des enfants. — Le législateur s'est préoccupé de protéger les enfants employés aux travaux industriels, en réglant les conditions de leur travail. Une loi du 22 mars 1841 avait réglementé le travail des enfants employés dans les usines à moteur mécanique ou occupant un maximum de vingt ouvriers. La loi du 19 mai 1874 a complété et amélioré les dispositions de la loi de 1841; cette loi de 1874 s'applique aux enfants et filles mineures, employés à un travail industriel dans les fabriques, usines, mines, chantiers et ateliers de toute nature, tandis que la loi de 1841 ne soumettait à la réglementation qu'une catégorie restreinte d'industries.

Age d'admission; durée du travail. — Les enfants ne peuvent être employés par des patrons, ni admis dans les manufactures, usines, ateliers ou chantiers avant l'âge de douze ans révolus. Ils peuvent toutefois, par exception, être employés à l'âge de dix ans dans certaines industries déterminées par un règlement d'administration publique. L'enfant jusqu'à douze ans ne peut être assujetti par jour à plus de six heures de travail divisées par un repos. A partir de douze ans, la durée du travail peut être de douze heures par jour divisées par des repos. Les enfants ne peuvent être employés à aucun travail de nuit jusqu'à seize ans : le travail de nuit est celui qui a lieu après neuf heures du soir et avant cinq heures du matin. L'interdiction du travail de nuit peut être levée, par exception, en cas de chômage résultant d'une interruption accidentelle, ou dans les usines à feu continu ; mais les enfants âgés de moins de douze ans ne peuvent jamais être employés au travail de nuit, même lorsqu'il est autorisé. Les enfants de moins de seize ans et les filles de moins de vingt-un ans ne peuvent en principe être employés à aucun travail les dimanches et jours de fête. Aucun enfant ne peut être admis dans les travaux souterrains des mines et carrières avant l'âge de douze ans.

Mesures prises dans l'intérêt de l'instruction de l'enfant. — L'enfant âgé de moins de douze ans ne peut être employé par un patron qu'autant que ses parents ou son tuteur justifient qu'il fréquente une école ; et, lorsqu'il est admis à l'atelier, il doit suivre les classes pendant le temps libre du travail. La fréquentation de l'école est constatée par une feuille de présence que l'instituteur remet chaque semaine au patron. Avant l'âge de quinze ans accomplis, l'enfant ne peut être admis à travailler plus de six heures par jour, s'il ne justifie qu'il a acquis l'instruction primaire élémentaire : cette justification se fait par un certificat de l'instituteur ou de l'inspecteur primaire, délivré gratuitement et visé par le maire.

Surveillance des enfants; police des ateliers. — Pour faciliter la surveillance des enfants employés dans les établissements industriels, le maire doit délivrer au père, à la mère, ou au tuteur de l'enfant, un livret contenant les nom, prénoms, date et lieu de naissance de l'enfant et l'indication du temps pendant lequel il a suivi l'école. Le patron ou chef d'industrie inscrit sur le livret de chaque enfant la date de son entrée et celle de sa sortie ; les différentes indications du livret sont reportées sur un registre spécial qui reste en la possession du patron. Les dispositions de la loi et les règlements relatifs à son exécution doivent être affichés dans chaque atelier. Les enfants ne peuvent être employés à des travaux dangereux ou insalubres; les patrons ou chefs d'industrie doivent veiller à ce que les ateliers soient convenablement ventilés, et présentent toutes les conditions de sécurité et de salubrité désirables.

Inspections; commissions locales et commission supérieure; pénalités. — L'exécution des prescriptions de la loi est assurée par la création d'inspecteurs nommés par le gouvernement. Ces inspecteurs ont entrée dans les ateliers, manufactures et chantiers; ils visitent les enfants et dressent procès-verbal des contraventions qui pourraient être commises. Des commissions locales, nommées par les préfets dans chaque département, et une commission supérieure instituée près le ministre du commerce surveillent l'exécution de la loi et contrôlent le service de l'inspection. Les contraventions aux dispositions de la loi sont poursuivies devant le tribunal correctionnel et punies d'une amende de 16 francs à 50 francs.

§ 3. — DE L'APPRENTISSAGE.

(Loi du 22 février 1851.)

Définition du contrat d'apprentissage. — L'apprentissage est un contrat par lequel un fabricant, un chef d'atelier ou même un ouvrier s'oblige à enseigner la pratique de sa profession à une autre personne qui s'oblige en retour à travailler pour lui, le tout à des conditions et pour un temps convenu. L'importance du contrat d'apprentissage appelait l'intervention du législateur. Assurer à l'enfant le bénéfice d'une éducation professionnelle complète, protéger sa moralité et sa santé, tel est le double but des dispositions relatives à cette matière.

Formes du contrat. — Le contrat d'apprentissage peut être fait par écrit ou verbalement : les notaires, les greffiers de justice de paix, les secrétaires des conseils de prud'hommes peuvent dresser l'acte d'apprentissage; cet acte peut également être rédigé sous seing privé par les parties elles-mêmes. L'acte d'apprentissage est soumis à un droit d'enregistrement qui ne dépasse pas un franc; l'honoraire dû à l'officier public employé à sa rédaction est fixé à deux francs. L'acte écrit, si simple et si peu coûteux, doit être préféré à un contrat verbal; il présente plus de garanties. En effet, lorsque le contrat d'apprentissage est fait verbalement, la preuve ne peut en être admise que conformément aux dispositions rigoureuses du code civil qui ne permettent en général la preuve par témoins qu'autant qu'il s'agit d'une somme ou valeur inférieure à 150 fr. (*Code civil, art.* 1341.)

Que doit contenir l'acte d'apprentissage. — L'acte d'apprentissage doit contenir : 1º les nom, prénoms, âge, profession et domicile du maître; 2º les nom, prénoms, âge et domicile de l'apprenti; 3º les nom, prénoms, profession et domicile de ses père et mère ou de son tuteur. L'apprenti étant mineur, ce sont les personnes sous l'autorité desquelles il est placé qui figurent en son nom au contrat. Le contrat d'apprentissage pourrait être fait au nom du mineur par une personne étrangère, autorisée à cet effet par les parents du mineur, ou, à défaut des parents, par le juge de paix; 4º la date et la durée du contrat; 5º les conditions de logement, de nourriture, de prix et toutes autres arrêtées entre les parties. Enfin l'acte est signé par le maître et ceux qui représentent l'apprenti. Les conventions relatives à l'apprentissage sont librement débattues et fixées entre les parties, sauf certaines règles d'ordre public que nous aurons bientôt à indiquer et auxquelles il n'est pas permis de déroger. Ajoutons, quant à la durée de l'apprentissage, qu'elle ne peut dépasser le maximum du temps fixé par les usages locaux; on n'a pas voulu que, par la faute de ses représentants, l'apprenti fût lié pour une durée excessive; si un temps plus long que celui déterminé par l'usage avait été stipulé, l'apprenti pourrait demander que la durée de l'apprentissage fût réduite, ou que le contrat fût résolu.

Obligations du maître. — L'apprentissage fait naître entre le maître et l'apprenti des obligations réciproques. Le maître doit enseigner à l'apprenti, progressivement et complètement, l'art, le métier ou la profession qui fait l'objet du contrat. Pour remplir cette obligation, le maître doit initier l'apprenti à tous les travaux de la profession, et ne pas l'employer exclusivement à un même travail. Devenu ouvrier en effet, l'apprenti ne trouvera facilement du travail qu'autant que son éducation professionnelle sera complète, et qu'il connaîtra le métier dans son entier. Le maître doit se conduire envers l'apprenti en bon père de famille, surveiller sa conduite et ses mœurs, avertir les parents des fautes commises par l'apprenti, de ses maladies, de ses absences, des penchants vicieux qu'il peut manifester, de tous les faits en un mot qui peuvent et doivent motiver leur intervention. Il est interdit au maître : 1° d'employer l'apprenti à des travaux et services qui ne se rattachent pas à l'exercice de sa profession : il peut cependant être dérogé à cette interdiction par une clause contraire; 2° d'imposer à l'apprenti des travaux insalubres ou au-dessus de ses forces; 3° de prolonger la durée du travail au delà de dix heures par jour, si l'apprenti est âgé de moins de quatorze ans, et de douze heures, s'il a de quatorze à seize ans; aucun travail de nuit, c'est-à-dire entre neuf heures du soir et cinq heures du matin, ne peut être imposé à l'apprenti âgé de moins de seize ans. Les prohibitions relatives à la durée du travail peuvent être levées par arrêté du préfet, sur l'avis du maire de la localité. Le maître doit laisser à l'apprenti âgé de moins de seize ans, qui ne sait pas lire, écrire et compter et n'a pas terminé sa première éducation religieuse, un temps qui est de deux heures au maximum pour compléter son instruction; 4° d'exiger de l'apprenti aucun travail de sa profession les dimanches et jours de fête; l'apprenti peut seulement, en vertu d'une convention formelle ou d'un usage reconnu, être employé au rangement de l'atelier, encore ce travail ne peut-il être prolongé au delà de dix heures du matin.

Clauses qui ne peuvent être introduites dans le contrat d'apprentissage. — Toutes les dispositions que nous venons de parcourir sont d'ordre public : il ne peut y être apporté de dérogation, à moins que la loi n'ait spécialement autorisé une convention contraire, ainsi que nous l'avons vu pour l'obligation de n'employer l'apprenti qu'à des travaux de la profession pour laquelle l'apprentissage a été contracté et pour l'interdiction absolue du travail des dimanches.

Devoirs de l'apprenti. — L'apprenti doit à son maître fidélité, obéissance et respect; il doit l'aider dans son travail dans la mesure de son aptitude et de ses forces; il doit enfin, si une absence ou une maladie l'a forcé à interrompre l'apprentissage pendant plus de quinze jours, consacrer au maître, à la fin de l'apprentissage, le temps nécessaire pour compléter la durée convenue.

Comment finit le contrat d'apprentissage; congé d'acquit. — En général, le contrat ne devient définitif qu'à l'expiration d'un temps d'essai qui est de deux mois; pendant ces deux mois, chacune des parties peut abandonner le contrat, sans avoir à payer d'indemnité, à moins qu'une somme n'ait été expressément stipulée à ce titre. Le contrat, devenu définitif par l'accomplissement du temps d'essai, cesse par l'expiration de la durée fixée à l'apprentissage. Lorsque l'apprentissage est terminé, le maître doit délivrer à l'apprenti un certificat ou congé d'acquit constatant l'exécution du contrat. Au moyen de ce congé d'acquit, l'apprenti, devenu ouvrier, pourra se faire délivrer un livret et se procurer plus facilement du travail. Différentes causes peuvent entraîner la résolution du contrat, et mettre ainsi un terme à l'apprentissage avant qu'il ait atteint la durée convenue. Tantôt la résolution a lieu de plein droit, tantôt elle est prononcée sur la demande du maître ou de l'apprenti. La mort, l'appel au service militaire du maître ou de l'apprenti, la condamnation de l'un ou de l'autre à certaines peines; si l'apprentie est une jeune fille, la mort de la femme du maître ou de toute autre femme de la famille qui dirigeait la maison à l'époque du contrat, entraînent de plein droit la résolution. Les cas dans lesquels la résolution peut être demandée et prononcée sont les suivants : 1° l'inexécution du contrat par l'une ou par l'autre des parties et l'infraction grave ou habituelle aux obligations imposées par la loi au maître ou à l'apprenti; 2° l'inconduite habituelle de l'apprenti; 3° le mariage de l'apprenti ; 4° le changement de résidence du maître qui va habiter une autre commune ; 5° enfin si la durée assignée à l'apprentissage excède le temps le plus long fixé par les usages locaux.

Compétence du conseil des prud'hommes en cette matière. — Les demandes relatives à l'exécution du contrat d'apprentissage et les demandes en résolution sont jugées par les conseils de prud'hommes, et, s'il n'y a pas de conseil de prud'hommes dans la localité, par le juge de paix. En cas de résolution prononcée par le fait de l'une des parties, celle qui y a donné lieu peut être condamnée à une indemnité ; souvent, le chiffre de cette indemnité est fixé à l'avance par le contrat même ; à défaut d'indemnité stipulée, elle est réglée par la justice. C'est aussi devant le conseil de prud'hommes que devrait se pourvoir l'apprenti auquel le maître refuserait injustement le congé d'acquit. Une disposition remarquable est celle qui attribue compétence aux prud'hommes pour prononcer une condamnation à des dommages-intérêts contre le fabricant, chef d'atelier ou ouvrier convaincu d'avoir détourné un apprenti et de l'avoir enlevé à un concurrent pour l'employer lui-même.

Sanctions pénales. — L'infraction du maître aux prescriptions qui lui sont imposées n'a pas seulement pour conséquence d'entraîner la résolution au profit de l'apprenti, elle expose en outre le maître à être poursuivi devant le tribunal de simple police, puni d'une amende, et même d'un emprisonnement en cas de récidive. De son côté, l'apprenti peut être puni lorsqu'il trouble l'ordre et la discipline de l'atelier, lorsqu'il manque à ses devoirs envers le patron ; il peut être condamné par le conseil des prud'hommes à un emprisonnement de trois jours au plus. Notons enfin que le vol commis par l'apprenti au préjudice de son patron constitue un crime, et non, comme le vol ordinaire, un simple délit ; ce fait est puni de la peine de la réclusion.

§ 4. — DES CONSEILS DE PRUD'HOMMES.

(Loi des 1er juin 1853 et 10 juin 1864.)

Création des conseils de prud'hommes; leur composition. — La juridiction des prud'hommes, créée en 1806 à Lyon, a été étendue depuis à un grand nombre de villes industrielles et manufacturières. Les conseils de prud'hommes sont établis par décrets, le conseil d'Etat entendu, et après avis des chambres de commerce et des chambres consultatives des arts et manufactures. Le décret d'institution détermine la circonscription du conseil, les industries pour lesquelles il est établi, le nombre de ses membres, qui est de six au moins, non compris le président et le vice-président. Les prud'hommes doivent être pris en nombre égal parmi les patrons et parmi les ouvriers. Les prud'hommes patrons sont élus par les patrons réunis en assemblée particulière; les prud'hommes ouvriers, par les chefs d'atelier, contre-maîtres et ouvriers. Sont électeurs les patrons âgés de vingt-cinq ans accomplis, patentés depuis cinq ans au moins et depuis trois ans dans la circonscription du conseil, et les chefs d'atelier, contre-maîtres et ouvriers âgés de vingt-cinq ans accomplis, exerçant leur industrie depuis cinq ans au moins et domiciliés depuis trois ans dans la circonscription du conseil. Tous les électeurs ayant trente ans accomplis et sachant lire et écrire peuvent être nommés membres des conseils de prud'hommes. Les présidents et vice-présidents ne sont pas élus; ils sont nommés par le chef de l'Etat, et peuvent être pris en dehors des électeurs et des éligibles. Le président et le vice-président forment ainsi dans le conseil un troisième élément, destiné à tenir la balance égale entre les deux premiers éléments qui le composent : les patrons et les ouvriers. Les conseils de prud'hommes se renouvellent par moitié tous les trois ans; les membres sortants sont rééligibles. Les président et vice-président sont nommés pour trois ans; à l'expiration de cette période, ils peuvent être continués dans leurs fonctions. Il existe près de chaque conseil de prud'hommes un secrétaire nommé par le préfet, sur la proposition du président. Le secrétaire tient la plume aux audiences, conserve les archives, délivre les expéditions des jugements, ainsi que les lettres de citation, reçoit les dépôts de dessins de fabrique.

Discipline des conseils de prud'hommes. — Les membres des conseils de prud'hommes doivent remplir avec exactitude leurs fonctions ; le prud'homme qui, sans motifs légitimes, refuse le service qui lui est demandé, peut, après une mise en demeure, être réputé démissionnaire et exclu du conseil. Des peines disciplinaires peuvent être prononcées contre les membres des conseils de prud'hommes qui manquent gravement à leurs devoirs dans l'exercice de leurs fonctions. Ces peines sont : la censure et la suspension pour six mois au plus qui peuvent être appliquées par un arrêté ministériel ; la déchéance, qui ne peut être prononcée que par un décret.

Attributions des conseils de prud'hommes. — L'attribution essentielle des conseils de prud'hommes consiste à concilier les différends qui s'élèvent entre les patrons et les ouvriers, et à les juger, s'ils n'ont pu les concilier ; ils connaissent également des contestations relatives à l'exécution et à la résolution des contrats d'apprentissage, ainsi que des réclamations exercées par le patron contre un tiers, en cas de détournement d'un apprenti. Outre ces fonctions judiciaires, les prud'hommes sont chargés de conserver les dessins de fabrique, de constater les contraventions à certains règlements industriels, de réprimer les faits qui troublent l'ordre et la discipline des ateliers.

Procédure. — La procédure devant le conseil des prud'hommes est fort simple. Le demandeur fait appeler son adversaire devant le conseil par une lettre de citation qui est délivrée par le secrétaire ; si le défendeur ne comparaît pas sur cette citation par lettre, il est assigné par le ministère d'un huissier. Il doit y avoir au moins un jour entre la date de l'assignation et le jour fixé au défendeur pour comparaître. Les parties se présentent d'abord devant le bureau particulier, qui est composé du président ou du vice-président, d'un patron et d'un ouvrier. Le bureau particulier est seulement chargé de concilier les parties ; s'il n'y peut réussir, il les renvoie devant le bureau général, qui juge l'affaire. Le bureau général est composé, indépendamment du président ou du vice-président, d'un nombre égal de prud'hommes patrons et de prud'hommes ouvriers, deux patrons et deux ouvriers au moins. Les parties doivent comparaître en personne devant le conseil de prud'hommes ; elles ne peuvent se faire représenter qu'en cas d'absence ou de maladie.

Voies de recours contre les sentences des prud'hommes. — Lorsque l'unes des parties ne comparaît pas, l'affaire est jugée par défaut ; celui qui a été condamné par défaut peut former opposition au jugement dans les trois jours de la signification. Les jugements des conseils de prud'hommes sont définitifs et sans appel, lorsque le chiffre de la demande n'excède pas deux cents francs. Lorsque la demande dépasse deux cents francs, l'appel est possible : il est porté devant le tribunal de commerce dans le ressort duquel se trouve le conseil, et, s'il n'y a pas de tribunal de commerce, devant le tribunal de première instance qui en fait les fonctions.

Compétence du juge de paix dans les localités où il n'existe pas de conseil de prud'hommes. — Lorsqu'il n'y a pas de conseil de prud'hommes institué dans une localité, les contestations qui seraient de la compétence de ce conseil sont jugées par les juges de paix. Dans les villes où il existe un conseil de prud'hommes, ce conseil peut être composé seulement de membres appartenant à certaines industries déterminées par le décret d'institution ; sa compétence est alors limitée aux contestations entre les patrons et les ouvriers ou apprentis exerçant ces industries ; toutes les autres contestations rentreraient dans la compétence du juge de paix.

SECTION III

DE LA RÉGLEMENTATION DE L'INDUSTRIE

§ 1er. — DES ÉTABLISSEMENTS DANGEREUX, INCOMMODES OU INSALUBRES.

Division des établissements dangereux, incommodes et insalubres en trois classes; exemples. — Certaines industries peuvent compromettre la sécurité des voisins par les dangers particuliers d'explosion ou d'incendie qu'elles présentent, leur causer par le bruit, par les émanations qu'elles entraînent une incommodité grave, nuire enfin à la santé publique. Les établissements destinés à l'exploitation de ces industries ne peuvent se former sans une autorisation spéciale, et, une fois établis, ils restent soumis à une surveillance constante de la part de l'administration. Toutefois ils n'entraînent pas tous des inconvénients aussi graves : aussi les a-t-on divisés en trois classes : la première comprend les établissements qui doivent être éloignés des habitations particulières, à raison des exhalaisons qui s'en dégagent, ou des accidents auxquels ils peuvent donner lieu. Nous trouvons dans cette classe : les abattoirs publics, qui y sont rangés à raison de l'odeur malsaine et de l'altération qu'ils produisent dans les eaux du voisinage; les usines où se fabrique l'acide sulfurique, à raison des émanations nuisibles que dégage cette fabrication ; les ateliers d'artificiers, à raison des dangers d'explosion et d'incendie. Les établissements de seconde classe sont ceux dont l'éloignement des habitations n'est pas absolument nécessaire, mais dont il importe de ne permettre la formation, qu'après s'être assuré que les opérations qu'on y pratique sont exécutées de manière à n'être ni incommodes, ni dangereuses pour les personnes du voisinage. Nous citerons comme exemples d'établissements de la seconde classse : les usines pour la fabrication du gaz destiné à l'éclairage public; les inconvénients de ces usines sont l'odeur et le danger d'incendie; les raffineries et fabriques de sucre, incommodes par la fumée et l'odeur; les forges et chaudronneries de gros ouvrages, employant des marteaux et machines, qui causent un bruit désagréable et quelquefois intolérable pour les voisins. Enfin, dans la troisième classe, rentrent certains établissements qui sont seulement incommodes et ne présentent nullement le caractère de danger et d'insalubrité : ainsi les brasseries, les buanderies, les ateliers pour le battage, le cardage et l'épuration des laines, crins et plumes de literie.

Classement de ces établissements. — L'énumération et la classification des établissements dangereux, incommodes et insalubres ont été faites à différentes époques, en 1810, en 1815, et par un décret du 31 décembre 1866. Des décrets postérieurs ont ajouté diverses industries à la nomenclature contenue au décret de 1866. Le ministre et le préfet ont en outre le droit de classer provisoirement, dans l'une ou l'autre classe, les industries nouvelles.

La division des établissements dangereux, incommodes et insalubres est fort importante : car, selon la classe à laquelle l'établissement appartient, les formalités et les conditions de l'autorisation sont différentes.

Établissements de première classe; demande d'autorisation. — L'autorisation pour la création des établissements de première classe est accordée par le préfet du département; à Paris et dans le département de la Seine, par le préfet de police. L'industriel qui veut obtenir l'autorisation adresse au préfet une demande, dans laquelle il indique d'une manière précise le lieu où il veut avoir son établissement, la nature des opérations, les mesures destinées à atténuer les inconvénients que peut entraîner son industrie. A la demande doivent être jointes deux copies d'un plan qui indique les dispositions intérieures et extérieures des bâtiments et la situation relative des habitations les plus rapprochées [1].

1. *Formule de demande pour un établissement de 1re classe.*

A monsieur le Préfet du département de..... (à Paris, à monsieur le Préfet de police).

Le soussigné (nom et prénoms), fabricant de..... demeurant à.....

A l'honneur de demander à monsieur le Préfet l'autorisation d'établir

**Affiches; enquête de commodo et incommodo; arrêté
du Préfet.** — La demande est portée à la connaissance du
public par des affiches qui sont placées dans les communes
voisines du siège de l'établissement à la distance de cinq kilomètres. Ces affiches restent apposées pendant un mois; ce
délai expiré, il est procédé à une enquête, appelée enquête
de commodo et incommodo, c'est-à-dire destinée à faire connaître les avantages et les inconvénients que peut présenter la
création de l'établissement. Ce moyen d'information a une
grande importance, car il sert de base à la décision qui sera
prise sur la demande d'autorisation. L'enquête est faite par
le maire de la commune où doit être formé l'établissement,
et à Paris, par les commissaires de police. Les propriétaires
auxquels peut nuire le voisinage de l'exploitation sont invités
à se présenter; ils peuvent faire leurs observations de vive
voix ou par écrit. Le maire donne lui-même son avis et dresse
un procès-verbal, sur lequel il indique l'opposition formée
par les intéressés où leur adhésion au projet d'établissement;

un atelier de..... dans la commune de.... où il se propose de fixer
le siège de son exploitation.

Les procédés ou appareils employés à la fabrication seront (donner
une description détaillée).

Les époques, les heures de travail sont......

Les bâtiments qui doivent servir à l'exploitation sont situés sur un
terrain isolé de toute habitation appartenant à des tiers, dont les plus
rapprochés sont à une distance de..... mètres.

Les circonstances topographiques que présente la localité (indiquer ces
circonstances : le voisinage d'une forêt, d'un cours d'eau, l'élévation du
sol) sont de nature à mettre les tiers à l'abri des inconvénients et des
dangers qui pourraient résulter de la fabrication. — En outre, afin de
faire disparaître autant que possible les inconvénients extérieurs, le
postulant offre de prendre les précautions suivantes (indiquer ces précautions : élévation des cheminées, appareils fumivores, puisards, etc.);
déclarant en outre se soumettre à toutes les conditions qui lui seront
imposées par l'arrêté d'autorisation.

A l'appui de sa demande, le soussigné produit un plan en double
expédition indiquant : 1° la disposition extérieure des bâtiments et la
situation relative des habitations les plus rapprochées; 2° la disposition
intérieure des bâtiments ou ateliers, avec indication de l'emplacement
des machines, appareils, fours, fourneaux, foyers, réservoirs, puisards, etc.

(Date et signature.)

il mentionne également le nom et la demeure de ceux qui ne se sont pas présentés. Le procès-verbal est transmis au préfet qui, après avoir consulté le conseil de salubrité de l'arrondissement, statue sur la demande.

Établissements de seconde classe; demande; enquête; arrêté du Préfet. — La demande pour les établissements de seconde classe est adressée en général au sous-préfet ; comme dans l'arrondissement où se trouve le chef-lieu du département il n'y a pas de sous-préfet, les demandes pour des établissements à former dans cet arrondissement sont adressées au préfet ; à Paris et dans le département de la Seine, au préfet de police. La demande doit désigner avec précision le siège de l'usine et la nature des opérations que comporte son exploitation ; elle doit être accompagnée d'un plan. Elle est envoyée par le sous-préfet au maire qui procède à l'enquête ; cette enquête n'est pas précédée de l'apposition d'affiches. Le procès-verbal d'enquête est transmis par le maire au sous-préfet qui donne son avis et renvoie toutes les pièces au préfet. C'est le préfet qui accorde ou refuse l'autorisation [1].

Établissements de troisième classe; formes de la demande et de l'autorisation. — La demande d'autorisation pour les établissements de troisième classe est adressée au

---

1. *Formule de demande pour un établissement de seconde classe.*

A monsieur le Préfet du département de.....; (ou monsieur le Sous-Préfet de l'arrondissement de....; à Paris, à monsieur le Préfet de police).

Le soussigné (nom et prénoms), fabricant de..... demeurant à.....

A l'honneur de demander l'autorisation d'établir un atelier de....... (2e classe).

Les procédés, appareils et époques de fabrication sont (les indiquer).

Les bâtiments qui doivent servir à l'exploitation ne sont pas entièrement isolés d'autres habitations, mais les circonstances topographiques sont de nature à prévenir les craintes d'insalubrité (indiquer ces circonstances).

L'exposant offre d'ailleurs de prendre toutes les mesures et précautions nécessaires pour mettre le voisinage à l'abri des inconvénients pouvant résulter de sa fabrication (énumérer ces précautions).

Il s'engage en outre à se conformer aux conditions qui seront jugées nécessaires par l'administration.

L'exposant produit à l'appui de sa demande un plan.

(*Date et signature.*)

sous-préfet; dans l'arrondissement chef-lieu, au préfet ; à Paris et dans le département de la Seine, au préfet de police. L'autorisation est accordée par le sous-préfet ou le préfet, selon la distinction que nous venons de faire. La décision à prendre sur la demande relative à un établissement de troisième classe n'est précédée ni d'affiches ni d'enquête ; le sous-préfet doit seulement demander l'avis du maire et de la police locale [1].

Recours de l'industriel auquel l'autorisation a été refusée. — Quelle que soit la classe à laquelle appartient l'établissement, le refus d'autorisation l'empêche de se former. L'industriel, dont la demande a été ainsi rejetée, peut, s'il croit que ce refus n'est pas fondé, attaquer la décision; s'il s'agit d'un établissement de première ou de seconde classe, il doit se pourvoir devant le conseil d'État dans les trois mois de la notification de l'arrêté du préfet qui rejette sa demande ; s'il s'agit d'un établissement de troisième classe, il doit se pourvoir devant le conseil de préfecture.

Opposition; compétence du conseil de préfecture. — Après avoir ainsi déterminé les formalités à remplir par l'industriel qui veut obtenir l'autorisation, nous devons rechercher ce qu'ont à faire les propriétaires qui s'opposent à la création de l'établissement et qui soutiennent que son voisinage pourrait leur nuire. L'enquête leur permet d'abord de formuler leur opposition ; s'ils n'ont pas fait consigner leur

---

1. *Formule de demande pour un établissement de troisième classe.*

A monsieur le Préfet du département de.....; (ou le Sous-Préfet de l'arrondissement de....; à Paris, le Préfet de police).

Le soussigné (nom et prénoms), demeurant à..... fabricant de.....

A l'honneur de demander l'autorisation d'établir un atelier de..... (3e classe).

Les appareils ou procédés employés à la fabrication consistent en.... (en donner le détail).

Les bâtiments d'exploitation et les ateliers sont disposés de la manière suivante (indiquer en quoi consistent les bâtiments et la disposition intérieure des ateliers. La production d'un plan est facultative).

L'atelier, quoique situé dans un quartier habité, ne pourra causer d'inconvénient sérieux aux habitations voisines par suite des mesures de précautions ci-après énumérées (en donner le détail).

(*Date et signature.*)

protestation sur le procès-verbal d'enquête, ils peuvent l'adresser directement au préfet. Enfin, si l'autorisation a été accordée, les intéressés, alors même qu'ils ne se seraient pas opposés lors de l'enquête, peuvent se pourvoir devant le conseil de préfecture contre l'arrêté d'autorisation. Ce recours devant le conseil de préfecture n'est soumis à aucun délai; il est formé par une requête déposée au secrétariat du conseil, signée de la partie elle-même, d'un avoué ou d'un mandataire. La décision du conseil de préfecture peut être l'objet d'un pourvoi devant le conseil d'État. Remarquons que les seules causes d'opposition qui puissent être accueillies sont celles tirées de la nature même de l'établissement, des dangers, de l'insalubrité, de l'incommodité qu'il peut occasionner. Une opposition fondée sur une autre cause, quelle qu'elle soit, ne saurait réussir; ainsi celui qui se fonderait, pour demander le retrait de l'autorisation, sur la concurrence que peut lui faire l'établissement nouveau, serait certain de voir son recours rejeté [1].

Conditions de l'autorisation; police des ateliers; sanction. — L'autorisation n'est accordée que sous certaines conditions destinées à atténuer ou à faire disparaître les inconvénients inhérents à l'industrie. Ces conditions varient selon la nature de l'établissement; voici cependant les précautions les plus ordinaires : quand il s'agit d'établissements de première classe, on ne les autorise qu'à une certaine distance des habitations; cette distance varie selon les circonstances. On prescrit en général la construction d'appareils destinés à

1. *Formule de recours au conseil de préfecture.*
A MM. les Membres du conseil de préfecture de......
Le soussigné (nom, prénoms, demeure).
A l'honneur de vous déférer un arrêté de M. le Préfet (ou de M. le Sous-Préfet), accordant au sieur...... l'autorisation d'établir à...... un atelier de....
(Énumérer les dangers et les inconvénients que pourrait présenter l'établissement.)
En conséquence, le soussigné conclut à ce qu'il vous plaise :
Annuler ledit arrêté; dire en conséquence qu'il n'y avait lieu d'accorder l'autorisation demandée.
                              (Date et signature.)

brûler la fumée, de cheminées élevées, de puisards pour
absorber les matières qui pourraient se corrompre, la fermeture complète des ateliers.

Malgré l'autorisation accordée, les établissements de première classe peuvent, s'ils entraînent de trop graves inconvénients pour la salubrité publique, la culture ou l'intérêt
général, être supprimés par un décret rendu sur l'avis du
conseil d'Etat. Cette faculté de suppression n'existe pas pour
les établissements de seconde ou de troisième classse. Les
établissements autorisés sont soumis à la surveillance de
l'administration : cette surveillance a pour but de rechercher
si les conditions sous lesquelles l'autorisation a été accordée
sont remplies, et de s'assurer que des inconvénients imprévus
ne se produisent pas dans l'exploitation. Le préfet du département peut ordonner la fermeture de l'établissement,
soit lorsqu'il n'est pas autorisé, soit lorsque le propriétaire
ne se conforme pas aux conditions de l'arrêté d'autorisation.
Le bénéfice de l'autorisation serait perdu si l'établissement
était transféré dans un autre lieu, ou si l'exploitation était
interrompue pendant six mois. Dans ces deux cas une nouvelle autorisation est nécessaire.

La création sans autorisation d'établissements soumis à
cette condition, l'infraction, quelle qu'elle soit, aux prescriptions de l'arrêté d'autorisation, constituent des contraventions qui peuvent être poursuivies devant le tribunal de
simple police, et entraînent une condamnation à l'amende et
même à l'emprisonnement, en cas de récidive.

**Demandes en dommages-intérêts formées par les voi-
sins ; compétence.** — L'industriel qui exploite un établissement incommode ne doit pas se croire à l'abri de toute
réclamation par cela seul qu'il a obtenu l'autorisation administrative. Il doit avoir soin de prendre toutes les précautions
possibles pour éviter de nuire au voisinage. En effet l'autorisation n'enlève pas aux voisins le droit de se plaindre, s'ils
éprouvent un préjudice grave à raison de l'exploitation de
l'établissement, si, par exemple, les émanations qui s'en
échappent rendent l'habitation désagréable ou impossible,
si le bruit ou la fumée troublent ceux qui occupent les mai-

sons rapprochées de l'établissement. Les propriétaires voisins peuvent, en pareil cas, demander et obtenir des dommages-intérêts pour la dépréciation que cause à leur propriété la proximité d'un établissement de cette nature. Ces demandes en dommages-intérêts sont de la compétence de l'autorité judiciaire; elles doivent être portées devant les tribunaux de première instance.

Règles spéciales aux appareils et chaudières à vapeur. (*Loi du 21 juillet* 1856. *Décret du 27 janvier* 1865.) — Les dangers que peut présenter l'usage des machines à vapeur ont fait établir des règlements particuliers auxquels sont soumis la fabrication et l'emploi de ces appareils. La règle générale est qu'aucune pièce destinée, soit à produire de la vapeur, comme une chaudière fermée, soit à la contenir seulement, comme les cylindres ou enveloppes de cylindres, ne peut être livrée par le fabricant sans avoir été soumise à des épreuves qui en garantissent la solidité. Ces épreuves doivent être renouvelées, lorsqu'il est fait à l'appareil des réparations notables. Au surplus, les règles de détail varient selon la destination des machines à vapeur. Occupons-nous d'abord de celles qui ne sont point placées à bord des bateaux : elles sont régies par le décret du 27 janvier 1865.

Épreuves; timbres; appareils de sûreté. — Aucune chaudière neuve destinée à ces appareils ne peut être livrée par le constructeur, aucune chaudière ayant déjà servi ne peut être vendue, ou rendue au propriétaire après avoir été réparée, qu'autant qu'elle a subi une épreuve qui est faite par les ingénieurs des mines ou des ponts et chaussées ou par les agents sous leurs ordres. Lorsque la chaudière a été éprouvée avec succès, il y est apposé un timbre indiquant la pression effective que la vapeur ne doit pas dépasser. Le timbre est placé d'une manière apparente et poinçonné par l'agent qui a assisté à l'épreuve. Chaque chaudière doit être munie de deux soupapes de sûreté, chargées de laisser la vapeur s'écouler dès qu'elle atteint la limite maximum de pression énoncée par le timbre, d'un manomètre en bon état placé en vue du chauffeur, d'un appareil d'alimentation d'une puissance suffisante et d'un effet certain, enfin de deux appareils indicateurs du niveau de l'eau.

Chaudières placées à demeure. — Certaines prescriptions particulières sont relatives à l'établissement des chaudières à vapeur placées à demeure : elles ne peuvent être établies qu'après une déclaration au préfet du département. Cette déclaration, qui est enregistrée à sa date, indique l'origine de la chaudière, le lieu où elle est établie, sa forme, sa capacité, le timbre qui exprime la pression effective maximum sous laquelle elle doit fonctionner, enfin le genre d'industrie et l'usage auquel elle est destinée. Les chaudières placées à demeure sont divisées en trois catégories selon leur capacité et la pression qu'elles doivent subir. Celles de la première catégorie ne peuvent être placées qu'en dehors des maisons ou des ateliers surmontés d'étages; elles doivent être écartées de trois mètres au moins du mur des habitations voisines, et, si la distance est de moins de dix mètres, il doit être établi un mur de défense en bonne et solide maçonnerie, à moins que la chaudière ne soit installée dans certaines conditions particulières. A la distance de dix mètres ou plus des maisons d'habitation, aucune précaution spéciale n'est plus exigée. Les chaudières de la seconde classe peuvent être placées dans tout atelier, pourvu que la maison où il se trouve ne soit habitée que par le manufacturier et sa famille. Quant à celles de la troisième classe, elle peuvent être établies même dans une maison habitée par des tiers. Les fourneaux des chaudières de la deuxième et de la troisième classe doivent être entièrement séparés des habitations voisines, par un espace de un mètre, pour les chaudières de la seconde catégorie, de 50 centimètres, pour celles de la troisème. Les conditions d'emplacement prescrites pour les chaudières de toutes classes cessent d'être obligatoires lorsque les tiers intéressés à les invoquer renoncent à s'en prévaloir. Le foyer de toutes les chaudières doit brûler sa fumée.

Machines locomobiles. — Les machines qui ne sont pas placées à demeure s'appellent locomobiles ou locomotives. Les machines dites locomobiles sont celles qui peuvent être transportées d'un lieu à un autre, qui n'exigent aucune construction pour fonctionner sur un point donné, et sont employées d'une manière temporaire. Ces machines sont l'objet d'une déclaration adressée au préfet du département où habite celui à qui elles appartiennent; elles portent une plaque sur laquelle se trouve indiqué le nom du propriétaire et un numéro d'ordre, s'il a plusieurs machines. Les chaudières des machines locomobiles sont soumises en général aux mêmes épreuves, et doivent être munies des mêmes appareils de sûreté que celles des machines fixes. Les machines locomobiles ne peuvent être employées sur une propriété particulière, à moins de cinq mètres des bâtiments d'habitation et des amas de matières inflammables.

Surveillance de l'administration; accidents. — Quelle que soit la nature de l'appareil à vapeur, il est soumis à la surveillance des ingénieurs. Lorsqu'un accident arrivé à une machine à vapeur a occasionné la mort d'un homme ou des blessures graves, le propriétaire ou chef d'établissement doit avertir immédiatement l'autorité chargée de la police locale, le maire ou le commissaire de police, et en outre l'ingénieur chargé de la surveillance. Un procès-verbal est dressé par le maire ou le commissaire de police, transmis au préfet et au procureur de la République; l'ingénieur adresse également un rapport au préfet et un procès-verbal au procureur de la République. En cas d'explosion, aucune réparation ne doit être faite avant la clôture du procès-verbal rédigé par l'ingénieur.

Machines placées à bord des bateaux. — Il nous reste à dire quelques mots des bateaux à vapeur et des machines qui y sont placées. Les bateaux à vapeur ne peuvent circuler sans un permis de navigation délivré par l'autorité administrative. Les chaudières doivent être revêtues des timbres constatant qu'elles ont été soumises aux épreuves réglementaires. Le propriétaire du bateau à vapeur doit se conformer aux prescriptions qui lui sont imposées pour l'usage des appareils à vapeur et pour les mesures de sécurité qui sont prises dans l'intérêt des passagers. Enfin la conduite du bateau et de l'appareil à vapeur ne peut être confiée qu'à un capitaine ou à un mécanicien pourvu d'un certificat de capacité.

Contraventions et peines. — Les infractions aux dispositions diverses que nous venons de parcourir sont punies d'une amende, quelquefois même d'un emprisonnement. Une amende est prononcée contre le fabricant qui livre une machine neuve, ou qui rend au propriétaire une machine à laquelle il a fait des réparations notables, sans qu'elle ait été soumise aux épreuves réglementaires, contre celui qui fait usage d'une chaudière qui n'a point été éprouvée, ou sur laquelle n'a pas été apposé le timbre indiquant le degré de pression auquel elle peut être soumise, ou enfin qui n'est pas pourvue des appareils de sûreté exigés. Sont punis d'une amende et même d'un emprisonnement, le chauffeur ou mécanicien qui fait fonctionner une machine à un degré de pression trop fort, qui fausse, paralyse ou surcharge les appareils de sûreté, et le propriétaire, chef d'entreprise, gérant, préposé, par les ordres duquel le chauffeur ou mécanicien a agi. Lorsque la contravention, quelle qu'elle soit, a occasionné la mort d'un homme, la peine peut être un emprisonnement de six mois à cinq ans, et s'il en est résulté des blessures, un emprisonnement de huit jours à six mois. La victime de l'accident, sa veuve ou ses héritiers peuvent réclamer en outre des dommages-intérêts au propriétaire de la machine qui a causé l'accident.

Procès-verbaux. — Les contraventions sont constatées par des procès-verbaux dressés par les ingénieurs des mines ou des ponts et chaussées, par les agents placés sous leurs ordres, par les maires et les commissaires de police, enfin, pour les bateaux à vapeur, par les officiers de port, inspecteurs et gardes de la navigation; elles sont jugées par les tribunaux correctionnels qui appliquent les peines établies par la loi.

§ 2. — DES RÈGLEMENTS RELATIFS A L'EXERCICE DE CERTAINES INDUSTRIES.

Fabrication des armes de guerre. — On appelle armes de guerre celles qui servent ou ont servi à armer les troupes françaises ou étrangères ou qui sont reconnues propres au service de guerre. La fabrication des armes de guerre pour l'intérieur ne peut avoir lieu en principe que dans les établissements de l'État, les manufactures nationales d'armes. Au contraire, toute personne peut, en vertu d'une autorisation du ministre de la guerre, se livrer à la fabrication et au commerce des armes de guerre destinées à l'exportation. Les fabricants autorisés peuvent exécuter les commandes faites par le ministre de la guerre pour le compte de l'État et l'armement des troupes françaises. La fabrication ou le commerce des armes de guerre sans autorisation est puni d'une amende de 16 francs à 1 000 francs et d'un emprisonnement d'un mois à deux ans; les armes fabriquées ou mises en vente sans autorisation sont confisquées.

Cartes à jouer; fabrication et vente; obligations des fabricants et débitants. — Les règlements relatifs à cette industrie ont un caractère purement fiscal. La fabrication des cartes à jouer n'est permise qu'avec une autorisation ou licence de l'administration des contributions indirectes. Les fabricants paient un droit pour obtenir cette licence et sont soumis à la surveillance des employés de la régie. La fabrication des cartes ordinaires ne peut se faire qu'avec du papier fourni par l'administration et portant l'empreinte de ses moules. Ce papier est payé d'après un tarif réglé par le ministre des finances; un droit est perçu sur chaque jeu de cartes fabriqué. Lorsque le fabricant ne peut justifier de l'emploi ou de l'existence de tout le papier qui lui a été livré, il doit payer un droit double de celui dont il eût été tenu, si le papier manquant avait été employé à la fabrication. La vente des cartes n'est permise qu'aux marchands commissionnés par la régie; l'entrée en France des cartes étrangères est interdite. Les contraventions à ces règles sont punies d'amende, de la confiscation des objets fabriqués, vendus ou introduits en fraude, souvent même de l'emprisonnement.

Fabrication et vente des matières d'or et d'argent; garantie. — Il existe sur la fabrication et la vente des matières d'or et d'argent un impôt spécial, appelé *droit de garantie*. Pour assurer la perception de cet impôt, les règles suivantes ont été établies pour la fabrication et la vente de ces objets.

Tous les ouvrages d'or et d'argent fabriqués en France doivent être conformes aux titres prescrits par la loi, c'est-à-dire contenir une quantité déterminée de métal fin. La garantie du titre est assurée par un poinçon appliqué sur chaque pièce après des essais ; ce poinçon est différent selon que le titre est plus ou moins élevé. Les fabricants d'ouvrages d'or et d'argent doivent se faire connaître à la préfecture du département et à la mairie de leur domicile. Ils doivent avoir une marque particulière dont l'empreinte est déposée à la mairie et à la préfecture ; ils doivent présenter, avant leur achèvement, les objets de leur fabrication, pour être essayés et poinçonnés aux bureaux établis à cet effet et qui portent le nom de *bureaux de garantie*. Le droit de garantie est perçu lors de cette opération. Les fabricants et marchands d'objets d'or et d'argent doivent avoir un registre, coté et paraphé par le maire, sur lequel ils inscrivent la nature, le nombre, le poids et le titre des matières d'or et d'argent qu'ils achètent ou vendent, avec les noms et demeures de ceux de qui ils les tiennent ; ils ne peuvent acheter que de personnes connues d'eux ou ayant un répondant. Le but de ces dernières prescriptions est de faciliter les recherches de la justice, pour le cas où les objets ainsi offerts en vente au marchand seraient des objets volés. Les marchands doivent enfin remettre aux acheteurs un bordereau ou facture ; ce bordereau, signé du marchand, indique le titre, le poids et la forme des ouvrages vendus, et désigne si ce sont des ouvrages vieux ou neufs. Les fabricants et marchands sont assujettis à la surveillance de l'administration, et peuvent être condamnés à des amendes quelquefois considérables, lorsqu'ils ne se conforment pas aux obligations qui leur sont imposées. Le service de la garantie des matières d'or et d'argent fait partie de l'administration des contributions indirectes.

§ 3. — Des monopoles établis au profit de l'État.

Caractère des monopoles. — Le monopole est l'exception la plus complète au principe de la liberté commerciale, puisqu'il a pour résultat de constituer un privilège pour un commerce ou une industrie qui, d'après le droit commun, devrait appartenir à tout le monde. L'État s'est réservé la fabrication et la vente de certains produits et l'exploitation de certains services. Le monopole de la fabrication et de la vente des tabacs, celui de la fabrication et de la vente des allumettes chimiques et du papier timbré, sont de véritables impôts. Le monopole de la fabrication des poudres et des monnaies, de l'exploitation des postes et télégraphes, se justifie au contraire par des motifs d'intérêt général; les deux premiers sont fondés sur des raisons de sûreté et de crédit public; le dernier a pour cause la nécessité d'assurer la régularité et l'exactitude des services importants que l'État s'est ainsi réservés.

Tabacs; constitution et importance du monopole des tabacs. — Ce monopole est un des plus importants par le chiffre considérable que représente le produit de la vente des tabacs. L'importation des tabacs étrangers et la culture en France ne sont permises que pour le compte du Gouvernement; lui seul opère la fabrication et le débit des tabacs, étrangers et indigènes. Tout ce qui concerne la surveillance de la culture, la fabrication et la vente des tabacs rentre dans les attributions de l'administration ou régie des contributions indirectes.

Culture du tabac; obligations des cultivateurs. — La culture du tabac n'est autorisée en France que dans certains départements qui sont désignés par des décrets, partout ailleurs elle est interdite; il est seulement permis au propriétaire d'avoir dans un jardin ou enclos une quantité de pieds de tabac inférieure au nombre de vingt. Dans les départements où la culture est autorisée, celui qui veut s'y livrer doit en faire la déclaration et obtenir une permission; il doit, en faisant la déclaration, déterminer la contenance qu'il se propose de planter en tabac. La permission est accordée par une commission spéciale présidée par le préfet du département. Chaque année, le ministre des finances détermine le nombre d'hectares qui pourront être cultivés en tabac, les quantités qui devront être fournies, et les prix des diverses qualités de tabac de la récolte de l'année suivante. C'est d'après les bases ainsi fixées par le ministre que sont accordées les permissions de culture. Le cultivateur, auquel la permission a été accordée, doit représenter à l'administration la totalité de sa récolte; il doit compte en argent des quantités qui manqueraient, et si, par suite d'un accident, une partie de sa récolte est perdue, il doit en avertir immédiatement les agents de la régie et faire constater le fait, autrement il serait obligé de payer la partie de la récolte qui aurait ainsi péri. La culture est soumise à une surveillance exercée par des employés spéciaux, qui ont pour mission de s'assurer que le cultivateur n'étend pas sa culture au delà des limites fixées par la permission, de constater le nombre de pieds et de feuilles de tabac, les déficits qui pourraient se produire, de rechercher si le cultivateur livre bien la totalité de sa récolte, en un mot, de garantir la régie contre les fraudes qui pourraient être commises à son préjudice.

Les fraudes du reste sont réprimées par des peines sévères : ainsi, lorsque l'étendue de la culture excède de plus d'un cinquième le nombre d'hectares ou d'ares pour lequel la permission a été accordée, ou lorsque le nombre de pieds de tabac excède également de plus d'un cinquième le nombre autorisé par les règlements, eu égard à l'étendue de la culture, le cultivateur est passible d'une amende, et en outre privé du droit de cultiver à l'avenir. La récolte livrée à l'administration, le cultivateur ne doit conserver aucune provision ; les tiges et souches de ses plantations doivent être détruites immédiatement. Indépendamment de la fourniture des manufactures nationales, les cultivateurs peuvent être, moyennant certaines conditions, autorisés à cultiver pour l'exportation à l'étranger. Ils sont soumis à la même surveillance que s'ils cultivaient pour les manufactures françaises, et ils doivent avoir fait sortir de France leur récolte tout entière avant le 1er août de l'année qui suit la récolte.

Fabrication et vente. — La fabrication du tabac s'opère dans des établissements exploités pour le compte de l'État, et dirigés par des agents dépendant de la régie des contributions indirectes. Ces établissements qui existent dans différentes villes, notamment à Paris, à Lyon, à Nantes, prennent le nom de manufactures nationales des tabacs. La vente aux particuliers se fait dans des bureaux de débit, dont les titulaires, soumis à une surveillance rigoureuse, sont nommés par l'administration. Les tabacs sont livrés par la régie aux débitants, et vendus par ceux-ci au public, à des prix fixés par des décrets. Des dispositions sévères assurent contre la fraude le monopole de l'État. L'introduction en France de tabacs étrangers est prohibée en général, à moins qu'ils ne soient achetés pour le compte de la régie; il est interdit également de faire circuler des tabacs sans une permission, et ce, à peine d'amende et de saisie des moyens de transport, voitures ou autres. La culture sans autorisation, la fabrication et la vente, ailleurs que dans les manufactures ou débits autorisés, constituent des contraventions punies d'amendes qui peuvent s'élever à un chiffre important, de la saisie des ustensiles et des tabacs.

Allumettes chimiques. — Diverses lois, postérieures à 1870, ont attribué à l'État le monopole de la fabrication et de la vente des allumettes chimiques. Depuis, l'Etat a traité avec une compagnie concessionnaire qui, moyennant certaines redevances, exploite le monopole. La fabrication et la vente d'allumettes chimiques sans autorisation donnent lieu à des poursuites correctionnelles, et peuvent entraîner une condamnation à l'amende et même à l'emprisonnement.

Papier timbré. — L'administration fabrique et livre aux particuliers un papier spécial dont l'emploi est prescrit pour tous les actes ou écrits destinés à constater une convention ou pouvant servir en justice. On distingue le *timbre de dimension*, dont le prix varie suivant la dimension du papier, et le *timbre proportionnel*, qui s'élève avec la somme portée au titre. Le timbre proportionnel est employé pour les effets à ordre et les actions des sociétés.

La fabrication et la vente du papier timbré, la perception des droits et des amendes sont dans les attributions de l'administration de l'enregistrement et des domaines.

Sanction de l'obligation d'employer le papier timbré. — En général la seule sanction de l'obligation d'employer le papier timbré consiste en une amende perçue, en sus du prix du timbre, lorsque l'acte non timbré est produit ; il en est autrement toutefois pour les lettres de change et billets à ordre : en cette matière spéciale, la contravention aux lois du timbre entraîne des déchéances graves.

Poudres ; fabrication et vente. — On conçoit facilement les dangers que pourrait faire courir à l'ordre public la liberté laissée aux particuliers de fabriquer, de vendre et de conserver de la poudre. Le monopole de l'État, pour la fabrication et la vente de la poudre, se justifie donc sans peine. La fabrication et la vente de la poudre ne peuvent avoir lieu que dans les poudrières de l'État. On distingue trois sortes de poudres : la poudre de guerre, la poudre de chasse et la poudre de mine. Tous les établissements pour la fabrication de la poudre ressortissent au ministère de la guerre : la fabrication des poudres est confiée à un corps spécial d'ingénieurs, appelés *ingénieurs des poudres et salpêtres*.

La vente et la détention de la poudre de guerre sont interdites ; par exception, les armateurs peuvent s'en faire livrer pour les besoins de leurs navires, et les artificiers, pour les travaux de leur profession. Les poudres de chasse et de mine sont vendues, aux prix déterminés par l'administration, par des débitants choisis par la régie des contributions indirectes. Les particuliers ne peuvent avoir chez eux en leur possession plus de deux kilogrammes de poudre. Les contraventions en cette matière sont poursuivies devant les tribunaux correctionnels, et punies d'un emprisonnement dont la durée peut aller jusqu'à deux ans et d'amendes d'un chiffre considérable.

Monnaies ; intervention de l'État dans la fabrication. — Pour que la monnaie, remplissant le rôle auquel elle est destinée, serve d'instrument habituel aux échanges, il faut que sa valeur soit certaine et puisse être reconnue à la simple inspection. Cette condition ne pourrait être obtenue si la fabrication des monnaies était abandonnée à la libre concurrence ; l'absence de garantie ferait disparaître la confiance nécessaire pour que la monnaie puisse circuler et être acceptée par tous. Telle est la raison de l'intervention de l'État dans la fabrication des monnaies.

Hôtels des monnaies; commission des monnaies. — La monnaie est fabriquée dans des ateliers spéciaux, créés dans différentes villes, et qui sont appelés hôtels des monnaies. Dans chaque hôtel des monnaies, il y a un directeur qui est chargé de la fabrication, et un commissaire des monnaies auquel appartient la surveillance. L'administration des monnaies est dirigée par un directeur et un sous-directeur nommés par décret : les employés inférieurs sont nommés par le ministre. Ces agents ont pour fonctions de juger le poids des monnaies, de déterminer si, par la qualité du métal et le mode de fabrication, elles sont conformes aux types adoptés, d'exercer un contrôle sur la fabrication dans les divers hôtels des monnaies, de surveiller l'exécution des lois sur la garantie des matières d'or et d'argent. L'administration des monnaies dépend du ministère des finances.

Contrefaçon des monnaies; pénalités. — La contrefaçon ou imitation frauduleuse des monnaies ayant cours constitue un crime puni des travaux forcés à perpétuité, s'il s'agit de monnaies d'or ou d'argent ; des travaux forcés à temps, pour les monnaies de cuivre ou de billon. La loi punit également le fait d'avoir coloré les monnaies dans le but de tromper sur la nature du métal ; la peine est alors une peine correctionnelle, un emprisonnement de six mois à trois ans.

Postes et télégraphes. — L'État s'est réservé le monopole du transport des dépêches et de l'exploitation des télégraphes. Les deux services sont aujourd'hui réunis ; ils ont les mêmes agents et les mêmes locaux. Les postes et télégraphes forment un ministère spécial.

Postes. — La poste transporte les lettres, les imprimés, les papiers d'affaires, les échantillons ; elle se charge également, à des conditions déterminées, du transport de l'argent et des valeurs et du recouvrement des effets de commerce. Enfin les agents des postes servent également d'intermédiaires pour les caisses d'épargne ; ils reçoivent les fonds des déposants et remboursent les sommes dont le retrait est opéré ; c'est la *caisse d'épargne postale* instituée par la loi du 9 avril 1881.

Le monopole du transport des lettres et objets manuscrits étant attribué à la poste, le transport en fraude de ces objets est puni d'une amende de 150 francs à 300 francs.

Taxe des lettres ; affranchissement. — Le transport par la poste des divers objets que nous venons d'énumérer donne lieu à la perception d'une taxe. Pour les lettres, la taxe est différente selon leur poids, et selon qu'elle est acquittée par l'expéditeur, on dit alors que la lettre est affranchie, ou par le destinataire. Aujourd'hui, la taxe est uniforme pour toute la France : la taxe des lettres affranchies est fixée à quinze centimes par 15 grammes ou fraction de 15 grammes ; la taxe des lettres non affranchies est de trente centimes par 15 grammes ou fraction de 15 grammes. Les cartes postales qui circulent à découvert sont soumises à une taxe de dix centimes seulement. L'affranchissement se fait par l'apposition sur la lettre d'un timbre, appelé timbre-poste. Les timbres-poste sont fabriqués par l'administration et vendus aux particuliers par ses agents ; ils sont de divers prix, variant de un centime à cinq francs. Lorsqu'une lettre est revêtue d'un timbre-poste insuffisant à raison de sa destination ou de son poids, elle est considérée comme non affranchie, et la taxe, calculée comme s'il n'y avait pas eu affranchissement, est payée par le destinataire, sous déduction toutefois de la valeur du timbre-poste employé. L'usage d'un timbre-poste ayant déjà servi est puni d'une amende de 50 à 1 000 fr. et même d'un emprisonnement en cas de récidive.

Imprimés ; papiers d'affaires ; échantillons. — Les imprimés, les papiers d'affaires et les échantillons sont soumis à des taxes, qui, eu égard au poids de ces objets, sont de beaucoup inférieures à la taxe des lettres ; pour profiter de ce bénéfice, ils doivent être affranchis. Afin que cette réduction de taxe ne puisse être une occasion de fraude, il est défendu, sous peine d'une amende de 150 à 300 francs, d'insérer dans les imprimés, échantillons, papiers de commerce ou d'affaires, aucune note ou lettre pouvant tenir lieu de correspondance.

Lettres chargées ; valeurs déclarées ; envois d'argent. — On entend par lettres chargées celles qui contiennent des titres ou valeurs-papier quelconques. Ces lettres acquittent une taxe supplémentaire ; elles doivent être affranchies, revêtues de cachets ayant une disposition particulière, enfin déposées au bureau de poste par l'expéditeur. Il est donné à l'expéditeur un reçu de la lettre chargée, et le destinataire ne peut se la faire délivrer que contre un reçu : en cas de perte d'une lettre chargée, l'administration n'est responsable que jusqu'à concurrence de cinquante francs. Un mode particulier de chargement est employé pour les billets de banque ou autres valeurs payables au porteur. Celui qui veut envoyer par la poste une somme en billets de banque doit faire charger la lettre, l'affranchir et énoncer sur l'enveloppe en toutes lettres le montant de la valeur qui y est renfermée. Cette valeur ne peut excéder dix mille francs. L'administration des postes est responsable de toute la valeur en cas de perte de la lettre ; seulement sa responsabilité cesserait, si la lettre avait péri par suite d'un fait de force majeure, par exemple, un naufrage survenu dans une tempête. L'expéditeur d'une lettre contenant des valeurs déclarées paie, outre le chargement et le port, un droit proportionnel qui a été réduit par la loi de 1878 à 10 centimes pour 100 fr. ou fraction de 100 francs de la valeur déclarée. Il est interdit, sous peine d'une amende de 50 francs à 100 fr., d'insérer dans les lettres des bijoux, des objets d'or ou d'argent, et, dans les lettres non chargées, des billets de banque ou autres valeurs analogues. La poste se charge aussi du transport du numéraire ; elle reçoit dans ses bureaux les sommes qui y sont déposées ; un mandat est remis au déposant, et ce mandat, adressé au destinataire, est touché par lui dans un bureau de poste quelconque de France. Le droit à acquitter pour ce mode d'expédition est de un pour cent de la somme expédiée.

Conventions postales. — L'échange des correspondances avec la plupart des pays étrangers et les taxes à percevoir sont réglées par des traités particuliers, qu'on appelle conventions postales. Une convention conclue avec divers États a établi, sous le nom d'union postale, des tarifs uniformes.

Télégraphes. — Les lignes télégraphiques ne peuvent être établies que par le Gouvernement ou avec son autorisation ; l'exploitation lui en est exclusivement réservée. La taxe télégraphique, pour tout le territoire de la France, est de cinq centimes par mot, sans que le prix de la dépêche puisse être inférieur à cinquante centimes. Des taxes particulières sont établies pour les dépêches écrites en chiffres, pour les dépêches transmises au moyen d'appareils dits autographiques, qui fonctionnent sur certaines lignes et reproduisent l'écriture même de celui qui expédie la dépêche ; enfin des conventions diplomatiques règlent les conditions et le tarif des dépêches télégraphiques adressées de France à l'étranger ou de l'étranger en France.

CHAPITRE II

DE LA PROPRIÉTÉ ARTISTIQUE, LITTÉRAIRE ET INDUSTRIELLE

SECTION PREMIÈRE

DE LA PROPRIÉTÉ LITTÉRAIRE ET ARTISTIQUE

(Code pénal, art. 425 et 429. Loi du 19 juillet 1793. Décret du 28 mars 1852. Loi du 14 juillet 1866).

Notion de la propriété littéraire et artistique. — Si la société est intéressée à ce que les ouvrages éminents tombent le plus tôt possible dans le domaine public, on ne saurait, d'un autre côté, sans injustice, dépouiller l'auteur ou les héritiers de l'auteur du produit de son intelligence et de son travail. C'est sur la conciliation de ce double intérêt que repose la législation sur la propriété littéraire et artistique.

Droit des auteurs ; sa durée. — Les auteurs d'écrits en tout genre, de compositions musicales, d'œuvres dramatiques, les artistes, peintres, sculpteurs, dessinateurs, graveurs, ont le droit exclusif, pendant leur vie, de tirer profit de leurs œuvres par les divers modes d'exploitation qu'elles comportent : la publication, s'il s'agit d'œuvres littéraires, la représentation, pour les œuvres dramatiques, la reproduction, pour les dessins, gravures, etc. Le droit n'est pas limité à la vie de l'auteur, il passe à ses héritiers; d'après une loi du 14 juillet 1866, la durée du droit des héritiers est de cinquante années à compter de la mort de l'auteur. Si l'auteur était marié, l'époux qui lui survit a, sauf quelques exceptions, un droit de jouissance s'éteignant à sa mort, et ne pouvant, en 'rut cas, excéder le terme de cinquante ans à compter du décès de l'auteur. Après la mort du conjoint survivant, si ce terme n'est pas atteint, la jouissance de l'œuvre revient aux héritiers de l'auteur. L'auteur peut, au lieu d'exploiter lui-même son œuvre, céder ses droits à un tiers, moyennant un certain prix : ainsi l'auteur d'une œuvre littéraire cède ses droits à un libraire qui se charge d'éditer et de vendre l'ouvrage; le droit du cessionnaire est déterminé par la convention intervenue entre l'auteur et lui, et si ce droit n'est pas limité, il peut s'étendre à toute la durée du droit de l'auteur et de ses héritiers, c'est-à-dire la vie de l'auteur et cinquante ans après sa mort. Lorsque le droit de l'auteur et de ses héritiers est éteint par l'expiration du terme qui lui est assigné, l'œuvre tombe dans le domaine public, et tout le monde a le droit de la publier, de la représenter, de la reproduire.

Éléments de la contrefaçon; peines. — L'atteinte portée aux droits de l'auteur, de ses héritiers ou cessionnaires, peut consister dans la publication ou la reproduction illicite, dans le débit ou l'introduction en France d'œuvres publiées ou reproduites sans le consentement des ayants droit, enfin dans la représentation non autorisée d'une œuvre dramatique, d'une pièce de théâtre. Toute contrefaçon est un délit, et les différents faits qui constituent la contrefaçon sont punis de peines différentes selon leur gravité. La contrefaçon proprement dite, qui consiste dans la publication ou reproduction sans le consentement de l'auteur de l'œuvre littéraire ou artistique et dans l'introduction en France d'ouvrages contrefaits, est punie d'une amende de 100 francs à 2000 francs; la vente ou débit d'ouvrages contrefaits est punie d'une amende de 25 francs à 500 francs; dans tous les cas, l'œuvre contrefaite est confisquée. La représentation non autorisée d'une pièce de théâtre ou œuvre dramatique est punie d'une amende de 50 francs à 500 francs et de la confiscation des recettes. Indépendamment de ces peines, l'auteur dont l'œuvre a été contrefaite ou représentée sans autorisation peut obtenir contre le contrefacteur des dommages-intérêts pour le préjudice que lui a causé la contrefaçon.

Obligation du dépôt. — Pour les œuvres littéraires, pour les dessins et gravures, la poursuite en contrefaçon est subordonnée à l'accomplissement d'une formalité : le dépôt de deux exemplaires, à Paris au ministère de l'intérieur, et dans les départements, au secrétariat de la préfecture. L'auteur qui n'aurait pas rempli cette condition verrait son action contre les contrefacteurs repoussée par les tribunaux. Le dépôt n'est pas nécessaire, il n'est même pas possible pour les œuvres dramatiques, les peintures et sculptures : pour ces objets, l'action en contrefaçon peut être exercée sans que la formalité du dépôt ait été remplie.

Protection accordée aux ouvrages étrangers. — La protection de la loi a été étendue aux œuvres littéraires et artistiques qui ont vu le jour en pays étranger. La contrefaçon des ouvrages étrangers est punie comme celle des ouvrages publiés en France, pourvu que l'auteur étranger ait rempli en France les conditions imposées à l'auteur français, et notamment se soit conformé à l'obligation du dépôt. Ces dispositions favorables pour les étrangers, dues à l'initiative du gouvernement français, et consacrées par le décret du 28 mars 1852, ont déterminé un grand nombre de puissances étrangères à accorder dans leur pays aux auteurs français la même protection. Des traités ont été faits entre la France et plusieurs puissances voisines pour assurer la répression à l'étranger de la contrefaçon des ouvrages publiés en France.

SECTION II

DE LA PROPRIÉTÉ INDUSTRIELLE

Définition de la propriété industrielle. — On entend par propriété industrielle le droit exclusif qui appartient à l'inventeur d'exploiter sa découverte, au fabricant de se servir d'un dessin ou d'un modèle nouveau, de désigner ses produits par une marque spéciale et distincte. La propriété industrielle protège également le fabricant contre l'usurpation de son nom de famille ou du nom du lieu de fabrication qui servent à faire reconnaître ses produits; enfin elle comprend les enseignes, emblèmes extérieurs par lesquels on signale au public une fabrication ou un commerce, les étiquettes, enveloppes et autres signes destinés à distinguer les produits d'un fabricant ou d'un commerçant de ceux de ses concurrents. Nous étudierons successivement les règles qui concernent les brevets d'invention, les marques et les dessins de fabrique. Nous nous occuperons ensuite de la contrefaçon, délit spécial qui consiste dans l'atteinte portée aux droits du breveté, du propriétaire d'une marque ou d'un dessin de fabrique; nous terminerons en disant quelques mots des noms, des enseignes et autres signes analogues employés dans le commerce et de la révélation des secrets de fabrique.

La législation sur les brevets d'invention a pour l'industrie l'intérêt le plus considérable : elle détermine le droit de l'inventeur, elle lui assure la légitime récompense de son travail et de ses efforts; elle établit des peines contre ceux qui violent le droit établi à son profit. Cette protection de la loi encourage l'esprit d'invention et aide ainsi au développement et au progrès de l'industrie. Le commerce trouve également, dans les dispositions relatives aux marques, aux noms, aux enseignes, un appui efficace contre les manœuvres déloyales auxquelles peut donner naissance l'abus de la concurrence.

§ 1er. — DES BREVETS D'INVENTION.

(Loi du 5 juillet 1844.)

Notions générales. — L'inventeur qui réalise un progrès dans une branche quelconque d'industrie rend à la société un service et mérite une récompense; le moyen le plus simple et le plus juste de le rémunérer est de lui concéder le droit exclusif d'exploiter son invention. Autrement, et si cette invention était immédiatement livrée au public, à la libre concurrence, l'inventeur perdrait le fruit de son travail, les dépenses même qu'il a pu et dû faire pour arriver au résultat qu'il a atteint. Ce serait là une conséquence inique, et préjudiciable à la société, car elle découragerait l'esprit d'invention. Le droit de l'inventeur ne doit pas cependant être absolu; il est limité par le droit et l'intérêt de la société : l'inventeur en effet a profité du fonds commun des connaissances acquises, il y a puisé les premiers éléments de sa découverte; d'un autre côté, la société a un intérêt évident à ce qu'une invention utile ne reste pas indéfiniment la propriété d'un seul au détriment de tous. Concilier le droit de l'inventeur et le droit de la société, tel est le but que s'est proposé notre législation sur les brevets d'invention. Le droit de l'inventeur consiste dans le droit exclusif d'exploiter son invention pendant un certain temps; ce temps expiré, l'invention tombe dans le domaine public, et devient commune à tous. Pour s'assurer cette jouissance exclusive pendant la durée fixée par la loi, l'inventeur doit faire constater son droit par un titre qui lui est délivré par le Gouvernement et qui prend le nom de brevet d'invention.

Caractère du brevet d'invention; il est délivré sans examen préalable. — Il est important de se bien fixer sur le caractère du brevet. Ce serait une grave erreur de croire que le brevet n'est délivré qu'à ceux qui justifient avoir fait une invention, et qu'il crée le droit de l'inventeur. L'administration délivre le brevet à quiconque se présente, prétendant avoir inventé un produit ou un procédé nouveau; elle n'examine pas si l'invention existe ou n'existe pas, si elle est réalisable ou non, importante ou futile. Le brevet est accordé toutes les fois qu'il est régulièrement demandé, sauf une exception pour certains objets qui ne sont pas susceptibles d'être brevetés. Si le produit ou le procédé est déjà connu, s'il n'y a pas invention, les tiers intéressés à contester le droit du breveté s'adresseront aux tribunaux, et leur demanderont d'annuler le brevet, ou bien, poursuivis par le breveté, ils opposeront à ses poursuites la nullité de son brevet. En un mot, le brevet est accordé à l'inventeur prétendu à ses risques et périls; il ne donne pas, il suppose la qualité préexistante d'inventeur, il constate le droit, il ne le crée pas; c'est aux tribunaux qu'il appartient de décider si le droit de l'inventeur existe, et si par suite le brevet est valable. Ce système, d'après lequel le brevet est délivré sans examen préalable, a prévalu dans notre législation par des raisons qui paraissent décisives. On conçoit quelle serait la difficulté de l'examen préalable de toutes les inventions ou découvertes prétendues qui peuvent se produire dans toutes les branches d'industries. Quels que fussent les hommes qui seraient chargés de cette mission, de cette sorte de censure en matière d'industrie, on aurait à craindre ou le manque de connaissances suffisantes, ou la partialité, et, s'ils écartaient des demandes de brevets mal fondées, ils pourraient aussi méconnaître des inventions utiles, dont le public eût profité. Et puis, l'examen fait, l'invention reconnue, le droit de l'inventeur serait-il inattaquable, alors même qu'il serait établi avec évidence que la commission d'examen s'est trompée, et que l'invention n'existe pas; ou bien au contraire permettrait-on aux tribunaux de réviser l'œuvre de la commission d'examen, et d'annuler un brevet garanti par l'administration et délivré sous sa responsabilité? Tout cela entraînait de véritables impossibilités pratiques. On s'est donc avec juste motif arrêté à cette idée : que le brevet est délivré sans examen préalable, et par suite sans garantie aucune de la part de l'administration. Afin que ce caractère du brevet d'invention soit bien constaté, et pour empêcher que le breveté, abusant de la crédulité publique, ne présente son brevet comme une garantie donnée par le Gouvernement à son invention, il est défendu, sous peine d'une amende de cinquante francs à mille francs, qui peut être portée au double en cas de récidive, de mentionner la qualité de breveté ou le brevet dans des enseignes, annonces, affiches, prospectus, marques, sans y ajouter ces mots : *sans garantie du gouvernement.*

Des conditions nécessaires pour l'obtention légitime

du brevet. — Les conditions essentielles à la validité du brevet sont au nombre de quatre. Il faut : 1° qu'il y ait invention ou découverte ; 2° que l'invention ou découverte soit nouvelle ; 3° qu'elle ait un caractère industriel ; 4° qu'elle soit licite. Reprenons successivement ces quatre conditions.

1° **Invention ou découverte.** — Il faut reconnaître une différence dans le sens des mots : invention et découverte. Il y a invention, lorsqu'on produit quelque chose qui n'existait pas auparavant ; découverte, lorsqu'on met en lumière quelque chose qui existait, mais qui jusque-là avait échappé à l'observation. Au point de vue légal, il n'y a aucune différence entre l'invention proprement dite et la découverte, et le mot invention est d'ordinaire employé pour désigner l'une et l'autre. L'invention peut se manifester sous des formes diverses ; elle peut conquérir des produits nouveaux, comme, par exemple, lorsqu'elle a obtenu la soude en brûlant du varech ; elle peut créer de nouveaux moyens ou procédés pour obtenir plus facilement et à moins de frais un produit déjà connu, comme lorsqu'elle a retiré la soude du sel marin à l'aide de l'acide sulfurique ; enfin, elle peut se borner à une application nouvelle de moyens déjà connus, comme lorsqu'elle a appliqué la vapeur au blanchiment des tissus. L'invention peut avoir pour objet soit un produit, soit un résultat industriel. Le mot produit désigne un objet matériel, destiné à entrer dans le commerce, une étoffe, un instrument, un corps quelconque. Le résultat est un effet nouveau, une amélioration produite dans la qualité, la quantité du produit ou les frais de production. En résumé, on doit considérer comme inventions ou découvertes nouvelles : l'invention de nouveaux produits industriels, l'invention de nouveaux moyens, l'application nouvelle de moyens connus pour l'obtention d'un résultat ou d'un produit industriel.

2° **Nouveauté de l'invention.** — La protection accordée au breveté et le droit exclusif qui lui est conféré n'ont leur raison d'être qu'autant qu'il apporte à la société quelque chose de nouveau. Si l'objet de son invention est déjà connu du public au moment où il demande le brevet, ce brevet est sans valeur. Ainsi, ne pourrait être valablement brevetée une invention déjà exploitée avant la demande de brevet, soit par le breveté, soit par un tiers; ou même l'invention qui, sans avoir été exploitée, aurait été décrite et communiquée au public dans un livre, un journal, une publication quelconque. Le défaut de nouveauté résulte de la publicité donnée à l'objet du brevet, en France ou à l'étranger, pourvu que cette publicité soit suffisamment complète pour permettre d'exécuter l'invention.

3º **Caractère industriel de l'invention.** — Le droit au brevet ne peut résulter de la découverte d'un principe purement scientifique; il faut qu'une application pratique de l'invention soit possible par les moyens mêmes décrits au brevet. L'invention prend le caractère industriel, lorsqu'elle peut être réalisée, fournir un produit ou un résultat matériel : s'il en est autrement, si elle se renferme dans les limites de la théorie, elle n'est pas brevetable. Ainsi, qu'un savant découvre une propriété encore inconnue de l'électricité, il ne pourra pour cette découverte se faire breveter, s'il se borne à constater le fait scientifique, sans en tirer de conséquence pratique; mais s'il applique le principe pour faire de l'électricité un agent de locomotion, il pourra obtenir un brevet valable, parce que l'invention, sortie du domaine de la théorie, a pris un caractère industriel.

4º **Caractère licite de l'invention.** — On ne peut faire valablement breveter qu'une invention licite; si l'invention est contraire à l'ordre ou à la santé publique, aux bonnes mœurs ou aux lois, le brevet est nul. Nous citerons comme exemple de brevet rentrant dans cette classe, un brevet qui serait pris pour la fabrication de la poudre, dont le monopole est réservé à l'Etat.

Inventions qui ne sont pas susceptibles d'être brevetées. — Certaines inventions, quoique licites en elles-mêmes, ne sont pas, par suite d'une exclusion formelle, susceptibles d'être brevetées. Ce sont d'abord : les compositions pharmaceutiques et remèdes de toute espèce. On doit entendre par là toutes les préparations destinées à la guérison des maladies pour les hommes ou les animaux. L'interdiction de prendre un brevet relatif aux compositions de cette nature a pour motif la crainte de l'abus que le charlatanisme eût pu en faire. On ne peut faire breveter, en second lieu, des plans ou combinaisons de crédit ou de finance : le brevet, en effet, ne peut s'appliquer qu'à un objet ou à un procédé matériel, et non à un système, à une méthode qui sont du domaine exclusif de la pensée.

Différentes espèces de brevets. — Il n'existe, dans le langage employé par la loi de 1844, qu'une sorte de brevet : toutefois, des règles particulières sont applicables aux brevets pris pour un perfectionnement apporté à une découverte antérieure ; ces brevets sont souvent appelés brevets de perfectionnement. On peut aussi, après avoir fait breveter une invention à l'étranger, prendre pour le même objet un brevet en France, mais le brevet, ainsi pris en France, n'a pas la même durée que les brevets ordinaires. Etudions successivement ces deux points.

Brevet de perfectionnement; certificat d'addition. — Le brevet de perfectionnement peut être demandé par le propriétaire du premier brevet ou par un tiers. Le breveté, qui veut s'assurer la jouissance exclusive d'un perfectionnement apporté à son industrie, peut procéder de deux manières : il peut prendre un nouveau brevet, ayant la durée ordinaire, cinq, dix ou quinze années, mais donnant lieu à la perception de la taxe de cent francs par chaque année ; il peut, s'il le préfère, obtenir un certificat d'addition. Le certificat d'addition est un titre supplémentaire délivré au breveté qui modifie sa découverte ; le certificat d'addition fait corps avec le brevet primitif, il n'a que la durée de ce brevet, et il cesse de valoir, si le brevet primitif est annulé ou frappé de déchéance. En un mot, tandis que le brevet pris pour un perfectionnement a une existence propre, distincte de celle du brevet primitif, le certificat d'addition n'est qu'un accessoire du brevet primitif dont il suit la condition. L'avantage du certificat d'addition est qu'il ne donne lieu qu'à la perception d'une taxe fixe de vingt francs.

Un tiers peut également se faire breveter pour un perfectionnement apporté à une industrie déjà brevetée au profit d'une autre personne, mais il ne peut prendre qu'un brevet d'invention : la faculté de se faire délivrer un certificat d'addition n'existe que pour le breveté primitif.

Tout en accordant à d'autres qu'à l'inventeur le droit de se faire breveter pour un perfectionnement, il fallait cependant laisser à l'inventeur lui-même le temps de tirer de son invention toutes ses conséquences, et d'y introduire les améliorations que la pratique peut lui suggérer ; voilà pourquoi la loi lui accorde, de préférence à tous autres, pendant l'année qui suit son brevet, le droit de demander un certificat d'addition ou un brevet pour des modifications apportées à son industrie. Si, pendant ce laps de temps, le breveté demande un brevet ou un certificat d'addition pour un perfectionnement, personne ne peut valablement se faire breveter pour le même objet. L'année expirée, le breveté n'a plus de privilège, et il ne peut plus obtenir de brevet pour un perfectionnement, si un autre plus diligent a formé avant lui une demande pour le même objet.

Droits respectifs du titulaire d'un premier brevet et du titulaire d'un brevet de perfectionnement. — Celui qui prend un brevet pour un perfectionnement apporté à une invention brevetée au profit d'un autre ne peut exploiter l'invention, objet du brevet primitif, tant que ce brevet dure ; de son côté, le propriétaire du premier brevet ne peut appliquer le perfectionnement sans le consentement du second inventeur. Les deux brevets sont distincts, chacun des titulaires a un droit séparé ; il résulte de là que, si le perfectionnement ne peut être appliqué qu'en se servant de l'invention déjà brevetée, le brevet de perfectionnement reste stérile tant que subsiste le brevet principal, à moins qu'un accord n'intervienne entre les deux brevetés, et qu'ils ne s'entendent pour exploiter en commun.

Durée des brevets pris pour des découvertes déjà brevetées à l'étranger. — L'auteur d'une invention brevetée à l'étranger dont le brevet existe encore peut obtenir pour cette même invention un brevet en France ; mais le brevet pris en France ne pourra produire effet pendant un temps plus long que le brevet étranger : la durée du brevet étranger sera la limite extrême que pourra atteindre le brevet français.

Formalités nécessaires pour obtenir un brevet; demande; description; dessins; échantillons. — Certaines formalités sont imposées à celui qui veut obtenir un brevet d'invention. Il doit déposer au secrétariat de la préfecture du département où il a son domicile, ou de tout autre, en y faisant élection de domicile, un paquet cacheté qui contient : 1° Une demande au ministre du commerce. Cette demande doit être limitée à un seul objet principal; on ne peut réunir dans la même demande, et par suite dans le même brevet, des inventions différentes, au préjudice du Trésor qui perçoit une taxe sur chaque brevet. La demande mentionne la durée que le demandeur entend assigner à son brevet, et qui est de cinq, de dix ou de quinze années; elle indique un titre qui désigne d'une manière précise l'objet de l'invention. — 2° Une description de l'invention faisant l'objet du brevet. Cette description ne doit contenir ni altérations ni surcharges, les mots rayés sont comptés et constatés, les pages et les renvois paraphés; la description ne peut être écrite en langue étrangère; elle doit être en double original. — 3° Les dessins ou échantillons nécessaires pour l'intelligence de la description. Ces dessins et échantillons doivent être également en double; ils ne sont pas du reste exigés d'une manière absolue, c'est à l'inventeur à apprécier s'ils sont nécessaires à l'intelligence de sa description. — 4° Un bordereau des pièces déposées. Toutes ces pièces, demande, description, dessins, bordereau, sont signées de celui qui demande le brevet ou de son mandataire. La demande doit être accompagnée de la production d'un récépissé de cent francs, montant de la première annuité de la taxe versée à la caisse du trésorier payeur général.

Dépôt de la demande; délivrance du brevet; conséquences de l'irrégularité de la demande. — Le dépôt de la demande est constaté par un procès-verbal signé du demandeur et dressé par le secrétaire général de la préfecture; ce procès-verbal énonce le jour et même l'heure de la remise des pièces, afin d'établir la priorité pour le cas où plusieurs demandes de brevet pour le même objet seraient déposées le même jour. Les pièces remises à la préfecture sont transmises au ministère du commerce.

Le brevet est délivré par le ministre, sous la forme d'un arrêté, sans examen préalable du mérite ou de la nouveauté de l'invention. Le seul cas dans lequel le ministre pourrait rejeter une demande de brevet régulière est lorsque le brevet a été demandé pour un remède ou composition pharmaceutique, pour un plan ou une combinaison de crédit ou de finance. Mais si la demande est irrégulière, si elle ne contient pas toutes les énonciations exigées, si elle n'est pas accompagnée d'une description, le ministre ne délivrera pas le brevet. Le breveté pourra bien former une nouvelle demande, mais d'une part, il perd la moitié de la somme qu'il a versée pour la première annuité, si la demande irrégulière n'est pas régulièrement renouvelée dans les trois mois; d'un autre côté, si une autre personne avait, dans l'intervalle entre la première et la seconde demande, demandé un brevet pour le même objet, elle aurait la priorité, la date du brevet se déterminant par le jour du dépôt de la demande.

Une expédition de l'arrêté ministériel qui constitue le brevet est délivrée au demandeur; à cette expédition est joint le duplicata de la description et des dessins. La première expédition est délivrée sans frais; les expéditions ultérieures qui seraient demandées donnent lieu au paiement d'une taxe de vingt-cinq francs. Toutes les règles que nous venons d'expliquer, relatives à la forme de la demande et à la délivrance du brevet, sont applicables aux certificats d'addition.

Durée des brevets; taxe. — La durée du brevet est de cinq, dix ou quinze années, au choix de celui qui le demande. Le droit du breveté et la durée du brevet courent, non pas du jour où le titre est délivré par le ministre, mais du jour où la demande est déposée au secrétariat de la préfecture. Le brevet donne lieu à la perception d'une taxe de cinq cents francs pour un brevet de cinq ans, mille francs pour un brevet de dix ans, quinze cents francs pour un brevet de quinze ans. Cette taxe est payée par annuités de cent francs, payables avant le commencement de chacune des années du brevet. La première annuité est payée avant le dépôt

de la demande; on doit joindre en effet le récépissé à la
demande. Le défaut de paiement de l'une des annuités,
avant le commencement de l'une des années du brevet, entraîne la déchéance du droit du breveté. En cas de cession
du brevet, la taxe entière devient immédiatement exigible.
Les certificats d'addition donnent lieu seulement au paiement d'une taxe fixe de vingt francs par chaque addition.

Droits résultant du brevet. — Le brevet, s'il est valable, confère à celui qui l'a obtenu le droit exclusif d'exploiter l'invention qui en fait l'objet. Nul ne peut, pendant la
durée du brevet, fabriquer ou vendre les produits, employer
les procédés brevetés. L'atteinte portée au droit résultant
du brevet constitue le délit de contrefaçon. Le privilège du
breveté s'étend à chacune des parties de son invention; celui
qui usurpe une partie seulement des procédés décrits au
brevet, ou qui en fait une application restreinte, est un contrefacteur tout aussi bien que celui qui les emprunte dans
leur ensemble. Mais le droit du breveté trouve sa limite dans
la désignation même qu'il a faite de son invention dans le
brevet; il ne peut exister que relativement à l'objet précis
pour lequel le brevet a été demandé et obtenu. Le breveté
peut exploiter par lui-même, ou concéder à d'autres, moyennant une redevance convenue, la faculté d'exploiter son invention. Cette autorisation, qui ne doit pas être confondue
avec la cession du brevet, n'est soumise à aucune forme particulière; on lui donne dans la pratique le nom de *licence*.

Cession des brevets. — Les brevets sont, comme toute
autre propriété, susceptibles de cession; la cession peut être
totale ou partielle. Le breveté peut vendre tous ses droits à
un acquéreur qui est complètement mis en son lieu et place;
c'est la cession totale. La cession partielle peut se faire de
bien des manières : le breveté peut céder une partie seulement des droits résultant du brevet, par exemple, le droit
de vendre en se réservant le droit de fabriquer; il peut céder
son brevet pour telle commune, tel arrondissement, ou le
vendre pour une limite de temps déterminée. La cession
diffère de la licence, ou autorisation d'exploiter l'invention,
en ce que le breveté qui concède une licence reste complète-

ment propriétaire du brevet, et conserve dans leur entier tous les droits qui en résultent.

Conditions de la cession. — La cession proprement dite est soumise à certaines conditions spéciales qui ont pour but de permettre aux tiers de connaître facilement à qui appartient le brevet. Voici ces conditions : 1° la cession ne peut être faite que par acte notarié ; 2° elle doit être enregistrée au secrétariat de la préfecture du département dans lequel l'acte a été passé. Cet enregistrement se fait sans frais sur le dépôt d'un extrait de l'acte. Si la cession n'est pas accompagnée de ces formalités, elle est nulle à l'égard des tiers : le cessionnaire ne pourra invoquer contre eux les droits résultant de cette cession, et même, si le titulaire du brevet faisait à une autre personne une seconde cession, régulière cette fois, cette seconde cession ne pourrait être critiquée par le premier cessionnaire et lui serait opposable. Outre les conditions que nous venons d'indiquer, la cession doit être précédée du paiement de la totalité de la taxe du brevet, qui en général n'est payable que par annuités.

Droits du cessionnaire. — Le cessionnaire, saisi par une cession régulière, peut, dans les limites où la cession a été faite, exercer tous les droits du breveté, notamment agir contre les contrefacteurs. Il profite de plein droit des certificats d'addition qui seraient ultérieurement délivrés au breveté, et réciproquement le breveté, si la cession n'est que partielle, profite des certificats d'addition délivrés au cessionnaire.

Publicité donnée aux brevets. — Il faut que le public, pendant la durée du brevet, puisse le connaître, pour éviter de violer le droit du breveté ; il faut, en outre, qu'à l'expiration du brevet, et lorsque l'invention sera tombée dans le domaine public, chacun soit à même d'en faire son profit. De là la publicité donnée aux brevets d'invention pendant leur durée et après leur expiration. Les descriptions, dessins, échantillons et modèles sont déposés au ministère du commerce, où ils sont communiqués sans frais à tous ceux qui le demandent ; toute personne peut s'en faire délivrer une copie à ses frais. Un décret, inséré au *Bul-*

letin des lois, proclame tous les trois mois les brevets délivrés, ainsi que les cessions ou mutations qui se sont produites dans la propriété des brevets. Chaque année, un catalogue est imprimé qui contient les titres de tous les brevets délivrés dans l'année précédente. Enfin, après le paiement de la seconde annuité, les descriptions et dessins sont publiés textuellement ou par extrait. Le recueil des descriptions et dessins et le catalogue sont déposés au ministère du commerce et au secrétariat de la préfecture de chaque département, où ils peuvent être consultés sans frais. A l'expiration des brevets, les originaux des descriptions et dessins sont déposés au *Conservatoire des arts et métiers*.

Nullités et déchéances; en quoi elles diffèrent. — Les nullités et les déchéances ont un caractère bien différent : il y a nullité, lorsque le brevet est entaché d'un vice originaire; le brevet nul n'a jamais eu d'existence légale et n'a pu conférer de droit au breveté. Il y a déchéance, lorsque le brevet, valable à l'origine, se trouve, pendant sa durée, vicié par certaines causes et rendu inefficace. Le brevet tombé en déchéance n'est anéanti que pour l'avenir; la déchéance laisse subsister les effets produits par le brevet, jusqu'au jour où elle a été encourue. Ainsi, aucune poursuite en contrefaçon ne peut être exercée lorsque le brevet est nul; au contraire, lorsque le brevet est frappé de déchéance, le breveté peut poursuivre l'atteinte portée à ses droits, si elle s'est réalisée à une époque antérieure à la déchéance.

Causes de nullité. — Il y a nullité du brevet dans les cas suivants : 1° si la découverte, invention ou application n'est pas nouvelle, c'est-à-dire si elle a reçu, avant le dépôt de la demande de brevet, en France ou à l'étranger, une publicité suffisante pour pouvoir être exécutée; 2° si la découverte porte sur des compositions pharmaceutiques, des plans ou combinaisons de crédit et de finance; 3° si le brevet porte sur des principes, méthodes ou découvertes purement théoriques et scientifiques, dont on n'a pas indiqué d'application industrielle; 4° si la découverte est contraire aux bonnes mœurs, aux lois, à l'ordre ou à la sûreté publique; 5° si, par fraude, le brevet a été demandé sous un titre indi-

quant un objet autre que le véritable objet de l'invention;
6° si la description jointe au brevet n'est pas suffisante pour
l'exécution de l'invention, ou si elle n'indique pas d'une
manière complète et loyale les véritables moyens de l'inventeur; 7° si le brevet a été obtenu pour un perfectionnement
apporté à une industrie déjà brevetée, pendant l'année réservée au breveté primitif pour prendre un certificat d'addition ou un brevet de perfectionnement; 8° les certificats
d'addition sont nuls, lorsqu'ils ne se rattachent pas au
brevet-principal, lorsqu'ils sont étrangers à l'objet de ce
brevet.

Causes de déchéance. — La déchéance est encourue
dans les cas suivants : 1° si le breveté n'a pas acquitté l'annuité de la taxe avant le commencement de chacune des
années de la durée du brevet; 2° s'il n'a pas mis en exploitation en France son invention dans le délai de deux ans, à
compter du jour de la délivrance du brevet, ou s'il a cessé
de l'exploiter pendant deux années consécutives, à moins
qu'il ne justifie des causes qui l'ont contraint à l'inaction;
3° si le breveté a introduit en France des objets fabriqués en
pays étranger et semblables à ceux qui sont garantis par
son brevet. Toutefois la déchéance n'est pas encourue, lorsque des modèles de machines ou des objets fabriqués à
l'étranger ont été introduits en France, avec l'autorisation
du ministre du commerce, pour servir à des expériences
ou à des essais suivis avec l'assentiment du gouvernement.

Actions en nullité ou en déchéance. — Toute personne,
ayant intérêt à faire tomber le brevet, peut invoquer la
nullité ou la déchéance. Les demandes en nullité ou en déchéance sont portées devant les tribunaux civils de première
instance; en outre, celui que le breveté poursuit comme
contrefacteur devant le tribunal correctionnel peut se défendre en opposant la nullité ou la déchéance du brevet; si
en effet le brevet est nul, ou s'il est tombé en déchéance
avant les faits qui donnent lieu à la poursuite, il ne peut
y avoir de contrefaçon.

§ 2. — DES MARQUES DE FABRIQUE.

(Loi du 23 juin 1857.)

Définition. — La marque est tout signe qui sert à distinguer les produits d'une fabrique ou les objets d'un commerce. La marque en général est facultative : le fabricant ou le commerçant peut l'employer ou ne pas l'employer selon ses convenances ou son intérêt. Nous verrons toutefois que, pour certains produits, la marque est obligatoire; des décrets peuvent étendre l'obligation de la marque aux produits qu'ils déterminent.

En quoi peut consister la marque. — Les signes qui peuvent servir de marque sont extrêmement variés, il serait impossible d'en faire l'énumération; il suffira de citer à titre d'exemples ceux qui sont le plus fréquemment employés. La marque peut consister dans une dénomination donnée au produit; dans des emblèmes, tels qu'un dessin, une figure; des vignettes, petites estampes ou dessins effectués à l'aide de la gravure ou de l'impression; des reliefs, timbres, lettres, chiffres; l'enveloppe du produit peut également, par sa couleur, sa forme, les dessins qui l'accompagnent, constituer une marque; enfin le nom du fabricant ou du lieu de fabrication peut être employé comme marque, à condition de lui donner une forme spéciale, distinctive, et toujours la même. Des dispositions particulières punissent l'usurpation du nom du fabricant ou du lieu de fabrication, alors même qu'ils ne sont pas employés comme marque.

L'industriel ou le commerçant ne peut s'assurer l'usage exclusif d'une marque qu'autant qu'elle est nouvelle, qu'il l'a employée le premier dans l'industrie qu'il exerce. Il n'est pas nécessaire que l'emblème adopté soit nouveau en lui-même, il suffit que son application soit nouvelle. Le signe servant de marque doit, en outre, être spécial aux produits qu'il est destiné à distinguer, c'est-à-dire avoir une forme parfaitement reconnaissable et qui ne permette pas la confusion avec les signes employés par d'autres.

Conditions nécessaires pour s'assurer la propriété de la marque. — Certaines formalités sont exigées de celui qui veut conserver la propriété d'une marque de fabrique et empêcher qu'un autre ne s'en serve pour désigner ses produits. Il doit déposer deux exemplaires de la marque au greffe du tribunal de commerce de son domicile, et, s'il n'y a pas de tribunal de commerce, au greffe du tribunal civil de première instance. Le dépôt peut être fait par le commerçant ou fabricant lui-même, ou par un fondé de pouvoir. Les deux exemplaires déposés sont sur papier non timbré, et représentent la marque adoptée au moyen d'un dessin, d'une gravure ou d'une empreinte. Le greffier du tribunal dresse un procès-verbal du dépôt. Ce procès-verbal, qui est signé du greffier et du déposant, énonce le jour et l'heure du dépôt, le nom, la profession, la demeure du déposant, et le genre d'industrie pour lequel il a l'intention de se servir de la marque. Il est dû au greffier pour la rédaction de ce procès-verbal un droit fixe de un franc; une expédition en est remise au déposant. Toute personne peut, moyennant le paiement du même droit, se faire délivrer une expédition de ce procès-verbal. Le dépôt n'a d'effet et ne conserve la propriété de la marque que pendant quinze années; mais le fabricant ou le commerçant peut, avant l'expiration de ce délai, faire un nouveau dépôt qui produira effet pour quinze années; au moyen de dépôts successivement renouvelés de quinze en quinze ans, on peut s'assurer indéfiniment la jouissance exclusive d'une marque.

Droits des étrangers. — Les étrangers peuvent aussi bien que les Français, en remplissant les formalités que nous venons d'indiquer, conserver la propriété des marques qui servent à distinguer les produits créés dans des établissements qu'ils possèdent et exploitent en France; quant aux marques des produits provenant d'établissements exploités à l'étranger par des Français ou par des étrangers, la propriété n'en peut être conservée qu'autant que, dans les pays où ces établissements sont situés, des traités ont établi un droit semblable pour les marques françaises. Le dépôt des marques étrangères, lorsqu'elles ont ainsi droit à la protection de la loi française, se fait au greffe du tribunal de commerce de la Seine.

Actions relatives à la propriété des marques. — Toutes les actions relatives à la propriété des marques sont jugées par les tribunaux civils de première instance. L'atteinte aux droits du propriétaire d'une marque constitue un délit qui peut être poursuivi devant les tribunaux correctionnels : nous aurons à étudier les caractères de ce délit et les conséquences qu'il entraîne, lorsque nous traiterons de la contrefaçon.

Marque obligatoire. — L'obligation de la marque est imposée notamment pour les savons, pour les matières d'or et d'argent qui doivent être marquées d'un poinçon portant un emblème spécial choisi par le fabricant et la première lettre de son nom. Ce poinçon ne doit pas être confondu avec celui qui est employé par le bureau de garantie pour déterminer le titre. Certaines villes ont le droit exclusif d'apposer une marque déterminée sur les produits sortant de leurs manufactures : Marseille a une marque particulière pour ses savons; une amende frappe celui qui usurpe cette marque et l'emploie pour des savons fabriqués ailleurs qu'à Marseille. Les fabricants de Louviers ont le droit d'avoir à leurs draps une lisière particulière; le même privilège a été étendu à d'autres villes également renommées pour la fabrication des draps. Les fabricants de ces villes doivent garnir tous leurs produits de cette lisière, et les fabricants d'autres villes ne peuvent, sous des peines sévères, en faire usage. Ceux qui n'ont pas apposé sur leurs produits une marque déclarée obligatoire, et ceux qui ont vendu ou mis en vente des produits ne portant pas cette marque, peuvent être punis par le tribunal correctionnel d'une amende de cinquante francs à mille francs et même d'un emprisonnement de quinze jours à six mois.

§ 3. — DES DESSINS DE FABRIQUE.

(Loi du 10 mars 1806, art. 15 à 19. Ordonnance royale du 29 août 1825.)

Ce qu'on entend par dessin de fabrique. — Le dessin de fabrique est une combinaison plus ou moins compliquée de lignes ou de couleurs, dont le tracé ou les nuances présentent une forme, une disposition d'un caractère nouveau. Le dessin de fabrique est appliqué par le tissage, l'impression, la broderie ou par d'autres procédés analogues, sur des étoffes, châles, dentelles, ou même sur des papiers de tenture ou des toiles cirées. La condition essentielle pour que le dessin de fabrique puisse constituer la propriété exclusive du fabricant est qu'il soit nouveau; s'il a déjà été employé dans l'industrie, il appartient à tout le monde et ne peut plus faire l'objet d'un droit privatif.

Dépôt au conseil des prud'hommes. — L'inventeur d'un dessin de fabrique, qui veut conserver son droit, doit déposer aux archives du conseil de prud'hommes de son domicile un échantillon, plié sous enveloppe, revêtu de ses cachet et signature. Le dépôt est inscrit sur un registre tenu à cet effet par le secrétaire du conseil, et il est délivré au fabricant un certificat en constatant la date. Lorsque le fabricant est domicilié hors du ressort d'un conseil de prud'hommes, le dépôt se fait au greffe du tribunal de commerce, ou du tribunal de première instance, s'il n'y a pas de tribunal de commerce. Ce dépôt assure la propriété du dessin, soit à perpétuité, soit pour un temps limité, selon la volonté du déposant; il doit donc, en faisant le dépôt, déclarer son intention à cet égard. Si le déposant ne se réserve pas la propriété perpétuelle, il peut se l'assurer pour une durée d'un an, de trois ou cinq ans à son choix.

§ 4. — DE LA CONTREFAÇON.

Éléments de la contrefaçon. — L'atteinte portée aux droits du breveté, du propriétaire d'une marque ou d'un dessin de fabrique s'appelle contrefaçon. La contrefaçon constitue un délit.

En matière de brevets d'invention, la contrefaçon consiste dans la fabrication des produits ou l'emploi des moyens pour lesquels le brevet a été obtenu. On assimile aux contrefacteurs ceux qui ont conservé entre leurs mains ou recélé, vendu, exposé en vente, ou introduit sur le territoire français des objets contrefaits, mais à condition qu'ils aient agi sciemment, qu'ils aient su que les objets étaient contrefaits.

Actions auxquelles donne naissance la contrefaçon des inventions brevetées ; action publique. — L'action en contrefaçon peut être exercée par le breveté et par ceux auxquels il a fait une cession régulière de son brevet. La contrefaçon, étant un délit, donne naissance à deux actions, l'action publique et l'action civile. L'action publique tend à l'application d'une peine ; la peine de la contrefaçon est une amende de cent à deux mille francs. En cas de récidive, c'est-à-dire lorsqu'il y a eu dans les cinq années antérieures une condamnation prononcée contre le prévenu pour un délit de même nature, les juges peuvent prononcer, outre l'amende, un emprisonnement de un à six mois. La même peine peut être appliquée, si le contrefacteur est un ouvrier ou un employé ayant travaillé dans les ateliers ou dans l'établissement du breveté, ou s'il a eu connaissance des procédés décrits au brevet en s'associant avec un ouvrier ou un employé du breveté. L'action publique en matière de contrefaçon est exercée par le ministère public, mais seulement sur la plainte du breveté, partie lésée.

Action civile. — L'action civile, qui tend à la réparation du dommage causé par la contrefaçon, peut s'exercer de deux manières : le breveté peut assigner le contrefacteur devant le tribunal correctionnel, ou saisir la juridiction civile. Le tribunal correctionnel, si la contrefaçon est prouvée, en appliquant au prévenu sur les réquisitions du ministère public l'amende ou l'emprisonnement, statuera sur les conclusions du breveté qui se porte partie civile. Lorsque le breveté assigne devant la juridiction civile, le contrefacteur ne peut être condamné à une amende ou à un emprisonnement, mais seulement à une réparation civile envers le breveté. Devant la juridiction correctionnelle comme devant la juridiction civile, le breveté peut obtenir : 1° des dommages-intérêts, c'est-à-dire une somme d'argent destinée à réparer le préjudice causé par la contrefaçon ; 2° la confiscation et l'attribution à son profit des objets reconnus contrefaits ; 3° enfin l'affiche et l'insertion dans les journaux du jugement rendu contre le contrefacteur. Ce dernier mode de réparation est souvent employé par les tribunaux, la publicité donnée à la condamnation ayant pour résultat de prévenir le public contre les contrefacteurs. Quelle que soit la juridiction devant laquelle il est traduit, celui qui est poursuivi pour contre-façon peut opposer à la demande du breveté tous les moyens tirés de la nullité ou de la déchéance du brevet. Il peut, si la demande en contrefaçon est reconnue mal fondée et repous-sée, obtenir des dommages-intérêts contre le breveté qui l'a poursuivi sans droit.

Saisie des objets contrefaits. — Afin d'arriver plus faci-lement à la preuve de la contrefaçon, le breveté a le droit de faire procéder à une saisie des objets prétendus contrefaits. La saisie doit être précédée d'une ordonnance du président du tribunal de première instance, rendue sur une requête présentée par le breveté ou par un avoué, et sur la représen-tation du brevet. Le président, en accordant l'autorisation de saisir, peut imposer au breveté l'obligation de fournir un cautionnement, consistant en une somme d'argent qui doit être consignée, avant de faire procéder à la saisie. Le caution-nement doit toujours être exigé, lorsque le breveté est étran-ger. Le président peut autoriser seulement une saisie par-tielle, limitée à quelques échantillons, ou même ne permettre qu'une description des objets contrefaits sans saisie. Les objets saisis sont placés sous scellés et déposés au greffe du tribunal ; quant aux objets simplement décrits, ils restent entre les mains de celui chez lequel ils sont trouvés ; il en est gardien et est tenu de les représenter, s'il y a lieu. La saisie ou description est faite par un huissier, auquel peut être adjoint un expert désigné par l'ordonnance du président ; cet expert éclairera l'huissier sur les détails techniques qu'il pourrait ignorer, et le guidera pour procéder à la saisie ; le breveté lui-même peut être présent. La saisie doit, à peine de nullité, être suivie dans un bref délai de poursuites judi-ciaires : le breveté doit assigner dans la huitaine, soit devant le tribunal correctionnel, soit devant le tribunal civil, sinon la saisie est comme non avenue.

Contrefaçon en matière de marques de fabrique. — La contrefaçon proprement dite d'une marque de fabrique consiste dans la reproduction complète de cette marque. L'usage d'une marque contrefaite, l'apposition frauduleuse sur un produit d'une marque appartenant à autrui, le fait d'avoir sciemment vendu ou mis en vente des produits revêtus d'une marque contrefaite ou frauduleusement apposée, sont assimilés à la contrefaçon. La contrefaçon en matière de marques est punie d'une amende de cinquante francs à trois mille francs et d'un emprisonnement de trois mois à trois ans, ou de l'une de ces deux peines seulement. Outre la reproduction complète de la marque, la loi atteint toute imitation frauduleuse qui est de nature à tromper l'acheteur sur la provenance du produit. Une amende de cinquante francs à deux mille francs et un emprisonnement d'un mois à un an peuvent être prononcés contre ceux qui ont fait de la marque d'autrui une imitation frauduleuse, de nature à tromper l'acheteur, ou qui se sont servis d'une marque frauduleusement imitée, contre ceux qui ont fait usage d'une marque portant des indications qui peuvent induire l'acheteur en erreur sur la nature du produit, enfin contre ceux qui ont sciemment vendu ou mis en vente des produits revêtus d'une marque frauduleusement imitée, ou portant des indications propres à tromper l'acheteur.

Double action; action publique; action civile. — La contrefaçon de la marque fait naître, comme la contrefaçon de l'invention brevetée, une double action : action publique et action civile. Le propriétaire de la marque peut se pourvoir devant la juridiction correctionnelle ou devant la juridiction civile. Il peut obtenir, outre les dommages-intérêts, la confiscation des produits dont la marque est reconnue contrefaite, ainsi que l'affiche et l'insertion dans les journaux du jugement de condamnation.

Description ou saisie. — La poursuite civile ou correctionnelle est ordinairement précédée d'une description avec ou sans saisie. La description ou la saisie est autorisée par une ordonnance du président du tribunal de première instance ou du juge de paix du canton, à défaut de tribunal dans le lieu où se trouvent les produits à décrire ou à saisir. L'ordonnance est rendue sur une simple requête et sur la présentation du procès-verbal constatant le dépôt de la marque. La saisie ou description est faite par un huissier assisté, s'il y a lieu, d'un expert désigné par l'ordonnance. Le juge, en autorisant la saisie, peut imposer au saisissant l'obligation de fournir un cautionnement. La saisie ou description doit, à peine de nullité, être suivie dans la quinzaine d'une assignation devant le tribunal civil ou devant le tribunal correctionnel. En rapprochant ces règles de celles que nous avons étudiées relativement aux brevets, on voit que deux différences existent entre la saisie en matière de brevets d'invention, et la saisie en matière de marques de fabrique : 1° la saisie en matière de marques peut, dans certains cas, être autorisée par le juge de paix, tandis qu'en matière de brevets d'invention, ce pouvoir appartient exclusivement au président du tribunal; 2° en matière de brevets, la saisie doit être suivie dans la huitaine de poursuites judiciaires; en matière de marques, le délai pour se pouvoir est de quinzaine.

Contrefaçon des dessins de fabrique. — La reproduction illicite d'un dessin de fabrique, dont la propriété est légalement conservée par le dépôt au conseil des prud'hommes, constitue également une contrefaçon. La peine prononcée contre le contrefacteur est une amende de cent francs au moins et de deux mille francs au plus; ceux qui ont mis en vente ou introduit sur le territoire français un dessin contrefait sont punis d'un amende de vingt-cinq francs au moins et de deux mille francs au plus. Le propriétaire du dessin de fabrique, s'il veut faire appliquer la peine de la contrefaçon, peut saisir le tribunal correctionnel, qui, en même temps qu'il condamnera le contrefacteur à l'amende, allouera à l'inventeur du dessin des dommages-intérêts, et prononcera la confiscation des dessins contrefaits. S'il veut se borner à la réparation du préjudice qu'il a éprouvé, le propriétaire du dessin s'adressera au tribunal de commerce. Il faut bien remarquer cette différence importante de compétence : les actions relatives aux brevets d'invention et aux marques sont de la compétence exclusive des tribunaux civils de première instance, les actions relatives à la propriété des dessins de fabrique sont jugées par les tribunaux de commerce.

§ 5. — DES NOMS, DES ENSEIGNES ET DÉSIGNATIONS, DE LA CONCURRENCE DÉLOYALE ET DE LA RÉVÉLATION DE SECRETS DE FABRIQUE.

Usurpation de noms ; deux actions. — Il est, indépendamment des marques, un certain nombre de signes employés dans l'industrie ou le commerce pour distinguer les produits. Nous trouvons, en première ligne, le nom du fabricant et du lieu de fabrication. La bonne réputation du fabricant, la désignation d'un lieu de provenance justement renommé, sont souvent auprès du public la meilleure recommandation. Une loi spéciale (loi du 28 juillet 1824) protège les fabricants contre l'usurpation de leur nom et du nom du lieu de fabrication. Elle punit d'un emprisonnement de trois mois à un an et d'une amende ceux qui ont apposé ou fait apparaître, par addition, retranchement, ou par une altération quelconque, sur des objets fabriqués, le nom d'un fabricant autre que celui qui en est l'auteur, la raison de commerce d'une fabrique autre que celle où les objets ont été fabriqués, enfin le nom d'un lieu autre que celui de la fabrication. La même peine est applicable aux commissionnaires, marchands ou débitants qui, de mauvaise foi, ont mis en vente les produits marqués de noms supposés ou altérés. Le fabricant dont le nom a été ainsi usurpé, ou les fabricants du lieu faussement indiqué comme lieu de provenance, ont droit de réclamer à l'auteur de cette fraude des dommages-intérêts. L'usurpation de nom constituant un délit peut donner lieu à des poursuites correctionnelles ; devant la juridiction correctionnelle, ceux auxquels cette usurpation est préjudiciable pourront se porter partie civile et conclure à des dommages-intérêts ; ils peuvent également, s'ils le préfèrent, saisir de leur demande les tribunaux civils.

Usurpation d'enseignes, d'étiquettes, d'enveloppes ; action civile en dommages-intérêts. — D'autres indications spéciales sont encore usitées pour faire connaître au public un établissement ou un produit : ainsi l'enseigne, signe indicateur d'un établissement industriel ou d'un fonds de commerce. L'enseigne appartient à celui qui le premier l'a adoptée dans une branche d'industrie ; tant que le fonds de commerce désigné par l'enseigne existe, nul ne peut la reproduire ou l'imiter de manière à établir une confusion préjudiciable à celui qui le premier l'a employée. La protection de la loi s'étend aussi à la désignation spéciale et à la forme que le commerçant donne à un produit, à la forme et à la couleur des boîtes et enveloppes, en un mot, à tous les signes extérieurs employés pour distinguer les produits. La reproduction illicite d'une enseigne, d'une désignation, ne constitue pas un délit ; ce fait ne rentre pas dans la contrefaçon ; il permet seulement à celui au préjudice duquel il est commis de réclamer des dommages-intérêts. On décide généralement que les tribunaux de commerce sont compétents pour connaître de ces demandes. Ce que nous venons de dire à propos des enseignes et désignations s'appliquerait également aux moyens divers employés pour établir une confusion entre des établissements rivaux ou des produits similaires. Les commerçants ne doivent chercher à attirer à eux le public que par des moyens honnêtes et loyaux ; tous les faits qui présentent le caractère d'une concurrence déloyale peuvent entraîner une condamnation à des dommages-intérêts, dans l'appréciation desquels les tribunaux apportent une juste sévérité.

Révélation de secrets de fabrique (*Code pénal*, *art. 418*). — Indépendamment des moyens qui font l'objet de brevets d'invention, il existé dans certains établissements industriels des procédés particuliers de fabrication qui ne sont point connus et employés ailleurs. Ces procédés particuliers sont les secrets de fabrique. Il fallait empêcher que ceux auxquels le fabricant a dû, à raison des nécessités du travail, faire connaître les moyens qu'il emploie, n'aillent les divulguer, et, en les portant à d'autres, ne servent d'instruments à une concurrence déloyale. Les directeurs, commis ou ouvriers de fabrique, qui communiquent ou tentent seulement de communiquer les secrets de la fabrique où ils sont employés, peuvent être condamnés à une peine, qui varie selon que la communication a été faite à un étranger ou à un Français résidant à l'étranger, ou à un Français demeurant en France. La révélation de secrets de fabrique à un étranger ou à un Français demeurant à l'étranger peut entraîner un emprisonnement de deux ans à cinq ans et une amende de 500 francs à 2 000 francs; la révélation faite à un Français résidant en France est punie d'un emprisonnement de trois mois à deux ans et d'une amende de 16 francs à 200 francs. La divulgation de secrets touchant à la fabrication des armes et munitions de guerre appartenant à l'Etat est toujours punie du maximum de la peine.

CHAPITRE III

DES MINES

(Lois du 21 avril 1810 et du 9 mai 1866.)

Idée générale de la matière. — Les masses de substances minérales et fossiles qui se trouvent dans le sein ou à la surface de la terre sont comprises sous les trois dénominations de mines, minières et carrières. Régler le mode d'exploitation de ces richesses minérales, de manière à éviter qu'il n'en soit fait un mauvais usage et qu'elles ne soient mal exploitées, surveiller cette exploitation au point de vue de l'ordre et de la sécurité publique, tel est le double but que s'est proposé la législation sur cette matière.

Organisation du service des mines. — Le service des mines dépend du ministère des travaux publics : il comprend un conseil général des mines, des ingénieurs de différentes classes, et des *gardes-mines*, agents inférieurs auxiliaires des ingénieurs. Il existe à Paris une école nationale des mines où se forment les ingénieurs, à Saint-Etienne une école destinée aux gardes-mines et aux directeurs d'exploitations et d'usines métallurgiques, et à Alais une autre école qui a pour but de répandre les connaissances nécessaires aux maîtres mineurs.

Mines; définition. — La loi considère comme mines les masses de substances connues pour contenir en filons, en couches ou en amas, de l'or, de l'argent, du platine, du mercure, du plomb, du fer en filons ou couches, du cuivre, de l'étain, du zinc, de la calamine, du bismuth, du cobalt, de l'arsenic, du manganèse, de l'antimoine, de la plombagine ou autres matières métalliques, du soufre, du charbon de terre ou de pierre, du bois fossile, de l'alun, des bitumes et des sulfates à base métallique. Il faut ajouter à cette nomenclature les mines de sel, qui sont soumises au même régime que les autres exploitations de mines.

Recherche des mines. — Pour faire une recherche de mines et se livrer aux travaux de sonde ou forage nécessaires à cet effet, il faut avoir le consentement du propriétaire, ou, à défaut de ce consentement, une autorisation du Gouvernement. Cette autorisation n'est accordée qu'après que le propriétaire a été entendu, et à la charge par le tiers qui se livre à la recherche de lui payer une indemnité préalable. La permission de recherches ne peut être accordée, sans le consentement du propriétaire, dans les enclos entourés de murs, cours et jardins, et dans les terrains attenant aux habitations ou clôtures murées, dans la distance de cent mètres de ces habitations ou clôtures.

Concession des mines; formes de la demande et de la concession. — Les mines ne peuvent être exploitées qu'en vertu d'un acte de concession résultant d'un décret délibéré en Conseil d'État. Celui qui veut obtenir la concession doit adresser sa demande au préfet du département où est située la mine. Cette demande est publiée et affichée, afin de permettre à ceux qui voudraient obtenir la même concession de former des demandes en concurrence et aux propriétaires intéressés de faire valoir leurs moyens d'opposition contre la concession. Le délai des publications est de quatre mois; un mois après l'expiration de ce délai, les pièces sont transmises par le préfet au ministre des travaux publics. Il est

statué définitivement par un décret rendu en Conseil d'État :
les oppositions et les demandes en concurrence peuvent se
produire, devant le Conseil d'État, jusqu'au décret de concession. Le Gouvernement est complètement libre d'accorder à
qui il veut la concession : il choisit entre les divers demandeurs celui qui lui paraît présenter les garanties les plus
grandes de bonne exploitation.

Effets de la concession; obligations du concessionnaire. — La concession, même lorsqu'elle est faite au propriétaire du sol, crée une propriété nouvelle, complètement
distincte de la surface, à ce point que, si la mine et la surface se trouvent réunies dans la même main, le propriétaire
peut consentir sur la mine des droits d'hypothèque qui ne
s'étendront pas sur la surface, et réciproquement. Lorsque
le concessionnaire n'est pas propriétaire de la surface, il doit
au propriétaire du sol une redevance ou indemnité dont le
quantum est déterminé par l'acte de concession. En outre, le
concessionnaire qui, par ses travaux, cause un préjudice au
propriétaire du sol, doit lui payer une indemnité fixée au
double du produit net du terrain endommagé; il peut même,
dans certains cas, être obligé d'acquérir ce terrain. Le concessionnaire est tenu envers l'État d'une double redevance : une
redevance fixe, qui est de dix francs par kilomètre carré, et
une redevance proportionnelle au produit de l'extraction. La
mine ne peut être vendue par lots ou partagée qu'avec l'autorisation du Gouvernement; il est interdit également de
diviser ou de réunir les concessions sans autorisation. Enfin
l'exploitation des mines reste toujours soumise à la surveillance des ingénieurs et agents de l'administration.

Retrait de la concession. — Les concessions peuvent être
retirées pour certaines causes déterminées, notamment lorsque l'exploitation est restreinte ou suspendue de manière à
inquiéter la sûreté publique ou les besoins des consommateurs. Le retrait de la concession est prononcé par le ministre des travaux publics, dont la décision peut être attaquée devant le Conseil d'État. A la suite du retrait de la
concession, il est procédé à l'adjudication de la mine abandonnée.

Minières; définition. — On comprend sous le nom de minières : les minerais de fer d'alluvion, les terres pyriteuses propres à être converties en sulfate de fer, les terres alumineuses et les tourbes.

Conditions de l'exploitation des minières (*Loi du 9 mai 1866*). — Lorsque l'exploitation des minières a lieu à ciel ouvert, le propriétaire est tenu, avant de commencer l'exploitation, d'en faire la déclaration au préfet ; le préfet donne acte de cette déclaration, et l'exploitation peut commencer sans autre formalité. Si l'exploitation doit être souterraine, il faut une permission du préfet. Aux termes de la loi de 1810, les propriétaires de minières devaient exploiter en quantité suffisante pour fournir aux besoins des forges existant dans le voisinage, et, s'ils n'exploitaient pas ou exploitaient d'une manière insuffisante, les maîtres de forges pouvaient obtenir l'autorisation d'exploiter à leur place, à la charge de payer une indemnité. Ces dispositions sont abrogées par la loi du 9 mai 1866.

Carrières; surveillance à laquelle elles sont soumises. — Les carrières renferment les ardoises, grès, pierres à bâtir et autres, les marbres, les pierres à chaux, les marnes, argiles et autres substances analogues. Les carrières s'exploitent à ciel ouvert ou avec des galeries souterraines. Les carrières ne peuvent être exploitées que par le propriétaire du sol ou avec son consentement. L'exploitation des carrières à ciel ouvert a lieu sous la simple surveillance de la police ; quant aux carrières souterraines, elles sont soumises à la surveillance de l'administration des mines. Des règlements spéciaux existent dans diverses localités pour le régime des carrières.

CHAPITRE IV

DES TRAVAUX PUBLICS

Définition et division. — On appelle travaux publics les travaux de construction et d'appropriation, de réparation ou d'entretien qui s'exécutent dans un intérêt général. Ces travaux ne sont pas tous de la même nature. Il faut distinguer : 1° les travaux civils, comprenant les travaux des ponts et chaussées et des bâtiments civils; 2° les travaux militaires et les travaux maritimes; 3° enfin les travaux mixtes, ou travaux intéressant à la fois les services civils et les services militaires. Les travaux publics sont exécutés aux frais de l'Etat, des départements, des communes, ou aux frais de concessionnaires qui sont mis aux lieu et place de l'administration pour leur exécution.

Travaux civils; ponts et chaussées. — Les travaux des ponts et chaussées consistent dans la construction et l'entretien des routes nationales et départementales, la construction et l'entretien des ports maritimes de commerce, des digues, des canaux de navigation intérieure, l'établissement et l'entretien des phares, les divers travaux qui ont pour objet d'améliorer la navigation, la construction de barrages, d'écluses, de quais, la construction et l'entretien des chemins de fer. Ces travaux sont dirigés par les ingénieurs des ponts et chaussées et les agents auxiliaires placés sous leurs ordres, notamment les *conducteurs des ponts et chaussées*. L'exécution de ces divers travaux est ordonnée ou autorisée par une loi ou par un décret rendu en Conseil d'État. Si les travaux doivent s'effectuer avec une subvention du Trésor, l'allocation de cette subvention doit être approuvée par une loi avant la mise à exécution. Les projets préparés par les ingénieurs sont soumis à l'approbation du ministre des travaux publics.

Un conseil, appelé *conseil général des ponts et chaussées*, composé des inspecteurs généraux des ponts et chaussées, est appelé à donner son avis sur les projets et plans de travaux et sur toutes les questions d'art que le ministre juge à propos de lui soumettre. L'exécution des travaux des ponts et chaussées peut avoir lieu de deux manières : tantôt l'administration les fait exécuter directement, c'est ce qu'on appelle la *régie;* tantôt elle les concède à un entrepreneur qui, moyennant un prix convenu, se charge de leur exécution. Les marchés de travaux publics se font par voie d'adjudication. Dans tous les cas, que les travaux s'exécutent en régie ou par entreprise, l'administration conserve son droit de surveillance et de direction.

Bâtiments civils. — Ces travaux comprennent la construction, la réparation ou l'entretien des monuments et édifices destinés à un service public non militaire. Les travaux des bâtiments civils sont dirigés par les architectes chargés des divers services. Les projets de constructions nouvelles ou de réparations importantes doivent être soumis à un conseil, appelé *conseil des bâtiments civils*. Les travaux relatifs aux édifices du culte sont exécutés sous la direction d'architectes spéciaux, appelés *architectes diocésains*. Les marchés relatifs à l'exécution des travaux des bâtiments civils se font de gré à gré, ou sont passés par adjudication.

Travaux militaires. — Les travaux militaires sont de deux sortes : les uns sont exécutés sous la direction des officiers du génie, les autres sous la direction des officiers d'artillerie. Le génie est chargé des travaux qui consistent dans la réparation et l'entretien des fortifications, dans la construction, la réparation, l'appropriation et l'entretien des édifices et bâtiments militaires. Les écoles et directions d'artillerie, les arsenaux, fonderies, forges, manufactures d'armes, poudrières et ateliers de fabrication de capsules, rentrent dans le service de l'artillerie.

Travaux maritimes. — On considère comme travaux maritimes : la construction, la réparation et l'entretien des navires, des ports, bassins, quais, etc.; des bâtiments à l'usage des services maritimes, magasins, ateliers, casernes. La construction et la réparation des navires sont confiées aux ingénieurs de la marine qui forment le corps du génie maritime. Quant aux travaux hydrauliques et aux travaux de construction, ils sont dirigés le plus ordinairement par les ingénieurs des ponts et chaussées.

Marchés de travaux publics; leur forme. — Les marchés de travaux publics sont ceux qui ont pour objet l'exécution des divers travaux que nous venons d'énumérer. Les marchés de travaux publics se font généralement par adjudication; les concurrents qui se présentent à l'adjudication doivent justifier de leur capacité par un certificat délivré par un ingénieur ou un architecte; ils doivent en outre fournir un cautionnement en argent ou en rentes sur l'État. L'adjudication doit être approuvée par l'autorité compétente; à défaut d'approbation, elle reste sans effet, et l'adjudicataire n'a droit à aucune indemnité. Les conditions du marché sont précisées par un cahier des charges; indépendamment des clauses spéciales qui s'y trouvent, les entrepreneurs de travaux publics sont soumis à certaines règles générales que nous allons parcourir.

Obligations de l'entrepreneur. — L'entrepreneur doit commencer les travaux à l'époque qui lui a été fixée par l'administration, y entretenir constamment un nombre suffisant d'ouvriers, exécuter les travaux suivant les plans et les ordres qui lui sont donnés, avec les matériaux dont l'emploi est prévu au cahier des charges; il ne peut, sans le consentement de l'administration, céder à des sous-traitants une partie de son entreprise. Il doit se conformer aux plans et devis arrêtés, et aucun changement ne peut y être apporté par lui, sans un ordre écrit de l'ingénieur qui dirige les travaux; il doit, au contraire, si l'administration juge nécessaire d'augmenter ou de diminuer l'importance des travaux, exécuter les nouveaux ordres qui lui sont donnés : toutefois, si les changements en plus excédaient le sixième de l'entreprise, l'entrepreneur pourrait demander la résiliation, et, en cas de diminution de plus d'un sixième, il pourrait réclamer une indemnité.

Résiliation. — L'administration a toujours le droit d'abandonner les travaux ou de les ajourner : l'abandon des travaux entraîne de plein droit la résiliation; lorsque les travaux sont ajournés à plus d'une année, l'entrepreneur peut demander la résiliation; dans l'un et l'autre cas, il a droit à une indemnité. Les prix fixés pour l'exécution des travaux ne peuvent être critiqués par l'entrepreneur, une fois qu'ils ont ont été acceptés par lui; il pourrait seulement, s'il survenait une hausse considérable dans les prix, représentant une augmentation d'un sixième pour les travaux restant à exécuter, demander la résiliation.

Mise en régie. — Lorsque les travaux languissent, ou que l'entrepreneur ne se conforme pas aux plans et aux ordres qui lui sont donnés, le préfet prend un arrêté, par lequel il met l'entrepreneur en demeure de remplir ses engagements; puis, à l'expiration d'un délai qui ne peut être moindre de dix jours, si l'entrepreneur n'a pas obéi à cette injonction, le préfet, par un nouvel arrêté, prescrit l'établissement d'une régie. Cette mesure consiste à faire exécuter les travaux par les agents de l'administration. Si la dépense occasionnée par ce mode d'exécution excède le prix de l'adjudication, l'entrepreneur est obligé de payer la différence; si, au contraire, l'administration fait une dépense moindre que le prix de l'adjudication, l'entrepreneur n'en profite pas, le bénéfice est pour l'administration. Après avoir établi la régie, le préfet doit en référer au ministre compétent, qui prescrit soit la résiliation pure et simple du marché, soit une adjudication nouvelle aux risques et périls de l'entrepreneur, soit la continuation de la régie. L'entrepreneur peut faire cesser la régie en justifiant qu'il a les moyens nécessaires pour reprendre les travaux et les mener à bonne fin.

Indemnité en cas d'accidents de force majeure. — L'entrepreneur, victime d'accidents de force majeure, un incendie causé par le feu du ciel, une inondation, peut réclamer une idemnité, mais à la condition de faire constater l'accident par les agents de l'administration, et de former la demande en indemnité dans les dix jours qui suivent le fait y donnant naissance.

Réception des travaux et paiement. — Dès que les travaux sont terminés, il est procédé par les ingénieurs à leur réception provisoire. La réception a pour objet de constater l'achèvement des travaux, d'en vérifier l'importance, de rechercher s'il existe des vices d'exécution. À compter de la réception provisoire court un délai, appelé délai de garantie, qui est de six mois ou d'un an, selon la nature des travaux, et pendant lequel l'entrepreneur doit pourvoir à leur entretien. À l'expiraion de ce délai, il est procédé à la réception définitive. Si des vices d'exécution étaient constatés, l'entrepreneur serait tenu de recommencer à ses frais les parties défectueuses du travail.

Des acomptes sur le prix des travaux peuvent être payés à l'entrepreneur au cours de l'entreprise, jusqu'à concurrence des neuf dixièmes du prix total ; le dernier dixième ne peut jamais être payé qu'après la réception définitive.

Réclamations et contestations; compétence. — L'entrepreneur qui a des réclamations à faire doit s'adresser d'abord à l'ingénieur en chef; s'il n'obtient pas satisfaction de l'ingénieur en chef, il s'adressera au préfet. Si la difficulté prend un caractère litigieux, l'entrepreneur doit former sa demande devant le conseil de préfecture ; c'est la juridiction compétente pour juger les contestations qui s'élèvent entre l'administration et les entrepreneurs; la décision du conseil de préfecture peut être attaquée devant le Conseil d'État.

CHAPITRE V

DES VOIES DE COMMUNICATION

Notions générales. — Les voies de communication facilitent les échanges ; elles constituent un des éléments les plus importants du développement et de la prospérité du commerce et de l'industrie. A ce titre, l'étude du régime des voies de communication forme le complément de notions sur la législation commerciale et industrielle.

Les règles d'administration relatives aux voies de communication diffèrent suivant que ces voies de communication appartiennent à la grande ou à la petite voirie. La grande voirie comprend les routes nationales et départementales, les chemins de fer, les rivières navigables et flottables, les canaux, les rues de Paris; les chemins vicinaux, les rues et places des villages, bourgs et villes autres que Paris appartiennent à la petite voirie. Les voies de communication, à quelque classe qu'elles appartiennent, font partie du domaine public et sont hors du commerce, tant qu'elles conservent leur destination : il en résulte que les particuliers ne peuvent, par prescription ou autrement, acquérir aucun droit qui puisse faire obstacle à l'usage commun des voies publiques. Les infractions aux règlements concernant la grande voirie constituent des *contraventions de grande voirie*, qui sont jugées par le conseil de préfecture ; les *contraventions de petite voirie* rentrent dans la classe des contraventions de simple police, dont la répression appartient au juge de paix siégeant comme juge de simple police.

Routes nationales. — Les routes nationales sont celles qui vont de Paris à l'étranger et aux grands ports militaires, de Paris aux principales villes de l'intérieur, ou enfin qui relient entre elles les villes les plus importantes. Les routes nationales sont à la charge du budget de l'État. L'ouverture des routes nationales et leur classement au nombre des voies de communication ayant cette qualification sont ordonnés par décret ; c'est également un décret du Président de la République qui les déclasse, c'est-à-dire qui les retranche du nombre des routes nationales. Le sol de la route déclassée peut être vendu par l'administration ; dans ce cas, les propriétaires riverains ont un droit de préférence pour l'acquisition de ces parcelles de terre, et c'est seulement sur leur refus d'acquérir qu'elles peuvent être mises en adjudication.

Routes départementales. — Le caractère particulier des routes départementales est que leur entretien reste à la charge du département ou des départements intéressés. Il appartient aux conseils généraux de statuer définitivement sur le classement et la direction des routes départementales, et aussi sur les projets, plans et devis des travaux à exécuter pour la construction, la rectification ou l'entretien des routes départementales. Le conseil général a également le droit de déclasser les routes départementales ; il désigne les services qui seront chargés de la construction et de l'entretien de ces voies de communication : il peut confier la direction des travaux de construction ou d'entretien, soit aux ingénieurs des ponts et chaussées, soit aux agents-voyers, soit à toutes autres personnes qu'il jugerait à propos de choisir.

Rues de Paris. — Les rues de Paris sont, à raison de leur importance, soumises au régime de la grande voirie. Les attributions de voirie relatives aux rues de Paris se partagent entre le préfet de la Seine et le préfet de police.

Chemins de fer. — L'établissement des chemins de fer ne peut avoir lieu qu'en vertu d'une loi, sauf pour les embranchements de moins de vingt kilomètres de longueur, qui peuvent être autorisés par un décret du Président de la République. Les chemins de fer sont construits par l'État ou par des compagnies concessionnaires. La concession a lieu soit directement, soit à la suite d'une adjudication ; elle est faite pour un temps déterminé : à l'expiration du temps de la concession, la ligne concédée revient à l'État, qui a la faculté ou de l'exploiter lui-même, ou de la concéder à une autre compagnie. Dans tous les cas, les chemins de fer, qu'ils soient construits par l'État ou par une compagnie concessionnaire, font partie de la grande voirie. Les compagnies concessionnaires sont substituées aux droits de l'État et peuvent procéder à l'expropiation pour cause d'utilité publique des terrains nécessaires à l'exécution des travaux. Actuellement, la plus grande partie des lignes concédées se partage entre six grandes compagnies : compagnies du Nord, de l'Est, de l'Ouest, de Paris à Orléans, de Paris à Lyon et à la Méditerranée, du Midi. L'État exploite directement un septième réseau, formé d'un certain nombre de lignes qui ont été successivement rachetées. Les grandes compagnies de chemins de fer sont des sociétés anonymes, dont le capital est divisé en actions ; ces compagnies ont, en outre, été autorisées à emprunter sous forme d'émission d'obligations remboursables par voie de tirage au sort avec une prime de remboursement.

Exploitation ; tarifs. — L'exploitation des chemins de fer par les compagnies concessionnaires est soumise au contrôle de l'État. Des tarifs, homologués par le ministre des travaux publics et auxquels il n'est pas permis aux compagnies de déroger, règlent les conditions du transport des voyageurs et des marchandises. Les compagnies doivent expédier et délivrer les marchandises dans les délais réglementaires ; elles sont responsables de la perte ou de l'avarie des marchandises et du retard dans l'expédition. Les contestations que le transport fait naître entre la compagnie et les particuliers, commerçants ou non, sont de la compétence des tribunaux ordinaires : tribunaux de commerce ou tribunaux civils. Les règles ordinaires du contrat de transport sont applicables aux transports effectués par les compagnies de chemins de fer.

Chemins de fer d'intérêt local ; tramways (*Loi du 11 juin 1880*). — Les départements et les communes peuvent être autorisés à établir des chemins de fer sur leur territoire. Si le chemin de fer doit traverser le territoire de plusieurs communes, le conseil général du département arrête la direction de la voie ferrée, le mode et les conditions de la construction, les dispositions nécessaires à l'exploitation. Lorsque le chemin de fer est établi par une commune sur son territoire, les attributions confiées au conseil général sont exercées par le conseil municipal. Dans tous les cas, l'utilité publique est déclarée et l'exécution autorisée par une loi. Les chemins de fer d'intérêt local peuvent être subventionnés par l'État ; leur construction et leur exploitation sont soumises au contrôle et à la surveillance du préfet, sous l'autorité du ministre des travaux publics.

Il peut, en outre, être établi, sur les voies publiques ordinaires, des voies ferrées à traction de chevaux ou moteurs mécaniques, autrement dit des tramways. La concession des tramways est accordée par l'État, lorsque la ligne doit être établie sur une voie dépendant du domaine de l'État ; par le conseil général, lorsqu'elle est établie sur une route départementale, sur un chemin de grande communication ou d'intérêt commun, ou qu'elle doit s'étendre sur le territoire de plusieurs communes ; par le conseil municipal, lorsque la voie ferrée est établie entièrement sur le territoire de la commune et sur un chemin vicinal ordinaire ou un chemin rural.

Rivières navigables et flottables. — On appelle rivières navigables celles qui peuvent porter des bateaux, rivières flottables celles qui peuvent porter des radeaux et trains de bois. L'autorité administrative détermine les rivières ou les parties de leur cours qui sont navigables ou flottables. Dans ces cours d'eau, le droit de pêche appartient à l'État, tandis que dans les cours d'eau qui ne sont ni navigables ni flottables la pêche appartient aux riverains. L'autorisation d'établir des usines sur les cours d'eau navigables ou flottables est accordée, en règle générale, par un décret du Président de la République. Le préfet peut autoriser seulement des établissements temporaires, ou des établissements permanents, qui ne doivent pas modifier sensiblement le régime des eaux. L'administration a le droit de supprimer, sans indemnité, les usines autorisées sur un cours d'eau navigable ou flottable, si l'existence de l'usine nuit à la navigation. Cette faculté de suppression est la conséquence du principe que les cours d'eau navigables et flottables rentrent dans le domaine public : ils sont inaliénables et ne peuvent être l'objet au profit d'un particulier d'un droit définitif et irrévocable. Sur les cours d'eau qui ne sont ni navigables ni flottables, les autorisations sont accordées par le préfet, et les usines autorisées ne peuvent être supprimées sans indemnité.

Canaux. — Les canaux sont des cours d'eau creusés de main d'homme et destinés à la navigation. Les canaux appartiennent à l'État ou aux compagnies concessionnaires ; dans l'un et l'autre cas, ils font partie du domaine public. La construction des canaux, suivant leur importance, a lieu en vertu d'une loi ou d'un décret et en suivant les formalités prescrites pour l'expropriation pour cause d'utilité publique. Les concessionnaires sont autorisés à percevoir des droits de péage, dont le tarif est réglé par le titre qui accorde la concession. Une loi du 29 mai 1845 a autorisé l'État à reprendre, moyennant indemnité, la jouissance des canaux concédés à des compagnies.

Chemins vicinaux ; diverses classes. — On distingue trois sortes de chemins vicinaux : les chemins de grande communication, appelés dans l'usage *grande vicinalité* : ces chemins traversent plusieurs communes ou même plusieurs cantons ; les chemins d'intérêt commun, ou *moyenne vicinalité*, qui intéressent plusieurs communes ; enfin les chemins vicinaux ordinaires, ou *petite vicinalité*, qui sont à la charge d'une seule commune.

Chemins de grande communication. — Les chemins de grande communication sont classés par le conseil général, qui détermine leur direction; ils sont construits et entretenus par les communes qu'ils traversent; ils peuvent recevoir une subvention sur les fonds du département. Le conseil général répartit les subventions accordées sur les fonds départementaux aux chemins vicinaux de grande communication.

Chemins d'intérêt commun. — Le conseil général détermine également les chemins vicinaux qui ont le caractère de chemins d'intérêt commun; il désigne les communes qui doivent concourir à la construction et à l'entretien de ces chemins, sur l'avis des conseils municipaux et d'arrondissement. Des subventions sont allouées sur les fonds départementaux aux chemins vicinaux d'intérêt commun; la répartition de ces subventions appartient au conseil général.

Chemins vicinaux ordinaires. — Les chemins vicinaux ordinaires sont classés par la commission départementale du conseil général; leur entretien est à la charge des communes qu'ils intéressent et auxquelles ils appartiennent. Les chemins non classés ne peuvent constituer que des *chemins ruraux*, qui ne rentrent point dans le domaine public de la commune et sont susceptibles d'aliénation et de prescription.

Ouverture des chemins vicinaux; expropriation. — Lorsqu'il y a lieu d'ouvrir un chemin vicinal ou de changer la direction d'un chemin vicinal déjà existant, il est nécessaire de recourir à l'expropriation pour cause d'utilité publique. L'utilité publique est déclarée en cette matière par un arrêté du préfet; l'indemnité est fixée par un jury composé de quatre membres seulement, dirigé par un magistrat du tribunal de première instance ou par le juge de paix. Il faut, au surplus, suivre les formes ordinaires de l'expropriation.

Entretien des chemins vicinaux. — Les communes peuvent d'abord pourvoir à l'entretien des chemins vicinaux au moyen de leurs revenus ordinaires. Si cette ressource est insuffisante, la commune a recours à des centimes additionnels ou à des prestations en nature. Le conseil municipal peut voter l'une ou l'autre de ces ressources, ou toutes deux concurremment.

La prestation consiste dans un certain nombre de journées de travail fournies, soit en nature, soit en argent, par les personnes qui habitent la commune ou qui y ont un établissement. En outre l'État peut prêter aux communes, par l'intermédiaire d'une caisse spéciale, dite *caisse des chemins vicinaux*, les sommes nécessaires à l'achèvement du réseau vicinal.

Voirie urbaine; rues et places des villes, bourgs et villages. — Les rues et places des villes, bourgs et villages forment la voirie urbaine : ces voies publiques appartiennent à la commune et sont entretenues par elle. Lorsque les rues ou places sont le prolongement d'une route nationale ou départementale, ou d'un chemin vicinal, on doit leur appliquer la législation particulière à ces voies de communication.

TABLE DES MATIÈRES

DEUXIÈME PARTIE.

LÉGISLATION INDUSTRIELLE.

Coulommiers. — Typographie Paul BRODARD et Cie.

COURS D'ÉTUDES
A L'USAGE DE L'ENSEIGNEMENT SECONDAIRE SPÉCIAL
Rédigé conformément aux programmes du 28 juillet 1882

FORMAT IN-16, CARTONNÉ

HISTOIRE

Simples récits d'histoire de France, par MM. Ducoudray et Feillet, année préparatoire. 1 vol............... 2 fr.

Histoire ancienne, grecque et romaine, par M. Ducoudray, agrégé d'histoire, 1re année. 1 vol............... 3 fr.

Histoire géné ale depuis l'invasion des Barbares jusqu'à 1610, par le même auteur, 2e année. 1 vol........ 3 fr.

Histoire générale depuis 1610 jusqu'à 1875, par le même auteur, 3e année. 1 vol. —

GÉOGRAPHIE

Géographie physique, politique et économique de l'Afrique, de l'Asie, de l'Amérique et de l'Océanie, par M. Richard Cortambert, 1re année. 1 vol. 1 fr. 50

Géographie générale et particulière de l'Europe, par le même auteur, 2e année. 1 vol.

Géographie physique, politique, administrative et économique de la France et de ses possessions coloniales, par le même auteur, 3e année. 1 vol.

MORALE

Morale pratique et principes généraux de la morale, par M. Pontsevrez, professeur d'enseignement moral et civique dans les écoles primaires supérieures de la ville de Paris, 3e et 5e années. 1 vol.

LÉGISLATION ET ÉCONOMIE POLITIQUE

Éléments de législation civile, par M. Delacourlie, avocat à la cour d'appel de Paris, 4e année. 1 vol... .... 2 fr.

Précis d'économie politique, par M. Levasseur, membre de l'Institut, professeur au Collège de France et au Conservatoire des Arts et Métiers, 5e année. 1 vol. 3 fr.

MATHÉMATIQUES

Arithmétique, par M. Lucien Lévy, professeur au lycée Louis-le-Grand, 1re, 2e et 5e années.

Géométrie, par M. Dalsème, professeur à l'école normale primaire de la Seine, 1re année. 1 vol............... 1 fr.

— 2e année. 1 vol.

— 3e, 4e et 5e années.

Algèbre, par M. Launay, professeur au lycée Charlemagne, 2e année. 1 vol.

— 3e année. 1 vol.

Géométrie descriptive, par M. Kiæs. Nouvelle édition, refondue par M. Niewenglowski, professeur au lycée Louis-le-Grand, 3e 4e et 5e années. 1 vol.

Courbes usuelles et Trigonométrie, par M. Bezodis, professeur au lycée Henri I 4e année. 1 vol............... 2 fr

Mécanique, par MM. Mondiet et Thabourin, anciens élèves de l'École normale de Cluny, agrégés :

Statique, 4e année. 1 v. in-8. 2 fr. 50

Cynématique, dynamique, 5e année. 1 vol. in-8............... 2 fr. 50

PHYSIQUE ET CHIMIE

Physique, par M. Gossin, proviseur du lycée de Lille, 1re, 2e, 3e, 4e et 5e années. 4 vol. Chaque volume..... 3 fr.

Chimie, par M. Boudréaux, professeur à l'École normale primaire de la Seine (2e, 3e, 4e et 5e années).

HISTOIRE NATURELLE

Zoologie, par M. Perrier, professeur au Muséum d'histoire naturelle de Paris (1re et 4e années).

Botanique, par M. Mangin, professeur au lycée Louis-le-Grand, 2e et 5e années.

Géologie, par M Seignette, professeur au lycée Condorcet, 3e année.

Coulommi